全国高职高专教育“十二五”规划教材

普通话项目教程

主　编　许利平　彭　涛　张　恒
副主编　吴玉西　黄海燕　武祝君

中国铁道出版社
CHINA RAILWAY PUBLISHING HOUSE

内容简介

本教程以能力为本位，以任务为导向，以“实用、适用”为编写原则。

能力为本位，侧重于普通话语音训练；任务为导向，根据各地方言的词汇、语法特点，引导学生区分普通话和本地方言的词汇、语法体系。教学中指导学生“先读、后学、再练”，既增强学习的趣味性，又围绕具体语言实践任务有了明确的学习针对性。

“实用”是指在编撰教材的广度上，不要求学生“精通”，而是本着“知多”的原则，理论知识的深度以能指导学生的语音实践为度，而不以研究为目的。“适用”是指在编撰教材的难度上，以职场普通话交际“够用”为基本条件。因此，教材中的专业理论简单、明了、适用，强化训练材料，突出训练型特点。训练材料的设计注意全面实用，形式灵活，循序渐进，体系完备，以便于学生将练习从课内延伸到课外，也让教师们使用起来得心应手。

图书在版编目（CIP）数据

普通话项目教程/许利平，彭涛，张恒主编．—北京：中国铁道出版社，2013.8（2017.2重印）
全国高职高专教育“十二五”规划教材
ISBN 978-7-113-16609-0

Ⅰ.①普…　Ⅱ.①许…　②彭…　③张…　Ⅲ.①普通话-高等职业教育-教材　Ⅳ.①H102

中国版本图书馆 CIP 数据核字（2013）第 196133 号

书　　名：普通话项目教程
作　　者：许利平　彭　涛　张　恒　主编

策　　划：张宇富
责任编辑：鲍　闻
封面制作：白　雪
责任印制：李　佳

出版发行：中国铁道出版社（100054，北京市西城区右安门西街 8 号）
网　　址：http://www.51eds.com
印　　刷：北京尚品荣华印刷有限公司
版　　次：2013 年 8 月第 1 版　2017年2月第2次印刷
开　　本：787 mm × 1 092 mm　1/16　**印张：**15.75　**字数：**381 千
书　　号：ISBN 978-7-113-16609-0
定　　价：30.00 元

前　言

普通话应用能力作为现代人才的基本素质构成要素（职业核心能力），超越专业界限，对各专业学生专业技能的发挥均起到直接的促进作用，以旅游、护理、经营管理等公共服务类专业尤为突出。本书贴近市场经济的现实和专业实际，突出职业教育的实践性特点，并结合国内职场的热门专业类型需求和学生所学专业，使公共基础课程和岗位结合，为专业服务；帮助学生积极主动地参与社会实践，能动有效地开展业务工作，使其在激烈的职场竞争中具有更大的发展空间。基于汉语应用核心能力培养的职业化公共课程，以培养学生普通话运用能力为价值内涵。因此，本教程以能力为本位，以任务为导向，体现出为专业服务的价值取向，能直接帮助学生参与就业竞争，并服务于职业岗位。

本教材侧重于普通话语音训练。词汇和语法在教学过程中同样不可忽略，教师应根据本地方言的词汇、语法特点，引导学生区分普通话和本地方言的词汇、语法体系。同时，为了方便高职高专学生参加"普通话水平测试"，我们在内容的编写上以国家语言文字工作委员会编发的《普通话水平测试实施纲要》为依托，尽可能向测试要求靠拢，也便于教师在教学过程中给予学生以针对性的指导。每个项目开头有"目标任务"，使学生学习之前心中有数，有较强目的性；"试着读一读"，所选朗读材料既是古今中外的名家名篇，又朗朗上口，适合于朗读，让学生"先做后学"；"项目小结"则可以帮助读者在完成学习内容之后进行系统性回顾，然后带上理论知识延伸至课外有针对性的训练。

本书由许利平、彭涛、张恒担任主编，吴玉西、黄海燕、武祝君担任副主编。参编人员都是长期在一线从事普通话课程教学工作的高职高专院校老师，多为"普通话水平测试测试员"。长期从事普通话的培训、测试工作，具有丰富的教学和测试实践经验。具体分工如下：乐山职业技术学院许利平老师负责项目一、八、九；彭涛老师负责项目四；吴玉西老师负责项目三、七；黄海燕老师负责项目五；武祝君老师负责项目六；西安翻译学院张恒老师负责项目二。

本次编写过程中，我们学习参考了国内同类教材和许多专家学者的著作与研究成果，一并列于书后参考文献中，在此表示衷心感谢！

由于编者水平有限，加之时间仓促，书中难免存在疏漏和不足之处，恳请读者批评指正。

编　者

2013 年 5 月

目　　录

项目一 推广普通话

【目标任务】

1. 掌握普通话的含义及语言三要素；
2. 了解我国目前推广普通话的方针、政策；
3. 掌握普通话学习及测试方法。

汉语是汉民族使用的语言，它历史悠久，影响巨大，在世界多种语言中，使用汉语的人数占世界总人口的四分之一多。但是，由于我国地域辽阔、人口众多，历史上语言情况比较复杂，即使在本民族之间，人们的交流沟通仍然有极大的困难。新中国成立以后，我国政府大力推广普通话，制定了一系列的相关政策和办法。《中华人民共和国宪法》第一章第十九条和 2000 年颁布的《中华人民共和国国家通用语言文字法》第一章第三条都明确规定“国家推广全国通用的普通话”和“国家推广普通话”。可见，使用普通话进行交流沟通，是每个中国公民的义务。

随着我国综合国力的飞速提高，汉语普通话的国际地位日益上升，现在已经成为世界上最热门的语言。而早在 1973 年，汉语就已经被确定为联合国的六种工作语言之一。作为以汉语为母语的中国人，除了掌握好自己的方言外，更应该努力提高汉语普通话的运用能力，尽到一个中国公民的义务。

学习普通话首先要掌握一些普通话的基本概念、基本理论，这样才能更好地指导自己的普通话实践。

任务一 认识普通话

一、普通话的含义

普通话是现代汉民族共同语的通俗叫法，是现代汉民族用来交际的共同语言。在我国台湾省称为国语，在新加坡、马来西亚称为华语。而在新中国成立后，为了尊重少数民族，避免误解，称为普通话。名称不同，本质一致。

1955 年 10 月，全国文字改革会议和现代汉语规范问题学术会议召开，会上明确从语音、词汇、语法三个方面确定了现代汉民族共同语的标准，为普通话下了科学的定义：普通话是以北京语音为标准音，以北方方言为基础方言，以典范的现代白话文著作为语法规范的现代汉民族共同语。

民族共同语是在一种方言的基础上形成的。作为民族共同语的方言叫基础方言。什么方言能成为共同语的基础方言，取决于该方言在社会中所处的地位，及其方言区的政治、经济、文化以及人口多少等条件。

任何一种语言，都由三个要素组成：语音、词汇、语法。普通话的定义，也是从这三个方面来界定普通话的基本特征。

（一）普通话的语音特征

普通话语音以北京语音为基本音。自元朝以来，北京一直是我国的政治、经济、文化中心。明清时代，“官话”就已经传播到全国各地，而“官话”也是以北京语音为标准音的。再加上“五四”运动后掀起的“国语运动”，极大地促进了北京语音的传播，使北京语音“国音”的地位日益巩固。所以，多少年来北京语音的标准音地位始终没有改变，今后也不会改变。

但是普通话语音并不等同于北京话语音。北京语音中的方言土语成分就不能看作普通话标准语音。如“逮（dēi）小偷”、“学（xiáo）太极拳”就是北京方音，老北京人把连词“和（hé）”说成“hàn”，把“蝴蝶（húdié）”说成“húdiěr”，把“告诉（gàosu）”说成“gàosong”，这些方音，其他方言区的人难以接受，普通话中也没有吸纳。再如北京人多把j、q、x发成尖音。另外，北京话里还有异读音现象，例如“亚洲”，北京人念成“yǎzhōu”，“附近”，北京人念成“fǔjìn”等。这些均不能看作是普通话标准语音。

从1956年开始，国家对北京方音进行了多次审订，制定了普通话的标准读音。因此，普通话的语音标准，当前应该以1985年公布的《普通话异读词审音表》以及1996年及以后版的《现代汉语词典》为规范。到2012年6月，商务印书馆已出版《现代汉语词典》第6版。

（二）普通话的词汇特征

普通话词汇以北方话词汇为标准词汇。普通话是以北方话（词汇）为基础，而不是以北京话（词汇）为基础，也不是以北京话（词汇）为标准。因为词汇是语言三要素中最活跃的分子，它的流动性大，相互渗透力强，同时系统性不如语音那么严整，并且随着时代的发展在不断地涌现出新的，富有生命力的词汇。而且由于社会发展的加速，新词汇的增加速度也不断加快。所以不能用一个地点的方言作为标准或基础，若那样就太狭窄。

就词汇特征来看，普通话“以北方话为基础方言”，指的是以广大北方话地区普遍通行的说法为准，因为北方方言使用人口最多（占汉族总人口的73%以上），分布区域最广（分布在东北、华北、西南、西北等地），具有广泛性和普遍性。但同时也要从其他方言吸取所需要的影响大和富有表现力的词语。甚至还要从外来语中吸收一些需要的词汇。

但是北方话词语中也有许多北方各地的方言词汇是被排除在普通话词汇之外的。例如北京人把“傍晚”说成“晚半晌”，把“斥责”说成“呲儿”，把“吝啬”说成“抠门儿”；北方不少地区将“玉米”称为“棒子”，将“肥皂”称为“胰子”，将“馒头”称为“馍馍”。“堂客”一词在西南官话里比较流行，但并不作为普通话词汇推广。所以，不能把所有北方话的词汇都作为普通话的词汇，要有一个选择。普通话所选择的词汇，一般都是流行较广而且早就用于书面的词语。例如“太阳”这个词，北方话地区还有不少地方说成“热头”“日头”“老爷爷儿”“阳婆”等；但“太阳”是最普遍的说法，所以普通话选择“太阳”进入普通话词汇体系，而其他的说法都看作是方言词汇。有的非北方话地区的方言词有特殊的意义和表达力，北方话里没有相应的同义词，这样的词语可以吸收到普通话词汇中来。例如南方方言“生猛”现已渐渐被普通话吸收，“生猛海鲜”的说法现在在全国已经很普遍了。由国家语言文字工作委员会（以下简称国家语委）组织，李行健先生主编，2004年出版的《现代汉语规范词典》和2005年7月出版的《现代汉语词典》，对普通话词汇进一步作出了规范，并收录了大量新的词汇。学习普通话，就是应该学会区分普通话和方言的词汇系统，规范使用普通话词汇。

（三）普通话的语法特征

普通话以典范的现代白话文著作作为语法规范。国家发布的重要文件、重要社论、现代著名作家的优秀白话文作品中的一般用语都可作为语法规范。

普通话和方言相比，在语法方面存在一定差异。如语序、表达形式、虚词的用法、构词法等。例如“你比我矮”，在有的方言里说“你矮我”，有的方言里说“你比我过矮”，有的说“你比较矮我”，有的说“你比我较矮”。必须以一种标准来规范普通话的语法。于是就以经过提炼加工的，流传广泛的，影响大的，在语法方面有较强代表性的书面语作为规范的标准。如毛泽东、鲁迅、郭沫若、茅盾、巴金、老舍等大家的现代白话文著作，具有广泛的代表性和比较长期的稳定性，是应用普通话书面语的典范。

这三个要素在学习普通话的过程中都要高度重视，不可偏废。只有语音、词汇、语法都规范的普通话才是规范的普通话。但在这三者中，语音的学习是重点和难点，需要花大力气坚持不懈地训练。而词汇和语法在各大方言之间差别很大，需要持之以恒的长期积累，才能很好地区分普通话和方言的词汇语法系统。限于篇幅，本书只介绍普通话语音部分。

二、普通话和方言

方言是汉民族共同语的地方分支，是民族语言的地域性变体，方言并不是独立于民族语言之外的另一种语言，而是从属于普通话，是局部地区的人们使用的汉语言。

我国自古以来由于人口分布比较广，地形地貌复杂，地域交通不便，各地经济、文化发展很不平衡，再加上长期封闭的自给自足的小农经济，使汉语方言分歧非常严重，很难充分发挥语言这一重要的交际工具的作用。汉语方言之间的差异，突出表现在语音方面，同时词汇和语法方面的差异也较大。

语言学家通过对我国错综复杂的方言的分析归纳，主要按照汉语方言各自语音的特点，将汉语分成了七大方言区：北方方言（官话方言）区、吴方言区、湘方言区、赣方言区、客家方言区、闽方言区和粤方言区。大方言之下还有次方言，次方言之下还有各种土语。

北方方言区：北方方言是现代汉民族共同语的基础方言，以北京话为代表，内部一致性较强。它分布在长江以北，镇江以西、九江以东的长江南岸沿江地带，四川、云南、贵州、湖北（东南角除外）等省，以及湖南西北角，广西西北部。使用人口约占汉族总人口的73%。

北方方言又分为华北、东北方言，西北方言、西南方言和江淮方言等四个次方言。华北、东北方言主要分布在北京、天津、黑龙江、吉林、辽宁、河北、河南、山东和内蒙古的部分地区；西北方言分布在山西、陕西、甘肃和青海、宁夏、内蒙古等部分地区；西南方言分布在四川、云南、贵州、湖北大部分地区、广西和湖南西北部；江淮方言分布在安徽、江苏部分地区。

吴方言：分布在上海、江苏长江以南，镇江以东和浙江大部分地区，以上海话为代表。

使用人口约占汉族总人口的7.2%。

湘方言：分布在湖南省大部分地区，广东北部，以长沙话为代表。使用人口约占汉族总人口的3.2%。

赣方言：分布在江西省大部分地区，以南昌话为代表。使用人口约占汉族总人口的3.3%。

客家方言：主要分布在广东东部和北部，福建西部，江西东南部和广西南部，四川、湖南和台湾局部也有分布，以广东省梅县话为代表。使用人口约占汉族总人口的3.6%。

粤方言：主要分布在广东省珠三角地区中部、西南部，广西的东部、南部，以及港澳地区，以广州话为代表。使用人口约占汉族总人口的4%。

闽方言：包括福建省和海南省大部分地区，雷州半岛部分地区、广西部分地区、广东省东部和浙江省南部部分地区以及台湾省大部分汉人居住区。又可以分为闽南方言和闽北方言，分别以福州话和厦门话为代表。使用人口约占汉族总人口的5.7%。

中国历代多在北方建都，辽、金、元、明、清又都定都北京。宋元以来许多重要著作都以北方方言为基础写成的，而且北方方言区面积广大，人口众多，因此，北方方言依托着政治、经济、文化的力量传播各地，汉民族共同语——普通话就在北方方言的基础上发展起来了。

普通话的基础虽是北方方言，但它同时从其他方言吸取营养（从方言中吸收词汇、语法甚至语音的个别成分）来充实自己。同时，因为它是在方言的基础上经过提炼的民族共同语，所以，它比任何方言都更加丰富，更加规范。普通话这种既植根于方言，又高于方言的特性决定了它为全民族服务的性质；而方言则是汉语的地域分支，为某一个地域的人群服务。正因为此，民族共同语必然对方言产生巨大影响，吸引方言向自己靠拢。随着社会和对外交往的日益发展，人们文明水准的日益提高和语言文字工作的日益法制化，更要求大力推行民族共同语，在正式场合和公众场合使用具有全民性和较强规范性的普通话。然而，方言的地域性和亲情特点也决定了方言在局部地域长期存在的必要性和它无法替代的文化价值。

我国推广普通话的政策一再表明，推广普通话并是不禁止说方言，更不是要消灭方言，而是要在会说方言的基础上还要学会国家民族的主体性语言——普通话。

不同的方言是承载不同地区文化积淀的重要载体。1955年10月26日的《人民日报》社论指出："普通话是为全民服务的，方言是为一个地区的人民服务的，推行普通话并不意味着人为地消灭方言，只是逐步地缩小方言的使用范围，而这是符合社会进步的客观法则的。方言可以而且必然会同普通话在相当长的时期内并存……"而在1958年，周恩来总理也说过："我们推广普通话，是为的消除方言之间的隔阂，而不是禁止和消灭方言。……方言是会长期存在的。方言不能用行政命令来禁止，也不能用人为的办法来消灭。"20世纪50年代的政策，至今仍然适用。

当然，我们不能由此产生方言优越的错觉，更不应该拒绝学习和使用普通话。社会发展的规律要求我们必须不断扩大普通话的应用范围，同时限制方言的使用范围。普通话应该率先成为国家机关的公务用语，学校的教学用语，广播、电视的播音用语，公共服务行业的服务用语。这是社会主义经济建设的迫切需要，也是社会主义精神文明建设的迫切需要。

另外，普通话与少数民族语言则是两种语言之间的关系。在《宪法》中规定："各民族都有使用和发展自己的语言文字的自由”。“推广普通话”同样不是要消灭少数民族语言，而是要让少数民族在掌握本民族语言的基础上再掌握一种全国通用的语言——普通话。

三、大力推广普通话

（一）大力推广普通话的意义

我国是一个多民族的国家，幅员辽阔，人口众多。再加上数千年的封闭式社会经济制度，使得汉语在发展过程中形成了严重的方言分歧，的确是“十里不同俗，百里不同音。”但是语言是人们重要的交际工具，如果人与人之间存在语言障碍，人们的交流就会很困难，相应的社会经济的发展就会受到制约，社会的发展和进步就会受到影响。尤其是现代社会中人们交际频度的增加和交际范围的扩大更对人们的语言交流提出了很高的要求。

在建设有中国特色社会主义现代化的历史进程中，大力推广、积极普及全国通用的普通话，有利于消除语言隔阂，促进社会交往；对社会主义经济、政治、文化的建设都具有重要意义。

比如，随着改革开放和社会主义市场经济的建立，人们对普通话的客观需求日益迫切。推广普通话，营造良好的语言环境，有利于促进人员交流、商品流通和建立统一的市场。人们开始自觉地要求在经济活动中使用普通话。

推广普通话是国家统一和民族团结的需要。一个国家、一个民族是否拥有统一、规范的语言，是关系到国家独立和民族凝聚力的具有政治意义的大事。《中华人民共和国宪法》第十九条规定：“国家推广全国通用的普通话”。使用国家通用的语言文字，是每个公民应当履行的义务，也是公民具有国家意识、主权意识、法制意识、文明意识、现代意识的具体体现。对于我国这样一个多民族、多方言的国家，推广普及普通话不仅有利于增进我国各民族的交流与往来，增强中华民族的凝聚力，而且有利于扩大我国在国际社会中的影响。

推广普通话是加强素质教育的需要。我国跨世纪教育发展与改革的基本任务是实施素质教育，颁布的《中共中央、国务院关于深化教育改革全面推进素质教育的决定》对培养创新人才、全面推进素质教育提出了明确的要求。所谓素质，是知识、能力和良心修养的综合反映。语言文字是思维表达的工具、文化知识的载体和交际能力的依托，因而是素质构成与发展的基础，是文化建设的必要条件。

著名语言学家吕叔湘先生曾指出“学好语文是学好一切的根本。”特别是到了今天的信息时代，语言文字规范更是掌握计算机语言的必要前提。对于任何学段、任何专业的学生来说，能说流畅的普通话，具有较强的语言文字能力和计算机操作能力这些最有用的本领，在求学、求职和事业竞争中就能处于优势地位。所以，推广普通话是各级各类学校素质教育的重要内容，它有利于贯彻教育面向现代化、面向世界、面向未来的战略方针，有利于弘扬祖国优秀的传统文化和爱国主义精神，加强社会主义精神文明建设。

语言文明是人的文化素质最直接的体现。努力提高人们的语言道德意识，进行语言行为的道德规范，加强语言文明的建设，是社会主义精神文明和国民素质教育的重要内容。培养有理想、有道德、有文化、有纪律的社会主义公民，提高全民族的思想道德素质和科学文化素质，离不开语言文字的工作。社会主义现代化建设需要数以亿计高素质的劳动者和数以千计的专门人才，除了思想和专业方面的要求外，还应当使他们具有较强的语言文字能力。一个人文化素养的高低在很大程度上取决于自身语言文字的修养，使用纯洁健康的语言文字是个人修养很重要的一部分。

语言文字作为一种社会工具，记录着科学技术发展的已有成果，传递着科技发展的最新信息。科学技术越发达，语言文字的应用就越广泛，与社会的关系就越密切。语言文字的规范化、标准化和应用研究水平是中文信息处理技术的先决条件。推广普通话和推行《汉语拼音方案》有利于推动中文信息技术处理的发展和应用。

推广普通话是各行各业自身建设的内在需求。对广播电影电视等传媒系统来说，使用标准、规范的语言文字，不仅关系到广播、电影、电视的实际效果，而且对全社会语言文字的规范化具有重大影响。对教育系统来说，普通话是教师的职业语言，用普通话进行教学是合格教师的必备条件之一，是师范院校和职业中学学生的职业基本功。对于党政机关来说，以普通话作为工作用语是执法行为，它体现了机关工作的严肃性和规范性，有利于提高干部素质和加强机关文明建设。对于企业和交通、邮电、金融、商贸、旅游等服务行业来说，推广普通话能够提高员工队伍的文化素质和整体修养，促进企业和行业的文化建设，帮助树立良好形象，提高经济效益和社会效益，是企业和行业自身更好地服务于社会的需要。

由此可见，普通话是以汉语文授课的各级各类学校的教学语言，是以汉语传送的各级广播电台、电视台的规范语言；是汉语电影、电视剧、话剧必须使用的规范语言；是我国党政机关、团体、企事业单位干部，在公务活动中必须使用的工作语言；是各种各样服务行业的服务语言；是不同的方言区以及国内不同民族之间人们的通用语言。大力推广、积极普及全国通用的普通话，既是当前经济建设、文化建设和社会发展的迫切需求，也是各族人民的热切愿望，是符合全国人民的根本利益的。

（二）国家关于推广普通话的方针政策、要求和工作目标

1982 年颁布的《中华人民共和国宪法》第二章第十九条规定“国家推广全国通用的普通话”。2000 年 10 月 31 日，第九届全国人民代表大会常务委员会第十八次会议通过的《中华人民共和国国家通用语言文字法》第十九条规定：“凡以普通话作为工作语言的岗位，其工作人员应当具备说普通话的能力。以普通话作为工作语言的播音员、节目主持人和影视话剧演员、教师、国家机关工作人员的普通话水平，应当分别达到国家规定的等级标准；对尚未达到国家规定的普通话等级标准的，分别情况进行培训。”

根据形势的要求和工作的进程，国家语委将新时期的推广普通话工作的方针由原来的“大力提倡、重点推行、逐步普及”调整为“大力推行，积极普及，逐步提高”。

根据这个方针，进一步确定了语言文字工作的指导思想和奋斗目标，其中指导思想是：高举邓小平理论的伟大旗帜，继续贯彻国家新时期语言文字工作方针，解放思想，实事求是，尊重规律，重在建设，积极、稳妥、逐步地推进工作，使语言文字工作更好地为把社会主义现代化建设事业全面推向 21 世纪服务。奋斗目标：21 世纪中叶以前，普通话在全国范围内普及，交际中没有方言隔阂。经过未来四五十年的不懈努力，我国国民语文素质将大幅度提高，普通话的社会应用更加适应社会主义经济、政治、文化建设的需要，形成与中等发达国家水平相适应的良好语言环境。

为了实现这个宏伟的目标，国家语委明确了语言文字工作的思路，提出了基本要求，采取了一系列基本措施。

工作思路：以大中城市为中心，以学校为基础，以党政机关为龙头，以广播电视等新闻

媒体为榜样，以主要公共服务行业为窗口，带动全社会推广和普及普通话。

基本要求：第一，各级各类学校要加强普通话能力训练，特别要注重普通话口语能力的提高，使普通话逐步成为各级各类学校的教学语言并成为城镇学校的校园语言。教育行政部门要加强管理，把普及普通话纳入学校的培养目标和教学内容，逐步做到普通话合格的教师才能上岗。第二，党政机关在推广普通话方面要率先垂范，公务员在公务活动中自觉说普通话并不断提高普通话水平。要在全国公务员中开展普通话培训工作，把使用普通话作为国家公务员的基本素质要求。第三，广播电视等有声传媒要以普通话为播音用语，商业、旅游、邮电、交通、金融、司法等行业工作人员和解放军、武警指战员要以普通话为服务用语和工作用语并逐步提高普通话应用水平。

基本措施：自20世纪90年代以来，推广普及普通话工作以“目标管理、量化评估”和“普通话水平测试”以及开展以推普宣传周为中心的宣传教育活动作为基本措施，加大行政管理力度，使推普工作逐步走上制度化、规范化、科学化的轨道。

“目标管理、量化评估”是面向部门和地区普及普通话工作的科学管理方法。“八五”规划以来，面向师范院校、城镇中小学和职业中学的系列“评估指导标准”在指导学校普及普通话工作方面发挥了重要的导向作用。为贯彻中央领导同志关于“中心城市和经济发达地区率先普及普通话”的指示精神，国家语委制定了《城市普及普通话工作评估指导标准》，并已开展了城市语言文字工作评估，要求一类城市应该通过评估认定，达到规定的标准。

为了加强推广普通话工作的力度，加快速度，使“大力推行、积极普及、逐步提高”的方针落到实处，极大地提高全社会的普通话水平和汉语规范化水平，对普通话应用能力有定性评价的标准，国家有关部门作出决定，对一定范围内岗位人员进行“普通话水平测试”，并从1995年起，逐步实行按水平测试结果颁发普通话等级证书的制度。“普通话水平测试”是我国现阶段普及普通话工作的一项重大举措，标志着我国普及普通话工作走上了制度化、规范化、科学化的新阶段。

“普通话水平测试”是依据《普通话水平测试等级标准》和《测试大纲》，评价个人掌握普通话规范程度和运用普通话能力的一种语言考试。按照国家有关主管部门的要求，师范院校、职业中学将普通话等级列入学生毕业条件，教师、播音员、节目主持人等岗位人员均应达到规定的等级并逐步实行持普通话等级证书上岗制度。根据推广普通话工作发展的需要，测试范围将逐步扩大。

经国务院批准，每年九月第三周为全国推广普通话宣传周（简称推普周）。作为推广普通话的基本措施之一，推普周活动产生了广泛的社会影响，在宣传《中华人民共和国国家通用语言文字法》，促进全社会树立语言文字规范意识，推动语言文字工作向纵深发展等方面发挥了重要作用。

2004年，国家语委对前一阶段的语言文字工作进行了总结并制定出了《国家语言文字工作“十五”计划》，对新时期语言文字工作提出了新的要求（见附录2）。

四、怎样学习普通话

（一）克服畏难情绪

新中国成立之后，我国就已经开始进行普通话普及工作。所以现在的年轻人乃至于中年人对普通话并不陌生，学起来并不非常困难。尤其是北方方言区的人，只要敢张嘴说，一般说来都能达到满足基本交际要求的目标。相比较而言，南方方言区的人学习普通话的难度稍大一些，但也不是难以攻克的高精尖课题，只要掌握正确的方法，加上坚持不懈地刻苦练习，就一定能达到预期的目的。所以，一定要克服畏难情绪，明白练好普通话，是跳起来就可以摘到的果子。

（二）大胆开口说

说普通话是一项技能，不练永远不会，就如不下水永远学不会游泳一样。要在生活中、工作中随时运用。正所谓“拳不离手，曲不离口，”这就存在着一个破胆的问题。而破胆这一关过得越早越好。

（三）找好练习搭档

我们常看到很多人非常用心刻苦地练习普通话，常常是一个音节不厌其烦地反复练习。但音节的发音却是错误的。这样练习，只能是南辕北辙，事倍功半。所以，组成练习小组，找好练习搭档，共同练习，这样既可以互相鼓励，刺激练习兴趣，有利于长期坚持，又能相互及时纠正，势必取得事半功倍的好效果。

（四）多听多悟

在工作和生活中，我们要注意多听多悟。听电视广播新闻，听说得好的人的发音，用心揣摩，提高悟性，增强语感。无数事实证明，悟性好的人进步就快，悟性差的人，进步就慢。最怕一辈子都说普通话，但一辈子都没有进步，一辈子都说让人难受的方言“普通话”。

（五）刻苦练习

学习普通话相当程度上是考验我们记忆力。除了很多发音要一遍又一遍的反复练习外，还有大量需要记忆的内容。如果懒惰不记，也毫无进步的可能，只能一辈子在现有水平上原地踏步。要相信，只要功夫深，铁杵磨成针。

（六）养成用普通话思维的习惯

我们很多人的思维语言（内部语言）系统习惯于使用方言，当转化成有声语言（外部语言）时，往往多出一道自己给自己翻译一遍的程序，这就给自己使用普通话交流的流畅性带来很大的障碍，所以我们应该培养自己用普通话的语音、词汇、语法系统代替方言进行思维的习惯，最终省去在运用普通话交流中的翻译环节，这样会有效提高普通话表达的流畅度。

总之，“恒心搭起通天路，勇气冲开智慧门。”说好普通话并不是一个遥不可及的目标，关键在于我们有没有决心、意志、悟性。

任务二　准备普通话水平测试

一、普通话水平测试的性质

普通话水平测试（PUTONGHUA SHUIPING CESHI，缩写为 PSC）主要测查应试人的普通话规范程度、熟练程度，认定其普通话水平等级，属于标准参照性考试，是我国为加快共同语普及进程、提高全社会普通话水平而设置的一种语言测试制度。它属于语言测试的范畴，但又不同于一般意义的语言测试。它是由政府专门机构主持的一项测试。国家语委普通话培训测试中心及地方（省、自治区、直辖市）普通话培训测试中心具体负责实施。非普通话培训测试实施机构组织的测试结果，一律不作为普通话水平的凭证。普通话水平测试是资格证书测试。《普通话水平等级证书》是从业人员普通话水平的凭证，在全国范围内通用。

普通话水平测试是一种口语测试，全部测试内容均以口头方式进行。普通话水平测试不是口才的评定，而是对应试人掌握和运用普通话所达到的规范程度和熟练程度的测查和评定。经报名核准后，应试者应在规定的日期，凭本人的准考证和身份证，进入指定的考场，并按指定试卷上的内容进行测试。每个测试场有 2 或 3 位测试员负责对应试者的普通话水平进行判定。总测试时长在 15 分钟左右。测试的内容包括普通话语音、词汇和语法。

二、普通话水平测试的等级标准

国家语言文字工作委员会于 1997 年颁布了《普通话水平测试等级标准》（试行），共分三级六等，具体内容如下：

一级

甲等：朗读和自由交谈时，语音标准，词语、语法正确无误，语调自然，表达流畅。测试总失分率在 3% 以内。

乙等：朗读和自由交谈时，语音标准，词语、语法正确无误，语调自然，表达流畅。偶然有字音、字调失误。测试总失分率在 8% 以内。

二级

甲等：朗读和自由交谈时，声韵调发音基本标准，语调自然，表达流畅。少数难点音（平翘舌音、前后鼻尾音、边鼻音等）有时出现失误。词语、语法极少有误。测试总失分率在 13% 以内。

乙等：朗读和自由交谈时，个别调值不准，声韵母发音有不到位现象。难点音（平翘舌音、前后鼻尾音、边鼻音、fu－hu、z－zh－j、送气不送气、i－ü 不分，保留浊塞音和浊塞擦音、丢介音、复韵母单音化等）失误较多。方言语调不明显。有使用方言词、方言语法的情况。测试总失分率在 20% 以内。

三级

甲等：朗读和自由交谈时，声韵母发音失误较多，难点音超出常见范围，声调调值多不准。方言语调较明显。词语、语法有失误。测试总失分率在 30% 以内。

乙等：朗读和自由交谈时，声韵母发音失误较多，方言特征突出。方言语调明显。词语、语法失误较多。外地人听其谈话有听不懂情况。测试总失分率在 40% 以内。

从上述标准可以看出，一级普通话水平是标准的普通话，二级是比较标准的普通话，三级是一般水平的普通话，能够交流，偶有听不懂的情形。在实际工作中，有关部门根据不同职业、需要，提出了不同的要求：播音员、主持人应达到一级标准；教师应达到二级标准；国家公务人员应达到三级标准。从实践来看，是较为适当的。同时，对上述专业人员和公务人员在年龄上也作了区别，规定对 1955 年 1 月 1 日以前出生的上述人员不作硬性要求，只提倡使用普通话，鼓励提高普通话水平。

三、普通话水平测试的对象及要求

国家语言文字工作委员会《关于普通话水平测试，管理工作的若干规定》（试行）指出，1946 年 1 月 1 日以后出生的，到现在年满 18 岁（个别可放宽至 16 岁）的下列人员应接受普通话水平测试并达到规定的级别。

（1）师范系统的教师和毕业生，普通话水平不得低于二级，其中普通话语音课教师和口语课教师必须达到一级。

（2）普教系统的教师以及职业中学与口语表达密切相关专业的毕业生，普通话水平不得低于二级。

（3）非师范类高等院校的教师以及与口语表达密切相关专业的毕业生，普通话水平不得低于二级。

（4）广播电视教学的教师，普通话水平不得低于二级。

（5）报考教师资格的人员，普通话水平不得低于二级。

（6）国际级和省级广播电台、电视台的播音员和主持人普通话水平必须达到一级甲等。其余广播电台、电视台的播音员和节目主持人的达标要求由广播电影电视部另行规定。

其他应当接受普通话水平测试的人员和自愿申请接受普通话水平测试的人员。

四、普通话水平测试的题型及测试方式

普通话水平测试一律采用口试方式，测试内容包括普通话语音、词汇和语法。

普通话水平测试试卷根据《普通话水平测试大纲》编制，由五个测试项构成，总分为 100 分。

（1）读单音节字词（100 个音节，不含轻声、儿化音节），限时 3.5 分钟，共 10 分。目的考查应试人普通话声母、韵母和声调读音的标准程度。

（2）读多音节词语（100 个音节，其中含双音节词语 45 ～ 47 个，三音节词语 2 个，四音节词语 0 ～ 1 个），限时 2.5 分钟，共 20 分 。目的是除继续考查应试人声母、韵母、声调发音的准确程度外，还要考查变调、儿化韵和轻声读音的标准程度。

（3）选择判断，限时 3 分钟，共 10 分。考查应试人掌握普通话词语的规范程度。根据《普通话水平测试用普通话与方言词语对照表》列举 10 组普通话与方言意义相对应但说法不同的词语，由应试人作出判断并读出普通话的词语。

（4）朗读短文（一篇，400 字），限时 4 分钟，共 30 分。目的是考查应试人使用普通话朗读书面材料的能力，在考查声母、韵母、声调读音标准程度的同时，重点考查连读音变、停连、语调以及流畅程度。

（5）命题说话，时间不少于 3 分钟，共 30 分。目的是考查应试人在无文字凭借的情况下运用普通话交流所达到的规范程度。重点考察语音标准程度、词汇、语法规范程度和自然流畅程度。

根据《普通话水平测试大纲》的说明，各省可根据具体情况决定是否免测“选择判断”题。如免测此题，“命题说话”题的分值由 30 分调整为 40 分。

五、普通话水平测试样卷及分析

（一）读100个单音节字词

昼	*八	迷	*先	毡	*皮	幕	*美	彻	*飞
鸣	*破	捶	*风	豆	*蹲	霞	*掉	桃	*定
宫	*铁	翁	*念	劳	*天	旬	*沟	狼	*口
靴	*娘	嫩	*机	蕊	*家	跪	*绝	趣	*全
瓜	*穷	屡	*知	狂	*正	裘	*中	恒	*社
槐	*事	轰	*竹	掠	*茶	肩	*常	概	*虫
皇	*水	君	*人	伙	*自	滑	*早	绢	*足
炒	*次	渴	*酸	勤	*鱼	筛	*院	腔	*爱
鳖	袖	滨	竖	搏	刷	瞟	帆	彩	愤
司	滕	寸	峦	岸	勒	歪	尔	熊	妥

（标*的是频度在1～4000的字词。正式试卷不必标出。）

覆盖声母情况：

b:4；p:3；m:4；f:4；d:4；t:5；n:3；l:6；g:5；k:3；h:6；j:6；q:6；x:6；zh:6；ch:6；sh:6；r:2；z:3；c:3；s: 2；零声母:7。

总计：100次。未出现声母：0。

覆盖韵母情况：

ɑ:2；e:4；-i(前):3；-i(后):2；ɑi:4；ei:2；ɑo:4；ou:4；ɑn:3；en:3；ɑng:3；eng:4；i:3；iɑ:2；ie:2；iɑo:2；iou:2；iɑn:4；in:2；iɑng:2；ing:2；u:4；uɑ:3；uo/o:4；uɑi:2；uei:4；uɑn:2；uen:2；uɑng:2；ong:4；ueng:1；ü:3；üe:3；üɑn:2；ün:2；iong:2；er:1。

总计：100次。未出现韵母：0。

覆盖声调情况：

阴平：28；阳平：31；上声：14；去声：27。

总计：100。

（二）读多音节词语（100个音节，其中含双音节词语45个，三音节词语2个，4音节词语1个）

取得	阳台	儿童	板凳儿	混淆	衰落
分析	防御	此外	便宜	光环	塑料
沙丘	管理	扭转	加油	森林	抢劫
队伍	挖潜	女士	科学	手指	策略
侨眷	模特儿	港口	没准儿	干净	日用
紧张	炽热	应当	生字	洒脱	包装
群众	名牌儿	沉醉	快乐	窗户	财富
奔跑	晚上	卑劣	现代化	委员会	轻描淡写

覆盖声母情况：

b:4；p:3；m:4；f:3；d:6；t:4；n:2；l:7；g:4；k:3；h:5；j:6；q:7；x:5；zh:6；ch:3；sh:6；r:2；z:2；c:3；s:3；零声母:13。

总计：100 次。未出现声母：0。

覆盖韵母情况：

ɑ:2；e:6；－i(前):2；－i(后):4；ɑi:4；ei:2；ɑo:2；ou:2；ɑn:4；en:4；ɑng:5；eng:2；i:3；iɑ:1；ie:3；iɑo:4；iou:3；iɑn:3；in:2；iɑng:2；ing:4；u:4；uɑ:2；uo/o:3；uɑi:2；uei:4；uɑn:3；uen:2；uɑng:3；ong:2；uɑng:3；ong:2；ü:3；üe:2；üɑn:2；ün:1；iong:1；er:1。

总计：100 次。未出现韵母：ueng。

其中儿化韵母 4 个：－engr（板凳儿），－uenr（没准儿），er（模特儿），－ɑir（名牌儿）。

覆盖声调情况：

阴平：22；阳平：26；上声：19；去声：28；轻声：5。

其中上声和上声相连的词语 4 条：管理，扭转，手指，港口。

总计：100。

（三）选择判断（为便于了解题意，样题显示答案）

1. 词语判断：请判断并读出下列 10 组词语中的普通话词语。

（1）如崭　*现在*　而家　今下　目下

（2）瞒人　边个　*谁*　啥侬　啥人

（3）为么子　做脉个　*为什么*　为什里　为啥　为怎样

（4）*细小*　细粒　幼细　异细

（5）后生子　后生崽里　后生家　后生仔　*小伙子*

（6）目里向　日里　*白天*　日上　日头　日时　日辰头

（7）*婴儿*　毛宅　冒牙子　苏虾仔　婴仔　阿伢

（8）蚂蚁子　蚂蝇里　狗蚁　蚁公　*蚂蚁*

（9）*这里*　个搭　咯里　个里　呢处　即搭

（10）早上向　*早晨*　早间里　朝早　朝辰头

2. 量词、名词搭配：请按照普通话规范搭配并读出下列数量名短语。

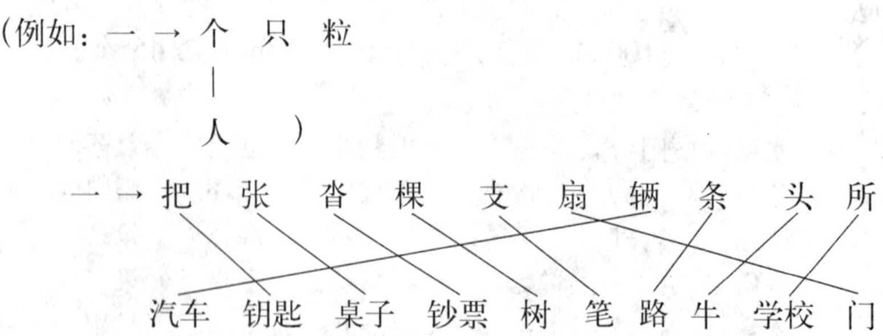

3. 语序或表达形式判断：请判断并读出下列 5 组句子里的普通话句子。

（1）**他大约要两三个月才能回来。**

他大约要二三个月才能回来。

（2）他好好可爱。

他非常可爱。

他上可爱。

（3）你去去逛街？

你去不去逛街？

（4）你矮我。

你比我过矮。

你比我矮。

你比较矮我。

你比我较矮。

（5）**那部电影我看过。**

那部电影我有看。

（四）朗读短文：请朗读下列短文。

夕阳落山不久，西方的天空，还燃烧着一片橘红色的晚霞。大海，也被这霞光染成了红色，而且比天空的景色更要壮观。因为它是活动的，每当一排排波浪涌起的时候，那映照在浪峰上的霞光，又红又亮，简直就像一片片霍霍燃烧着的火焰，闪烁着，消失了。而后面的一排，又闪烁着，滚动着，涌了过来。

天空的霞光渐渐地淡下去了，深红的颜色变成了绯红，绯红又变成浅红。最后，当这一切红光都消失了的时候，那突然显得高而远了的天空，则呈现出一片肃穆的神色。最早出现的启明星，在这蓝色的天幕上闪烁起来了。它是那么大，那么亮，整个广漠的天幕上只有它在那里放射着令人注目的光辉，活像一盏悬挂在高空的明灯。

夜色加浓，苍空中的“明灯”越来越多了。而城市各处的真的灯火也次第亮了起来，尤其是围绕在海港周围山坡上的那一片灯光，从半空倒映在乌蓝的海面上，随着波浪，晃动着，闪烁着，像一串流动着的珍珠，和那一片片密布在苍穹里的星斗互相辉映，煞是好看。

在这幽美的夜色中，我踏着软绵绵的沙滩，沿着海边，慢慢地向前走去。海水，轻轻地抚摸着细软的沙滩，发出温柔的 // 刷刷声。晚来的海风，清新而又凉爽。我的心里，有着说不出的兴奋和愉快。

夜风轻飘飘地吹拂着，空气中飘荡着一种大海和田禾相混合的香味儿，柔软的沙滩上还残留着白天太阳炙晒的余温。那些在各个工作岗位上劳动了一天的人们，三三两两地来到这软绵绵的沙滩上，他们浴着凉爽的海风，望着那缀满了星星的夜空，尽情地说笑，尽情地休憩。

（节选自峻青《海滨仲夏夜》）

Xīyáng luòshān bùjiǔ，xīfāng de tiānkōng，hái ránshāozhe yī piàn júhóngsè de wǎnxiá. Dàhǎi，yě bèi zhè xiáguāng rǎnchéngle hóngsè，érqiě bǐ tiānkōng de jǐngsè gèng yào zhuàngguān. Yīn · wéi tā shì huó · dòng de，měidāng yīpáipái bōlàng yǒngqǐ de shíhou，nà yìngzhào zài làngfēng · shàng de xiáguāng，yòu hóng yòu liàng，jiǎnzhí jiù xiàng yīpiànpiàn huòhuò ránshāozhe de huǒyàn，shǎnshuò zhe，xiāoshī le. Er hòu · miàn de yī pái，yòu shǎnshuòzhe，gǔndòngzhe，yǒngle guò · lái.

Tiānkōng de xiáguāng jiànjiàn de dàn xià · qù le，shēnhóng de yánsè biànchéngle fēihóng，fēihóng yòu biànwéi qiǎnhóng. Zuìhòu，dāng zhè yīqiē hóngguāng dōu xiāoshīle de shíhou，nà tūrán xiǎn · dé gāo ér yuǎn le de tiānkōng，zé chéngxiàn chū yī piàn sùmù de shénsè. Zuì zǎo chūxiàn de qǐmíngxīng，zài zhè lánsè de tiānmù · shàng shǎnshuò qǐ · lái le. Tā shì nàme dà，nàme liàng，zhěng gè guǎngmò de tiānmù · shàng zhǐyǒu tā zài nà · lǐ fàngshèzhe lìng rén zhùmù de guānghuī，huóxiàng yī zhǎn xuánguà zài gāokōng de míngdēng.

Yèsè jiā nóng，cāngkōng zhōng de "míngdēng" yuèláiyuè duō le. Er chéngshì gè chǔ de zhēn de dēnghuǒ yě cìdì liàngle qǐ · lái，yóuqí shì wéirào zài hǎigǎng zhōuwéi shānpō · shàng de nà yī piàn dēngguāng，cóng bànkōng dǎoyìng zài wūlán de hǎimiàn · shàng，suízhe bōlàng，huàngdòngzhe，shǎnshuòzhe，xiàng yī chuàn liúdòngzhe de zhēnzhū，hé nà yīpiànpiàn mìbù zài cāngqióng · lǐ de xīngdǒu hùxiāng huīyìng，shà shì hǎokàn.

Zài zhè yōuměi de yèsè zhōng，wǒ tàzhe ruǎnmiánmián de shātān，yánzhe hǎibiān，mànmàn de xiàngqián zǒu · qù. Hǎishuǐ，qīngqīng de fǔmōzhe xìruǎn de shātān，fāchū wēnróu de// shuāshuā shēng. Wǎnlái de hǎifēng，qīngxīn ér yòu liángshuǎng. Wǒ de xīn · lǐ，yǒuzhe shuō · bùchū de xīngfèn hé yúkuài.

Yèfēng qīngpiāopiāo de chuīfúzhe，kōngqì zhōng piāodàngzhe yī zhǒng dàhǎi hé tiánhé xiāng hùnhé de xiāngwèir，róuruǎn de shātān · shàng hái cánliúzhe bái · tiān tài · yáng zhìshai de yúwēn. Nàxiē zài gè gè gōngzuò gǎngwèi · shàng láodòngle yī tiān de rénmen，sānsān – liǎngliǎng dì láidào zhè ruǎnmiánmián de shātān · shàng，tāmen yù zhe liángshuǎng de hǎifēng，wàngzhe nà zhuìmǎnle xīngxing de yèkōng，jìnqíng de shuōxiào，jìnqíng de xiūqì.

（Jiéxuǎn zì Jùn Qīng《Hǎibīn Zhòngxià Yè》）

（五）命题说话：请按照话题“我的业余生活”或“我熟悉的地方”说一段话（3 分钟）。

＊说明：各省（自治区、直辖市）语言文字工作部门可以根据测试对象或本地区的实际情况，决定是否免测“选择判断”测试项。如免测此项，“命题说话”测试项的分值由 30 分调整为 40 分，评分档次不变。

项目小结

在人类文明的发展进程中，有声语言起到了非常重要的作用。列宁说过：“语言是人类最重要的交际工具。”但是我国纷繁复杂的方言又给交际带来了巨大的障碍，甚至同省、同市，甚至同县的人有些时候说话还互相听不懂。新中国成立之后，尤其是改革开放以来随着我国经济的迅速发展，国际地位的日益提高，全球化进程的日益加快，要想更顺利更有效地进行交流、贸易、竞争，那么最大程度地普及民族共同语就成为大势所趋，成为历史的必然。所以，“民族共同语的普及程度标志着这个民族的文明程度”这一观点，应该深入人心。

项目综合练习

1. 填空

（1）现代汉语民族共同语又称________，它是以________为________，以________为__

______，以________为________的。

（2）共同语是________的语言，方言是________的语言。

（3）推广普通话并不是要人为地消灭________，主要是为了消除________，以利社会交际。所以现代汉民族共同语和方言的关系是________。

（4）汉语方言之间的差异，突出表现在________方面。

（5）新时期推普工作应努力做好以下五点：第一，各级各类学校使用普通话进行教学，使之成为________。第二，各级各类机关工作时一般使用普通话，使之成为________。第三，广播、电视、电影、话剧使用普通话，使之成为________。第四，服务人员提供各种服务时使用普通话，使之成为________。第五，不同方言区的人在公众场合交往时，基本使用普通话，使之成为________。

（6）推广和普及普通话的工作方针是________。

2. 讨论

（1）北京话是不是标准的普通话？

（2）现代汉语有几个方言区？

（3）你认为学习普通话的重要性怎样？应该怎样学好普通话？

附录：

国家语言文字工作委员会　国家教育委员会
广播电影电视部
关于开展普通话水平测试工作的决定

国语［1994］43号

各省、自治区、直辖市语委、教委、高教、教育厅（局）、广播电视厅（局）：

《中华人民共和国宪法》规定："国家推广全国通用的普通话。"推广普通话是社会主义精神文明建设的重要内容；社会主义市场经济的迅速发展和语言文字信息处理技术的不断革新，使推广普通话的紧迫性日益突出。国务院在批转国家语委关于当前语言文字工作请示的通知（国发〔1992〕63号文件）中强调指出，推广普通话对于改革开放和社会主义现代化建设具有重要意义，必须给予高度重视，为加快普及进程，不断提高全社会普通话水平，国家语言文字工作委员会、国家教育委员会和广播电影电视部决定：

一、普通话是以汉语文授课的各级各类学校的教学语言；是以汉语传送的各级广播电台、电视台的规范语言，是汉语电影、电视剧、话剧必须使用的规范语言；是全国党政机关、团体、企事业单位干部在公务活动中必须使用的工作语言；是不同方言区及国内不同民族之间的通用语言。掌握并使用一定水平的普通话是社会各行各业人员，特别是教师、播音员、节目主持人、演员等专业人员必备的职业素质。因此，有必要在一定范围内对某些岗位的人员进行普通话水平测试，并逐步实行普通话等级证书制度。

二、现阶段的主要测试对象和他们应达到的普通话等级要求是：

中小学教师、师范院校的教师和毕业生应达到二级或一级水平，专门教授普通话语音的教师应达到一级水平；

县级以上（含县级）广播电台和电视台的播音员、节目主持人应达到一级水平（此要求列入广播电影电视部部颁岗位规范，逐步实行持普通话等级合格证书上岗）；

电影、电视剧演员和配音演员，以及相关专业的院校毕业生应达到一级水平。

三、测试对象经测试达到规定的等级要求时，颁发普通话等级证书。对播音员、节目主持人、教师等岗位人员，从1995年起逐步实行持普通话等级证书上岗制定。

四、成立国家普通话水平测试委员会，负责领导全国普通话水平测试工作。委员会由国家语言文字工作委员会、国家教育委员会、广播电影电视部有关负责同志和专家学者若干人组成。委员会下设秘书长一人，副秘书长若干人处理日常工作，办公室设在国家语委普通话培训测试中心。各省、自治区、直辖市也应相应地成立测试委员会和培训测试中心，负责本地区的普通话培训测试工作。

普通话培训测试中心为事业单位，测试工作要合理收费，开展工作初期，应有一定的启动经费，培训和测试工作要逐步做到自收自支。

五、普通话水平测试工作按照《普通话水平测试实施办法（试行）》和《普通话水平测试等级标准（试行）》的规定进行。（详见附件一、二）

六、普通话水平测试是推广普通话工作的重要组成部分，是使推广普通话工作逐步走向科学化、规范化、制度化的重要举措。各省、自治区、直辖市语委、教委、高教、教育厅

(局)、广播电视厅（局）要密切配合、互相协作，加强宣传，不断总结经验，切实把这项工作做好。

附件一：普通话水平测试实施办法（试行）

附件二：普通话水平测试等级标准（试行）

附件一：

普通话水平测试实施办法（试行）

根据国家语言文字工作委员会、国家教育委员会、广播电影电视部《关于开展普通话水平测试工作的决定》，制定本办法。

一、普通话水平测试委员会

第一条：普通话水平测试工作在国家普通话水平测试委员会的领导下，根据统一的标准和要求，在规定的范围内逐步开展。

第二条：各省（自治区、直辖市）应组建省级普通话水平测试委员会和普通话培训测试中心。中央人民广播电台、中央电视台以及具备条件的国家部委直属师范、广播、电影、戏剧等高等院校，经国家普通话水平测试委会批准，可以成立本单位的普通话水平测试委员会，负责本单位的普通话水平测试工作。省级和部委直属单位的测试委员会接受国家普通话水平测试委员会的领导。

第三条：在普通话水平测试委员会和培训测试中心成立前，省（自治区、直辖市）内的测试工作在省（自治区、直辖市）语委、教委和广播电视厅的统一领导下进行。

二、普通话水平等级标准和《测试大纲》

第四条：普通话水平划分为三级六等（详见《普通话水平测试等级标准（试行）》)，级和等实行量化评分。

第五条：普通话水平测试工作按照国家语委组织审定的《普通话水平测试大纲》统一测试内容和要求。

三、测试员

第六条：普通话水平测试员分国家级和省（自治区、直辖市）级两类。国家级测试员需经国家语委普通话培训测试中心培训、考核并取得测试员证书；省级测试员须经省普通话培训测试中心培训、考核，并经国家语委普通话培训测试中心复审、备案后，由省（自治区、直辖市）普通话培训测试中心颁发省级测试员证书。评定普通话一级（甲、乙等）水平，必须由国家级测试员主持或复核方为有效。

第七条：测试员应熟悉和拥护国家语言文字工作方针、政策，热心语言文字工作，熟练掌握汉语拼音，普通话水平达到一级乙等以上（省级测试员少部分1946年以前出生的可放宽到二级甲等），具有大专毕业文化程度和三年以上工作实践，并有较高的语音分辨能力，作风正派。国家级测试员最低上岗年龄为25岁，省级测试员最低上岗年龄为24岁。

第八条：测试员在省（自治区、直辖市）培训测试中心（或部委直属单位的普通话水平测试委员会）的组织领导下承担测试任务。测试工作必须严格按统一的测试标准和要求独立进行。

第九条：等级测试须有三名测试员协同工作（分别测试，综合评议）方为有效。评定意见不一致时，以多数人的意见为准。人员不足时，可用加强上级复审的办法过渡。

第十条：测试员不能正确掌握测试标准或在工作中有徇私舞弊行为时，省（自治区、直辖市）或部委直属单位的普通话水平测试委员会应在一定期间内（半年至一年）停止其测试工作，错误性质严重的应撤销其测试员资格。对国家级测试员的处分和撤销处分的决定应通知国家语委普通话培训测试中心。

四、应试人员

第十一条：1946 年 1 月 1 日以后出生至现年满 18 岁（个别可放宽到 16 岁）之间的下列人员应接受普通话水平测试：

（1）中小学教师；

（2）中等师范学校教师和高等院校文科教师；

（3）师范院校毕业生（高等师范里，首先是文科类毕业生）；

（4）广播、电视、电影、戏剧，以及外语、旅游等高等院校和中等职业学校相关专业的教师和毕业生；

（5）各级广播电台、电视台的播音员、节目主持人；

（6）从事电影、电视剧、话剧表演和影视配音的专业人员；

（7）其他应当接受普通话水平测试的人员和自愿申请接受普通话水平测试的人员。

第十二条：现阶段对一些岗位和专业人员的普通话等级要求：

（1）教师和师范院校毕业生应达到二级或一级水平，语文科教师应略高于其他学科教师的水平。

（2）专门从事普通话语音教学的教师和从事播音、电影、电视剧、话剧表演、配音的专业人员，以及与此相关专业的毕业生应达到一级甲等或一级乙等水平。

五、普通话等级证书

第十三条：普通话等级证书由省（自治区、直辖市）培训测试中心或部委直属单位普通话水平测试委员会颁发。

第十四条：普通话等级证书全国统一格式（见附件），由各省（自治区、直辖市）分别编号。

第十五条：测试评定的普通话一级甲等，需分批报国家语委普通话培训测试中心复审。复审比例为：10 名以内复审 1/3，11 ～ 50 名复审 1/5，51 名以上复审 1/10。复审后，在国家语委普通话培训测试中心备案，省（自治区、直辖市）培训测试中心注册。证书由国家语委普通话培训测试中心盖章后，由省（自治区、直辖区）培训测试中心颁发。

测试评定一级乙等，在省（自治区、直辖市）培训测试中心注册，在国家语委普通话培训测试中心备案，必须得由国家语委普通话培训测试中心抽查，然后由省（自治区、直辖市）培训测试中心颁发证书。

测试评定的二级甲、乙等，报省（自治区、直辖市）培训测试中心备案并发证书；测试工作的重点是工作和学习需要普通话水平应达到一级或二级的人员。普通话三级水平测试由各地按照测试标准和大纲的要求，根据各地的情况和工作的需要组织进行。

第十六条：未进入规定等级或要求晋升等级的人员，需在前次测试 5 个月之后方能提出受试申请。

六、附则

第十七条：本办法由国家语委普通话培训测试中心负责解释。

第十八条：本办法自 1994 年 10 月 30 日起实施。

项目二 掌握普通话语音基础

【目标任务】

1. 了解普通话语音的产生、传播原理；
2. 理解音素、音节等语音基本概念及语音的性质；
3. 掌握汉语拼音方案。

试着读一读

轻轻的我走了，正如我轻轻的来；我轻轻的招手，作别西天的云彩。那河畔的金柳，是夕阳中的新娘，波光里的艳影，在我的心头荡漾。软泥上的青荇，油油的在水底招摇，在康河的柔波里，我甘心做一条水草。那榆阴下的一潭，不是清泉，是天上虹，揉碎在浮藻间，沉淀着彩虹似的梦。寻梦？撑一支长篙。向青草更青处漫溯，满载一船星辉，在星辉斑斓里放歌。但我不能放歌，悄悄是别离的笙箫；夏虫也为我沉默，沉默是今晚的康桥。悄悄的我走了，正如我悄悄的来。我挥一挥衣袖，不带走一片云彩。

这首徐志摩的《再别康桥》，朗诵资料非常多。试着自己读一读，再和示范朗诵录音进行对比，看看自己在哪些音节的发音上和录音有差别，再想想为什么有这样的差别。

语言是人类最重要的交际工具。要使汉语在今天发挥更大的作用，就必须加快推广普通话的进程，不断提高全社会的普通话水平。我国地域辽阔，幅员广大，各地有各地的方言，不同方言区在语音方面的差异很大。普通话和方言的分歧主要表现在语音上。我们要在科学理论的指导下，进行普通话的语音训练，因此，要学好普通话，必须懂得一定的语音常识。声母、韵母、声调、音节以及变调、轻声、儿化等构成了普通话的基本语音系统。

任务一 学习基本语音知识

一、语音和发音器官

语音是人发出的、有意义的声音。也就是说是人说话的声音，是人的语言的声音。它是语言的物质外壳，语言的交际功能是由语音来体现的。语音是人和人之间交流的一种最直接的有效手段，大家每天都在用语言来沟通，人的思考也是用语言来进行的，而语音是把语言表述出来的物理形式。

人类的发音器官及其运动是语音的生理基础。人类的发音器官可以分成三大部分。

(1) 肺、支气管、气管：肺是呼吸气流的动力站，气管是气流的通道。当肺部收缩或扩张时，能够通过支气管、气管呼出或吸入气流。呼吸的气流是人类发音的原动力。

(2) 喉头和声带：喉头是声带的活动室，声带是语音的发音体。喉头的中间有两对薄膜，上面一对是假声带，下面一对是声带。声带的前后两端都附着在喉头的软骨上。两片声带之间的通路叫声门。由于肌肉和软骨的活动，声门可以打开或闭拢。当声门闭拢时，气流通过喉头就会使声带振动而发出声音。

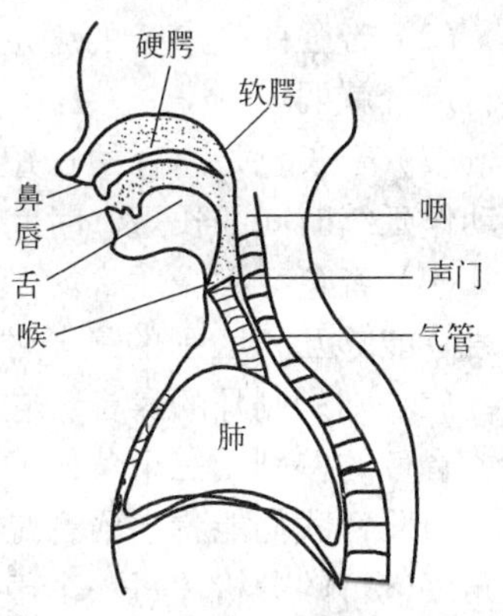

发音器官示意图

(3) 口腔、鼻腔、咽腔：都是发音的共鸣器。不同的声音都是气流在各共鸣腔受到不同节制，形成不同共鸣的结果。其中最重要的是口腔。口腔由上下唇、上下齿、上下齿龈、上下腭、舌头（分为舌尖、舌面和舌根）、小舌组成。喉头上面是咽腔。咽腔是个三叉口，下连喉头，前通口腔，上连鼻腔。呼出的气流由喉头经过咽腔到达口腔和鼻腔。软腭上升时，鼻腔关闭，气流从口腔通过，这时发出的声音叫口音。软腭下垂时，口腔中通道关闭，气流从鼻腔通过，这时发出的声音叫鼻音。软腭不动，让气流同时从口腔和鼻腔冲出，发出的音是口鼻音，也叫鼻化音。

学习语音，必须熟悉发音器官的各个部位及其功能。

下面是口腔和鼻腔的示意图：

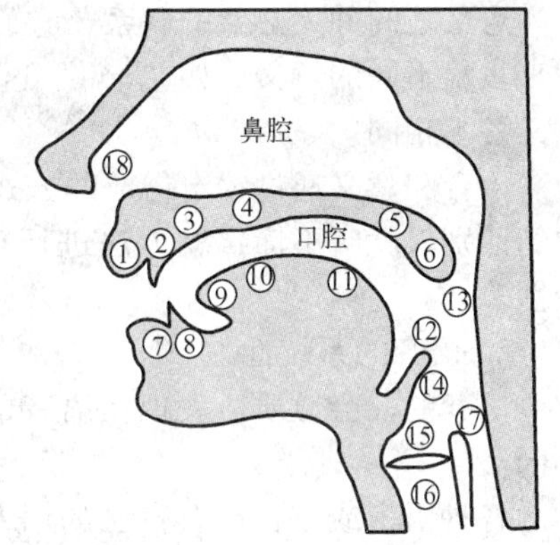

① 上唇　② 上齿　③ 牙床　④ 硬腭
⑤ 软腭　⑥ 小舌　⑦ 下唇　⑧ 下齿
⑨ 舌尖　⑩ 舌面　⑪ 舌根　⑫ 咽头
⑬ 咽壁　⑭ 会厌　⑮ 声带　⑯ 气管
⑰ 食道　⑱ 鼻孔

在上述的发音器官中，声带、唇、舌头、软腭、小舌和下腭可以自由活动，称为主动的或积极的发音器官，其他部分不能自由活动，称为被动的或消极的发音器官。各种语音都是上述发音器官中不同部分协同作用的结果。

二、语音的性质

语音是由人的发音器官发出来的声音，是语言的物质外壳。同其他声音一样，它有音高、音强、音长、音色各方面的自然特性。人们通过语音感知语言、理解语言。语音本质上是一种社会现象，在一定的生理基础上形成，同时具有一定的物理属性。

(一) 语音的物理属性

语音具备四要素：音高、音强、音长和音色。

(1) 音高就是声音的高低，决定于物体振动的频率。物体振动的速度越快，振动的次数越多，频率就高，声音就高；物体振动的速度越慢，振动的次数越少，频率就低，声音就低。一般来说，女人的声带比男人短而薄，女人说话，声带振动的频率比男人快，声音比男人高，儿童的声带比成人的短而薄，儿童的声音总是比成人高。

（2）音强就是声音的强弱，决定于一定时间内音波的振幅。振幅大，声音就强；振幅小，声音就弱。

（3）音长就是声音的长短，是由发音体振动时间的长短决定的。语音的长短则决定于发音动作延续时间的长短。时间长，音长就长；时间短，音长就短。

（4）音色又称音质，就是声音的特色、本质，是由音波颤动的不同形状决定的，是不同的语音能够互相区别的最基本的特征。如歌声、乐器声与汽车喇叭声、雷声，前者悦耳动听，后者则是刺耳的噪音，它们的音色截然不同。

音色的差别受三个条件的影响：发音体不同，发音方式不同，共鸣器的形状不同。

由此，我们能看出语音是由物体振动而发出的一系列连续的音波所构成的，这是从物理学角度进行的分析。每一个声音都有一定的音高、音强、音长和音色。

（二）语音的社会属性

1. 语音的表意性

语言的各种意义靠语音表示出来。用什么样的语音形式来表示什么样的意义，不是由个人决定的，而是由使用该语言的社会全体成员约定俗成的，这就是语音的社会属性。语音形式和意义之间并无必然的联系，它们的关系只要得到社会公认就行了。同样的语音形式可以用来表示不同的意义，如“gǎn”这个音节在“赶集、赶明儿、正赶上”等词语中所表示的意义各不相同。

语音和意义通过约定俗成的方式结合以后，就具有了强制性，个人不能随意更改。否则他的话别人就听不懂，就无法进行正常的人际交流。由此可见，语音的本质属性是它的社会性。

2. 语音的系统性

语音的社会性质还表现在语音的系统性上。相同的语音现象在不同的语音系统中作用不同。

各种语言或方言都有自己的语音系统。相同的语音现象，在不同的语音系统中的作用不同。

语音系统的不同，说明语音不是单纯的物理现象或生理现象，语音还具有社会性质。社会性质是语音的本质属性。

例如，d 和 t 这两个辅音，在普通话中分属两个不同的语音单位，在发音上的差别具有区别意义的作用。重要的是，语音要表达一定的意义，什么样的语音形式表达什么样的意义，必须是使用该语言的全体社会成员约定俗成的，所以语音又具有社会属性。

语音的物理属性和生理属性，就是语言的自然属性；社会属性是语音的本质属性。

任务二　理解语音的基本概念

一、音素

（一）什么是音素

音素是不能再分解的最小的语音单位。例如，汉语里的 ɑ、i、u 都是音素。一种语言的语音系统大都是由几十个不同的音素组成的。音素是构成音节的最小的语音单位。如“地”这个音节就包括“d、i”两个音素。普通话中最短的音节由一个音素构成，如“阿（ɑ）”，最长的音节由四个音素构成，如“广（guɑng）”。

（二）音素的分类

音素分为辅音和元音两大类。发音时有的声带振动，有的声带不振动、气流通过口腔受到一定阻碍的叫辅音，如 b、p、d、t、g、k、s、r。发音时声带总是振动、气流通过口腔不受任何阻碍的叫元音，如 ɑ、o、e、i、u、ü。

元音和辅音的区别主要是：

1. 有无阻碍

元音发音时，气流不受阻碍；辅音发音时，气流通过口腔或者鼻腔时要受到阻碍。

2. 紧张状态

元音发音时，发音器官各部位保持均衡的紧张状态；辅音发音时，构成阻碍的部位比较紧张，其他部位比较松弛。

3. 气流强弱

元音发音时，气流较弱；辅音发音时，气流较强。

4. 响度大小

元音发音时，声带要振动，发出的声音比较响亮；辅音发音时，有的声带振动，如 m、n、l、r，声音响亮，有的不振动，如 b、t、z、c，声音不响亮。

二、音节

（一）什么是音节

音节是语音的基本结构单位，就是我们能自然感受到的最小的语音片断，由一个或几个音素构成。一般说来，汉语音节和汉字基本上是一对一（儿化现象除外）的，也就是说基本上一个汉字就表示一个音节。如“春天像刚落地的娃娃”就是九个音节。

普通话的音节结构类型

例　字	声　母	韵　母			声　调
		韵　头	韵　腹	韵　尾	
流 liόu	l	i	o	u	阳平
钓 diào	d	i	ɑ	o	去声
论 lùn	l	u	e	n	去声
烟 iān		i	ɑ	n	阴平
危 uēi		u	e	i	阴平
约 üē		ü	e		阴平
阿 ɑ			ɑ		阴平

（二）音节的特点

普通话的音节有以下几个特点：

1. 完整的音节由声母、韵母和声调三个部分组成。

2. 声母有 22 个，其中 21 个是辅音声母，1 个是零声母。

3. 韵母有 38 个，其中 9 个是单韵母，13 个是复韵母，16 个是鼻韵母。

4. 韵母有韵头、韵腹和韵尾三个部分，其中韵腹是不可缺少的。可以做韵腹的有 9 个元音，就是 ɑ、o、e、i、u、ü、-i（前）、-i（后）、er；可以做韵头的有三个元音，就是 i、u 和 ü；可以做韵尾的有两个元音 i、u（包括 o）和两个辅音 n 和 ng。

5. 有 4 个声调，就是阴平、阳平、上声和去声。

在普通话水平测试过程中，要做到语音清晰、表达流畅、用语自如、以情感人，与听众之间产生情感共鸣，首先就要使自己的口语语音标准规范，吐字清晰，字正腔圆，普通话表达符合要求。

要想吐字清晰，字正腔圆，发每个音节时发音器官的活动一定要到位。否则，相近的字音区分不清，就会吐字模糊，含混不清。字音含混不清会影响意义的表达，也会使语音不优美，不动听。出现这种现象的主要原因还是没有过好语音关，缺乏吐字归音的训练。吐字归音是语言艺术中的咬字发声方法。普通话的音节基本上是一声一韵一调，音节结构整齐匀称。一个音节的发音一定要把声母的发音部位把握好，声母要像喷出来那样清晰有力，要靠这股力量带动韵母的发音。韵头要咬住，韵腹要拉开立起，使整个音节响亮，圆润饱满，尾音收音要归到应有的位置，不能含混。尾音是前一个音节的结尾，又是下一音节的开始。如果归不到位的话，就会影响下一个音节的发音。

任务三　掌握汉语拼音方案

一、什么是汉语拼音方案

英语是表音文字，单词本身就能记录读音。一个单词即使不懂意思，也可以根据拼读规则读出它的读音。而汉语是表意文字，虽然汉语中有许多形声字，其中的声旁能大致反映这个字的读音，但是，随着时间的流逝，很多汉字的读音有了变化，形声字中声旁的表音功能已经严重衰退，能大致表音的形声字只占到 25% 左右。所以汉字需要单独一套注音系统，以解决汉字的读音问题。历史上曾出现过许多种汉字记音方案，比如直音法、反切法、字母拼音注音法等，但都有这样或那样的缺陷和不足。

新中国成立后，在党和政府的领导下，语言学家们组织成立了“拼音方案委员会”，吸取了以往汉字记音方案的优点，又广泛征求各方意见，反复审议、讨论，研究制定采用拉丁字母的方案，最后确定拼音方案采用国际上通用的拉丁字母。

1956 年 2 月，拉丁字母的汉语拼音方案第一个草案发表。经过征求全国意见和国务院“汉语拼音方案审订委员会”的审订，1957 年 10 月“拼音方案委员会”又提出完全采用拉丁字母的修正草案，也就是今天的汉语拼音方案。该方案 1958 年 2 月 11 日经全国人民代表大会批准公布，1982 年被国际标准化组织承认为拼写汉语的国际标准。

《汉语拼音方案》具有各种拼音方案的优点，是一个比较科学、合理的记音方案。近 50 年来，《汉语拼音方案》在促进语音规范化、推广普通话、中文信息处理、人名地名拼写法的标准化、图书检索技术等方面发挥了重要作用。

二、《汉语拼音方案》的内容

《汉语拼音方案》由字母表、声母表、韵母表、声调符号、隔音符号五个部分组成。

（一）字母表

字母：	A ɑ	B b	C c	D d	E e	F f	G g
名称：	ㄚ	ㄅㄝ	ㄘㄝ	ㄉㄝ	ㄜ	ㄝㄈ	ㄍㄝ
	H h	I i	J j	K k	L l	M m	N n
	ㄏㄚ	ㄧ	ㄐㄧㄝ	ㄎㄝ	ㄝㄌ	ㄝㄇ	ㄋㄝ
	O o	P p	Q q	R r	S s	T t	
	ㄛ	ㄆㄝ	ㄑㄧㄡ	ㄚㄦ	ㄝㄙ	ㄊㄝ	
	U u	V v	W w	X x	Y y	Z z	
	ㄨ	ㄪㄝ	ㄨㄚ	ㄒㄧ	ㄧㄚ	ㄗㄝ	

v 只用来拼写外来语、少数民族语言和方言。

字母的手写体依照拉丁字母的一般书写习惯。

（二）声母表

b	p	m	f	d	t	n	l
ㄅ玻	ㄆ坡	ㄇ摸	ㄈ佛	ㄉ得	ㄊ特	ㄋ讷	ㄌ勒
g	k	h		j	q	x	
ㄍ哥	ㄎ科	ㄏ喝		ㄐ基	ㄑ欺	ㄒ希	
zh	ch	sh	r	z	c	s	
ㄓ知	ㄔ蚩	ㄕ詩	ㄖ日	ㄗ資	ㄘ雌	ㄙ思	

在给汉字注音时，为了使拼式简短，zh ch sh 可以省作 ẑ ĉ ŝ。

（三）韵母表

	iㄧ 衣	uㄨ 乌	üㄩ 迂
ɑ ㄚ 啊	iɑ ㄧㄚ 呀	uɑ ㄨㄚ 蛙	
oㄛ 喔		uoㄨㄛ 窝	
eㄜ 鹅	ieㄧㄝ 耶		üe ㄩㄝ约
ɑiㄞ 哀		uɑiㄨㄞ 歪	
eiㄟ 诶		ueiㄨㄟ 威	
ɑoㄠ 熬	iɑoㄧㄠ 腰		
ouㄡ 欧	iouㄡ 忧		
ɑnㄢ 安	iɑnㄧㄢ 烟	uɑnㄨㄢ 弯	üɑnㄩㄢ 冤

续表

	i丨衣	u乂乌	ü凵迂
enㄣ恩	in丨ㄣ因	uen乂ㄣ温	ün凵ㄣ晕
angㄤ昂	iang丨ㄤ央	uang乂ㄤ汪	
engㄥ亨的韵母	ing丨ㄥ英	ueng乂ㄥ翁	
ong乂ㄥ轰的韵母	iong凵ㄥ雍		

(1)“知、蚩、诗、日、资、雌、思”等字的韵母用i。

(2)韵母儿写成er，用做韵尾时写成r。

(3)韵母せ单用时写成ê。

(4)i列的韵母，前面没有声母时，写成yi（衣）、ya（呀）、ye（耶）、yao（腰）、you（忧）、yan（烟）、yin（因）、yang（央）、ying（英）、yong（雍）。

u列的韵母，前面没有声母时，写成wu（乌）、wa（蛙）、wo（窝）、wai（歪）、wei（威）、wan（弯）、wen（温）、wang（汪）、weng（翁）。

ü列的韵母跟声母j、q、x拼时，写成ju（居）、qu（区）、xu（虚），ü上两点也省略；但是跟声母l、n拼的时候，仍然写成lü（吕）、nü（女）。

(5)iou、uei、uen前面加声母时，写成iu、ui、un，例如niu（牛）、gui（归）、lun（论）。

(6)在给汉字注音时，为了使拼式简短，ng可以省略写作“ŋ”

（四）声调符号

阴平	阳平	上声	去声
ˉ	ˊ	ˇ	ˋ

声调符号标在音节的主要母音上，轻声不标。例如：

妈 mā	麻 má	马 mǎ	骂 mà	吗 ma
阴平	阳平	上声	去声	轻声

（五）隔音符号

a、o、e开头的音节连接在其他音节后面时，如果音节的界限发生混淆，用隔音符号（'）隔开，例如pi'ao（皮袄）。

当我们使用《汉语拼音方案》给汉字注音时，必须严格遵守规定的音节拼写规则。只有熟练掌握拼写规则，才能避免出现拼写错误，正确指导普通话语音的练习。

项目小结

开始普通话项目训练之前，给大家介绍了在以后的普通话学习中必须使用和接触的的一些基本的语音知识。了解这些知识可以使我们以后的普通话学习在基本的理论指导之下进行，这样可以减少盲目性，使普通话的学习不仅仅局限于简单的发音模仿，而是在规范的普通话练习中可以收到事半功倍的效果。

项目综合练习

一、什么是语音？

二、人的发音器官由哪几部分组成？

三、为什么说语音具有社会属性？

四、什么是音素？什么是音节？谈谈两者之间的关系。

五、举例说明什么是元音、辅音。

六、联系实际说明汉语拼音方案的用途。

七、给下列词语注音：

爱怜 爱慕 安定 安顿 安闲 岸然 按键 按照 暗道 暗杀 盎然
遨游 翱翔 骄傲 懊恼 芭蕉 扒拉 拔除 把手 爸爸 罢工 掰开
白雪 白日 百倍 柏油 摆脱 败火 侵入 班组 颁发 斑点 搬家
木板 出版 办案 半壁 帮手 绑架 榜样 膀子 棒子 傍晚 包办
包揽 剥夺 冰雹 吃喝 宝石 保卫 报刊 刨花 胸怀 暴动 瀑布
悲观 北方 狼狈 颠簸 段落 宫殿 互相 花朵 坚固 既然 耐用
开放 会计 联合 列举 绿色 络绎 茫然 池塘 怜悯 和睦 嫩绿
平安 品质 潜力 铁轨 巧计 轻声 弱小 洒脱 勤劳 时尚 租用
摄取 呻吟 深渊 野餐 光荣 盛典 胜败 失守 实际 视察 适龄
释放 收藏 梳妆 舒畅 门栓 政策 昙花 忐忑 汤匙 烫花 添彩
图示 危险 经纬 宪法 相亲 香蕉 向背 消灭 咆哮 校对 兴盛
寻查 炎热 研制 窈窕 耀眼 野外 幼稚 警惕 语言 摹仿 宝藏

八、用普通话语音朗读下面的文字。

对于中国的牛，我有着一种特别尊敬的感情。

留给我印象最深的，要算在田垄上的一次“相遇”。

一群朋友郊游，我领头在狭窄的阡陌上走，怎料迎面来了几只耕牛，狭道容不下人和牛，终有一方要让路，它们还没有走近，我们已经预计斗不过畜牲，恐怕难免踩到稻田泥水里，弄得鞋袜又是泥又是水了。正在踟蹰的时候，带头的一头牛，在离我们不远的地方停下来，抬起头看看，稍迟疑一下，就自动走下田去，一队耕牛，全跟着它离开阡陌，从我们身边经过。

我们都呆了，回过头来，看着深褐色的牛队，在路的尽头消失，忽然觉得自己受了很大恩惠。

中国的牛，永远沉默地为人做着沉重的工作。在大地上，在晨光或烈日下，它拖着沉重的犁，低头一步又一步，拖出了身后一列又一列松土，好让人们下种。等到满地金黄或农闲时候，它可能还得担当搬运负重的工作，或终日绕着石磨，朝同一方向，走不计程的路。

在它沉默劳动中，人便得到应得的收成。

那时候，也许，它可以松一肩重担，站在树下，吃几口嫩草。偶尔摇摇尾巴，摆摆耳朵，赶走飞附身上的苍蝇，已经算是它最闲适的生活了。

中国的牛，没有成群奔跑的习//惯，永远沉沉实实的，默默地工作，平心静气。这就是中国的牛！

节选自小思《中国的牛》

九、读下面的小故事：

郁达夫脚踏国币

Yùdáfū píngshí nángzhōngxiūsè，yìtiān，tā déle yìbǐgǎofèi，zhèng pèngshàng yìwèi péngyou láifǎng，jiù qǐng péngyou shàngguǎnzi。

Jiǔzúfànbǎo zhīhòu，pǎotángde guòlai shōu fèi。Yùdáfū bǎ shǒu yī yáng，shuō：“gěinǐ!” jiēzhe jiù cóng xiédǐ chōuchū jǐzhāng dàmiàn’é de guóbì，shuō：“nǐ shǔshu kàn，gòubúgòu?” nàge pǎotáng de jīngyà de shuō：“xiānshēng，yizhāng jiù gòu le。”

Yùdáfū bù děng pǎotángde zhǎo língqián jiù zǒu le。Chūle fànguǎn，tā de péngyou jīngyà de wèn：“lǎoxiōng，jīntiān zěnme zhème dàfang? nǐ wèi shénme bǎ chāopiào fàngzài jiǎodǐxia ne?” yùdáfū xiàole xiào，yōumò de shuō：“zhè dōngxi lǎo shì yāpò wǒ，wǒ xiànzài yào bǎ tā cǎi zài jiǎoxià，yě yāpò yāpò tā!”

郁达夫平时囊中羞涩，一天，他得了一笔稿费，正碰上一位朋友来访，就请朋友上馆子。

酒足饭饱之后，跑堂的过来收费。郁达夫把手一扬，说：“给你！”接着就从鞋底抽出几张大面额的国币，说：“你数数看，够不够？”那个跑堂的惊讶地说：“先生，一张就够了。”

郁达夫不等跑堂的找零钱就走了。出了饭馆，他的朋友惊讶地问：“老兄，今天怎么这么大方，你为什么把钞票放在脚底下呢？”郁达夫笑了笑，幽默地说：“这东西老是压迫我，我现在要把它踩在脚下，也压迫压迫它！”

十、给下面这段文字注上拼音：

世人将俚俗、滑稽的诗称为打油诗。这种诗体开创于唐代人张打油。明代张升庵在《升庵外记》中记了张氏的一首《咏雪》诗：“江上一笼统，井上黑窟窿。黄狗身上白，白狗身上肿。”由于这种“不入流”的诗通俗易懂，所以流传很广。某郎中也仿作一首咏雪诗：“昨夜北风寒，天公大吐痰。东方红日出，便是化痰丸。”三句话不离本行，恰似医者口吻。

名胜古迹，题咏颇多。某人看见粉墙内外都是俚语，便也写了一首打油诗：“放屁在高墙，为何墙不倒？那边也有诗，被它撑住了。”话虽粗俗，构思却很奇特。

打油诗不仅平民喜欢作，就连皇帝也有喜欢的。明朝开国皇帝朱元璋登基的那一天早上，满怀喜悦，不禁诗兴大发，朗声吟道："鸡叫一声撅一撅，鸡叫两声撅两撅。"这也叫诗？群臣想笑却又不敢。朱元璋接着吟道："三声唤出扶桑来，扫退残星与晓月。"众位大臣大惊，毕竟是皇帝手笔，果然气魄不凡。

武人的诗，大都俚俗率真。清朝道光年间，官封一等昭勇侯、陕甘总督杨遇春在京时，曾到卧佛寺游玩，咏过一首《卧佛诗》："你倒睡得好，一睡万事了。我若陪你睡，江山谁来保！"诗意甚好，语带讥讽。有这样的诗才，有这样的意境，足令文人气短。

项目三 普通话声母

【目标任务】

1. 掌握普通话声母的分类，了解辅音声母、零声母的发音特点，发准每一个声母；
2. 了解方言声母与普通话声母的对应关系，掌握声母的正确发音。

试着读一读

所有的日子，所有的日子都来吧，
让我们编织你们，用青春的金线，
和幸福的璎珞，编织你们。
有那小船上的歌笑，月下校园的欢舞，
细雨蒙蒙里踏青，初雪的早晨行军，
还有热烈的争论，跃动的、温暖的心……
是转眼过去的日子，也是充满遐想的日子，
纷纷的心愿迷离，像春天的雨，
我们有时间，有力量，有燃烧的信念，
我们渴望生活，渴望在天上飞。
是单纯的日子，也是多变的日子，
浩大的世界，样样叫我们好奇，
从来都兴高采烈，从来不淡漠，
眼泪，欢笑，深思，全是第一次。
所有的日子都去吧，都去吧，
在生活中我快乐的向前，
多沉重的担子，我不会发软，
多严峻的战斗，我不会丢脸，
有一天，擦完了枪，擦完了机器，擦完了汗，
我想念你们，招呼你们，
并且怀着骄傲，注视你们！

王蒙的《青春万岁》曾激动了多少年轻人的心。这首诗的音像朗诵作品也很多。仔细慢慢诵读这首诗，注意你每个音节声母的发音和录音有哪些差异。

汉语音节结构有鲜明的特点，声母带有很强的规律性，了解、掌握这些特点和规律，对我们矫正方音，掌握普通话的语音体系，最终规范我们的普通话语音都是非常有帮助的。

任务一　掌握声母基本概念

普通话声母共有22个，其中21个是辅音声母，还有一个是零声母。

一、辅音与声母

辅音是音素中的一大类别。辅音有以下几个基本特征：发辅音时，气流在发音器官的某一部分受到一定的阻碍；造成阻碍的那一部分发音器官比其他部分的肌肉紧张一些；气流为了冲破阻碍因而气流比较强。普通话的辅音共有22个，除了一个辅音“ng”不能出现在音节开头作声母，其余21个都可以放在音节的开头作声母。普通话声母必须由辅音充当，能充当声母的21个辅音是b p m f d t n l g k h j q x zh ch sh r z c s。

辅音声母发音体会：

b	把柄	百般	宝贝	斑驳	步兵	报表	包办	不必
p	澎湃	匹配	乒乓	批评	琵琶	偏旁	品评	泼皮
m	面貌	弥漫	面目	买卖	秘密	美满	命名	埋没
f	方法	吩咐	仿佛	丰富	纷纷	非法	夫妇	肺腑
d	得到	当地	带动	叮当	达到	道德	到底	地点
t	太太	探讨	团体	淘汰	天坛	疼痛	抬头	天堂
n	奶奶	男女	年内	那年	牛奶	恼怒	泥泞	能耐
l	力量	玲珑	理论	联络	伦理	劳累	浏览	流泪
g	公共	改革	巩固	广告	故宫	骨干	攻关	尴尬
k	可靠	开阔	慷慨	可靠	坎坷	苛刻	困苦	旷课
h	辉煌	护患	很好	恍惚	绘画	后悔	黄河	火花
j	经济	交际	解决	拒绝	结局	将军	剪接	接近
q	全球	亲切	请求	齐全	亲戚	前期	确切	蹊跷
x	学习	信息	形象	现象	新型	休息	鲜血	休闲
zh	专制	主张	真正	种植	长者	执照	战争	挣扎
ch	惆怅	抽查	长城	超出	城池	重唱	充斥	车床
sh	少数	设施	山水	实施	税收	深山	手术	赏识
r	忍让	仍然	融入	柔软	容忍	忍让	荣辱	柔韧
z	早操	组词	栽赃	在座	总则	罪责	造作	藏族
c	猜测	残存	仓促	参差	催促	粗糙	璀璨	草丛
s	洒扫	色素	速算	思索	松散	诉讼	琐碎	三岁

二、音节开头没有辅音作声母

例如：“安”“欧”“饿”“阳”“为”“鱼”“月”，可以看成声母为“零”，习惯上叫零声母，这样的音节称为零声母音节。普通话零声母音节可以分为两类，一类是开口呼零声母音节，一类是非开口呼零声母音节。

开口呼零声母音节是以 a、o、e 开头的音节，人们一般感觉不到以 a、o、e 开头的音节还有微弱的辅音形式存在，因为这些音节开头的辅音成分没有辨义作用，我们可以从略不计。

齐齿呼、撮口呼零声母音节汉语拼音用隔音字母 y 开头，起始部分没有辅音声母，实际发音带有轻微摩擦，可以从略不计。

合口呼零声母音节汉语拼音用隔音字母 w 开头，实际发音带有轻微摩擦，可以从略不计。

零声母发音体会：

a	挨骂	和蔼	爱惜	暧昧	鞍马	桉树	安全
	暗示	凹凸	煎熬	翱翔	棉袄	遨游	傲慢
	肮脏	昂首	懊悔				
o	讴歌	殴打	海鸥	呕吐	沤肥	偶尔	莲藕
e	讹诈	鳄鱼	鹅毛	恶习	扼杀	饥饿	硬腭
	阿胶	婀娜	厄运	额外	峨嵋		
i	俨然	研究	烟卷	业务	便宜	咬牙	义愤
	疑问	议论	友谊	屹立	验证	调研	谚语
u	乌鸦	舞蹈	房屋	无语	悟性	物理	武术
	娃娃	挖掘	瓦砾	袜子	山洼	弯曲	完成
	傍晚	愿望	以往	文学	问题	温习	
ü	淤泥	小鱼	语文	预计	冤家	遥远	愿望
	原型	源泉					

任务二　掌握声母发音方法

一、声母的发音部位和发音方法

辅音发音时，气流通过口腔或鼻腔时要受到阻碍，通过克服阻碍而发出声音。21 个辅音声母之所以能发出不同的音色，一般从两个方面来分析，也即辅音声母的发音是由两方面决定的：发音部位和发音方法。每个声母都有各自的发音部位和发音方法。要发准声母就必须准确掌握每个声母的发音部位和发音方法。

（一）发音部位

发音部位就是指发音时气流受到阻碍的位置。按发音部位可以把声母分为三大类、七小类：

1. 唇音

（1）双唇音（上唇与下唇构成阻碍）：b、p、m。

（2）唇齿音（上齿与下唇构成阻碍）：f。

2. 舌尖音

（1）舌尖前音（舌尖与上齿背构成阻碍）：z、c、s。

（2）舌尖中音（舌尖与上齿龈构成阻碍）：d、t、n、l。

（3）舌尖后音（舌尖与硬腭前沿构成阻碍）：zh、ch、sh、r。

3. 舌面音

（1）舌面前音（舌面前与前硬腭构成阻碍）：j、q、x。

（2）舌面后音（舌面后与软腭构成阻碍，也叫舌根音）：g、k、h。

发音部位虽然是造成发音不同的主要原因。如 d，t，n，l 都是舌尖中音。但是它们的发音仍有不同，这就是由发音方法决定的。

（二）发音方法

声母的发音方法是指发音时喉头、口腔和鼻腔节制气流的方式和状况，可以从阻碍气流的方式，气流的强弱，声带颤动与否三个方面来观察。

1. 阻碍气流的方式

辅音声母的发音可以分为三个阶段：成阻（构成阻碍阶段）、持阻（持续阻碍阶段）、除阻（解除阻碍阶段）。根据这三个阶段的不同特点，声母可以分为五类：

（1）塞音。构成阻碍的两个部位完全闭塞。软腭上升，堵塞通向鼻腔的通路。气流经过口腔时冲破阻碍迸裂而出，爆发成声。塞音有六个，b、p、d、t、g、k。

（2）擦音。构成阻碍的两个部位非常接近，留下窄缝。软腭上升，堵塞通向鼻腔的通路。气流经过口腔时从窄缝挤出，摩擦成声。擦音有六个，f、h、x、sh、r、s。

（3）塞擦音。构成阻碍的两个部位完全闭塞。软腭上升，堵塞通向鼻腔的通路。气流经过口腔先把阻塞部位冲开一条窄缝，从窄缝中挤出，摩擦成声。先破裂，后摩擦，结合成一个音。塞擦音有六个，就是 j、q、zh、ch、z、c。

（4）鼻音。口腔里构成阻碍的两个部位完全闭塞。软腭下垂，打开通向鼻腔的通路。气流颤动声带，从鼻腔通过。鼻音有两个，m 和 n。

（5）边音。舌尖与齿龈相接构成阻碍，舌头两边留有空隙。软腭上升，堵塞通向鼻腔的通路。气流经过口腔，颤动声带，从舌头的两边通过。边音只有一个 l 。

2. 气流的强弱

按照发音时呼出的气流的强弱，普通话声母中的塞音和塞擦音分为两类，就是不送气音和送气音。

（1）不送气音。发音时，呼出的气流较弱。有六个，b、d、g、j、zh、z。

（2）送气音。发音时，呼出的气流较强。有六个，p、t、k、q、ch、c。

3. 声带是否颤动

按照发音时声带是否颤动，普通话的声母分为两类，就是清音和浊音。

（1）清音。气流呼出时，声门打开，声带不颤动，发出的音不响亮。清音有 17 个，b、p、f、d、t、g、k、h、j、q、x、zh、ch、sh、z、c、s。

（2）浊音。气流呼出时，颤动声带，发出的音比较响亮。浊音有四个，就是 m、n、l、r。

（三）普通话声母的发音

把上面讲的声母的发音部位和发音方法结合起来，就可以说明普通话 21 声母是怎么发音的。

b　双唇不送气清塞音，例字：罢、拜、报、辨别、标兵。

p　双唇送气清塞音，例字：怕、派、炮、批评、乒乓。

m　双唇浊鼻音，例字：骂、迈、冒、美满、面目。

f　唇齿清擦音，例字：法、飞、凤、方法、反复。

d　舌尖中不送气清塞音，例字：大、代、到、地点、当代。

t　舌尖中送气清塞音，例字：踏、太、套、团体、探讨。

n　舌尖中浊鼻音，例字：纳、耐、闹、牛奶、农奴。

l　舌尖中浊边音，例字：辣、赖、烙、联络、劳力。

g　舌根不送气清塞音，例字：尬、盖、告、骨干、国歌。

k　舌根送气清塞音，例字：喀、慨、靠、刻苦、宽阔。

h　舌根清擦音，例字：哈、害、浩、欢呼、辉煌。

j　舌面不送气清塞擦音，例字：架、街、建、积极、经济。

q　舌面送气清塞擦音，例字：恰、窃、欠、请求、确切。

x　舌面清擦音，例字：下、歇、县、学习、虚心。

zh　舌尖后不送气清塞擦音，例字：诈、债、照、主张、政治。

ch　舌尖后送气清塞擦音，例字：岔、拆、超、出产、查抄。

sh　舌尖后清擦音，例字：事、晒、哨、声势、手术。

r　舌尖后浊擦音，例字：日、热、绕、柔软、仍然。

z　舌尖前不送气清塞擦音，例字：杂、在、早、走卒、栽赃。

c　舌尖前送气清塞擦音，例字：擦、菜、草、层次、参差。

s　舌尖前清擦音，例字：撒、塞、臊、思索、琐碎。

辅音声母的发音部位和发音方法如下表所示。

辅音声母的发音部位和发音方法表

<table>
<tr><th colspan="3" rowspan="3">发音部位
发音方法</th><th colspan="2">唇音</th><th rowspan="2">舌尖前音</th><th rowspan="2">舌尖中音</th><th rowspan="2">舌尖后音</th><th rowspan="2">舌面前音</th><th rowspan="2">舌面后音</th></tr>
<tr><th>双唇音</th><th>唇齿音</th></tr>
<tr><th>上唇下唇</th><th>上齿下唇</th><th>舌尖
上齿背</th><th>舌尖
上齿龈</th><th>舌尖
硬腭前</th><th>舌面前
硬腭前</th><th>舌面后
软腭</th></tr>
<tr><td rowspan="2">塞音</td><td rowspan="2">清音</td><td>不送气音</td><td>b</td><td></td><td></td><td>d</td><td></td><td></td><td>g</td></tr>
<tr><td>送气音</td><td>p</td><td></td><td></td><td>t</td><td></td><td></td><td>k</td></tr>
<tr><td rowspan="2">擦音</td><td colspan="2">清音</td><td></td><td>f</td><td>s</td><td></td><td>sh</td><td>x</td><td>h</td></tr>
<tr><td colspan="2">浊音</td><td></td><td></td><td></td><td></td><td>r</td><td></td><td></td></tr>
<tr><td rowspan="2">塞擦音</td><td rowspan="2">清音</td><td>不送气音</td><td></td><td></td><td>z</td><td></td><td>zh</td><td>j</td><td></td></tr>
<tr><td>送气音</td><td></td><td></td><td>c</td><td></td><td>ch</td><td>q</td><td></td></tr>
<tr><td>鼻音</td><td colspan="2">浊音</td><td>m</td><td></td><td></td><td>n</td><td></td><td></td><td></td></tr>
<tr><td>边音</td><td colspan="2">浊音</td><td></td><td></td><td></td><td>l</td><td></td><td></td><td></td></tr>
</table>

辅音声母有本音和名称音这两个概念。

本音，有的称纯粹音。是指声母按其发音部位和发音方法发出来的纯粹音，即它的本来音值。名称音，有的称呼读音。是在其本来音值后面拼上了一个元音发出来的音。它是在本音的前面或后面，通常是后面加上了较响亮的元音。

学习声母既要注意掌握本音的发音部位和发音方法，又注意本音和名称音的区别，使用名称音便于教学和称说，但拼音时宜用本音。

二、声母的发音

（一）b、p、m、f 的发音

b：双唇、不送气、清、塞音。

发音时上下唇紧闭，形成阻碍，软腭上升，关闭鼻腔通道，声带不振动，气流较弱，突然冲破双唇阻碍，爆发成音。

不必　并不　宝贝　步兵　北边　标兵　背包　臂膀　报表　斑白

p：双唇、送气、清、塞音。

发音时上下唇紧闭，形成阻碍，软腭上升，关闭鼻腔通道，声带不振动，气流较强，突然冲破双唇阻碍，爆发成声。

排炮　琵琶　偏旁　偏颇　瓢泼　泼皮　铺排　乒乓　评判　匹配

m：发音时上下唇紧闭，软腭下降，关闭口腔通道，打开鼻腔通道，声带振动，气流从鼻腔冲出成声。

面目　麦苗　弥漫　牧民　盲目　埋没　面貌　麻木　美名　美满

f：唇齿、清、擦音。

发音时下唇内收，和上齿配合，形成一条窄缝，软腭上升，关闭鼻腔通道，声带不震动，气流从唇齿间的窄缝中挤出，摩擦成声。

方法　仿佛　丰富　非法　夫妇　分发　反复　反腐　吩咐　发放

（二）z、c、s 的发音

z：舌尖前、不送气、清、塞擦音。

发音时舌尖轻靠上齿背，软腭上升，关闭鼻腔通道，声带不振动，气流较弱，先塞后擦，摩擦成声。

总则　宗族　自尊　栽赃　走卒　遭罪　枣子　自在　曾祖　罪责

c：舌尖前、送气、清、塞擦音。

发音时舌尖轻靠上齿背，软腭上升，关闭鼻腔通道，声带不振动，气流较强，先塞后擦，摩擦成声。

粗糙　草刺　残存　猜测　摧残　催促　从此　层次　措辞　苍翠

s：发音时舌尖靠近上齿背，但不闭合，软腭上升，关闭鼻腔通道，声带不振动，气流从窄缝中挤出，摩擦成声。

松散　送死　缫丝　思索　色素　僧俗　洒扫　四散　搜索　速算

（三）d、t、n、l 的发音

d：舌尖中、不送气、清、塞音。

发音时舌尖抵住上齿龈，形成阻碍，软腭上升，关闭鼻腔通道，声带不振动，气流弱，冲破阻碍，爆发成声。

单独　大道　地点　到达　定夺　对待　得当　打斗　当地　到底

t：舌尖中、送气、清、塞音。

发音时舌尖抵住上齿龈，形成阻碍，软腭上升，关闭鼻腔通道，声带不振动，气流强，冲破阻碍，爆发成声。

天堂　探讨　团体　抬头　淘汰　疼痛　谈吐　贪图　梯田　体贴

n：舌尖中、浊、鼻音。

发音时舌尖抵住上齿龈，软腭下降，关闭口腔通道，打开鼻腔通道，声带振动，气流从鼻腔冲出成声。

男女　年内　南宁　牛奶　能耐　农奴　恼怒　内难　泥淖　忸怩

l：发音时舌尖抵住上齿龈，但略靠后，软腭上升，关闭鼻腔通道，声带振动，气流从舌头两侧的空隙冲出成声。

来临　留恋　理论　历练　力量　联络　流露　劳力　玲珑　浏览

（四）zh、ch、sh、r 的发音

zh：舌尖后、不送气、清、塞擦音。

发音时舌尖上翘，抵住上齿龈最后，硬腭最前端，软腭上升，关闭鼻腔通道，声带不振动，气流较弱，先塞后擦，经窄缝摩擦成声。

住宅　转折　指正　注重　挣扎　正中　主张　执照　真正　专著

ch：舌尖后、送气、清、塞擦音。

发音时舌尖上翘，抵住上齿龈最后，硬腭最前端，软腭上升，关闭鼻腔通道，声带不振动，气流较强，先塞后擦，经窄缝摩擦成声。

长城　出差　赤诚　驰骋　超出　车床　出厂　惆怅　超产　拆穿

sh：舌尖后、清、擦音。

发音时舌尖上翘，靠近上齿龈最后，硬腭最前端，但不闭合，软腭上升，关闭鼻腔通道，声带不振动，气流从窄缝中挤出，摩擦成声。

事实　实施　逝世　适时　舒适　少数　闪烁　瞬时　上升　神圣

r：舌尖后、浊、擦音。

发音时舌尖上翘，靠近上齿龈最后，硬腭最前端，但不闭合，软腭上升，关闭鼻腔通道，声带振动，气流从窄缝中挤出，摩擦成声。

仍然　软弱　容忍　荏苒　忍让　荣辱　柔韧　濡染　闰日　柔软

（五）j、q、x 的发音

j：舌面前、不送气、清、塞擦音。

发音时舌面前部抬升，抵住硬腭，软腭上升，关闭鼻腔通道，声带不振动，气流较弱，先塞后擦，经窄缝摩擦成声。

经济　解决　积极　坚决　将军　季节　接近　阶级　究竟　拒绝

q：发音时舌面前部抬升，抵住硬腭，软腭上升，关闭鼻腔通道，声带不振动，气流较强，先塞后擦，经窄缝摩擦成声。

亲切　请求　亲戚　确切　情趣　崎岖　恰巧　气球　齐全　前期

x：舌面前、清、擦音。

发音时舌面前抬升靠近硬腭，但不闭合，软腭上升，关闭鼻腔通道，声带不振动，气流从窄缝中挤出，摩擦成声。

学习　现象　相信　消息　虚心　详细　详细　新鲜　休息　想象

（六）g、k、h 的发音

g：舌面后、不送气、清、塞音。

发音时，舌根抵住软腭，形成阻碍，关闭鼻腔通道，声带不振动，气流较弱，一下冲破阻碍，爆发成声。

各个　公共　改革　规格　灌溉　巩固　古怪　广告　高贵　公告

k：舌面后、送气、清、塞音。

发音时，舌根抵住软腭，形成阻碍，关闭鼻腔通道，声带不振动，气流较强，一下冲破阻碍，爆发成声。

可靠　宽阔　刻苦　开口　开垦　慷慨　困苦　刊刻　刊刻　坎坷

h：舌面后、清、擦音。

发音时，舌根靠近软腭，但不闭合，关闭鼻腔通道，声带不振动，气流经窄缝摩擦成声。

合乎　辉煌　后悔　缓和　欢呼　汉化　荷花　呼唤　黄河　绘画

三、声母发音练习

一、发音部位练习

（一）双唇音练习

炮兵攻打八面坡，炮兵排排炮弹齐发射。步兵逼近八面坡，歼敌八千八百八十多。

（二）唇齿音练习

风吹灰飞，灰飞花上花堆灰，风吹花灰，灰飞去，灰在风里飞又飞。

（三）舌尖中音练习

断头台倒吊短单刀，歹徒登台偷单刀，断头台塌盗跌倒，对对单刀叮当掉。

（四）舌根音练习

哥哥挎筐过宽沟，快过宽沟看怪狗，光看怪狗瓜筐扣，瓜滚筐扣哥怪狗。

（五）舌面音练习

七巷一个漆匠，西巷一个锡匠。
七巷漆匠偷了西巷锡匠的锡，
西巷锡匠拿了七巷漆匠的漆。
七巷漆匠气西巷锡匠偷了漆，
西巷锡匠讥七巷漆匠拿了锡。
请问漆匠和锡匠，
谁拿谁的锡？谁偷谁的漆？

二、综合练习

（一）声母发音歌

春日每起早，采桑惊啼鸟。风过扑鼻香，花开花落知多少。

（二）声母发音不一样，用心练、仔细想

双唇用力 b、p、m，唇齿用力 f、f、f；
舌尖用力 d 和 t，鼻音边音 n 和 l；
舌根用力 g、k、h，舌面发音 j、q、x；

舌尖平放 z、c、s，舌尖翘起 zh、ch、sh、r。

（三）绕口令

山上五株树，架上五壶醋。
林中五只鹿，柜中五条裤。
伐了山上树，取下架上醋。
捉住林中鹿，拿出柜中裤。

（四）歌词练习

田野小河边，红梅花儿开。有一位少年正是我心爱。可是我不能向他表白，满怀的幸福话儿没法讲出来。

任务三 声母辨正

普通话是以北京语音为标准的，各地方言的声母与普通话的声母不尽相同。各方言区的人学习普通话声母，须注意以下几个问题。

一、舌尖前音 z、c、s 和舌尖后音 zh、ch、sh、r

zh、ch、sh、r 是舌尖后音，发音时舌尖翘起来对准（抵住或接近）硬腭前端；z、c、s 是舌尖前音，发音时舌尖对准（抵住或接近）上齿背。由于发 zh、ch、sh 的时候，舌尖上翘，所以又叫翘舌音；发 z、c、s 的时候，舌尖平伸，所以又叫平舌音。翘舌音发音时常会出现发音偏前或偏后，这是由于发音部位不准产生的缺陷。发音偏前的情况最为常见，其听感特征是，翘舌的 zh 类音发成了近乎于平舌的 z 类音。其原因是舌头缺乏上翘的能力，舌尖仅接触或接近上齿龈或其边缘，舌尖向上向后翘的幅度不够充分。发音偏后，是指舌的上翘程度过分，达到硬腭后部或软腭前部，致使翘舌变成卷舌。这样发出的翘舌音，音质听感沉闷硬涩。纠正这两种发音缺陷，都应注意前面所讲的正确的发音部位。

普通话里 zh、ch、sh、r 和 z、c、s 能区别意义，但是全国很多方言区都有平翘舌不分的情况，如"开始"读成"开死"，"私人"与"诗人"、"司长"与"师长"的发音一样。吴方言、闽方言、粤方言，还有北方方言的部分地区，都没有 zh、ch、sh、r 这套声母；北方方言里有些地区虽然有这两套声母，但存在 zh、ch、sh 声母和 z、c、s 声母的字混淆的现象。而在普通话中，翘舌音的使用频率高于平舌音，我们说的每一句话中几乎都有翘舌音，据统计，3 500 个汉字中，翘舌音大约占到了 17%，因此，这些方言区的人学习普通话时除了要学会 zh、ch、sh、r 的发音，还要知道普通话里哪些字声母是读 zh、ch、sh，哪些字声母是读 z、c、s，这是这些方言区的人学好普通话声母的关键。

想要弄清楚哪些字声母是读 zh、ch、sh，哪些字声母是读 z、c、s，可采用汉字声旁进行类推。声旁类推的方法，即利用形声字的相同偏旁记代表字，然后类推。例如："操"是平舌音的字，我们可以推出与"操"声旁相同的字"燥、躁、澡、噪、藻"都是平舌音；"长"是翘舌音的字，我们可以推出与"长"声旁相同的字"张、涨、胀、帐、账、怅"都是翘舌音（参见类推字表）。此外，还可以借助声韵配合规律来进行分辨，如 ua、uai、uang 三个韵母，在普通话中只跟 zh、ch、sh 相拼，不跟 z、c、s 相拼，故"抓、刷、揣、摔、庄、窗、双”等字是翘舌音；sh 不与 ong 相拼，故“松、耸、送”等字是平舌音。z、c、s 和极少和 en 相拼，又要有“怎、渗、岑，森”几个字，除此之外，是大量的 zh、ch、sh 和 en 相拼的字，如“真、振、阵、针、珍、贞、枕、侦、斟、臻”等。另外，还可以通过组词、造句、绕口令等方法练习。

zh、ch、sh 和 z、c、s 代表字类推。

zh 组声母代表字类推举例

【扎】扎　札　轧（捆、束义的“扎”，念 zā；碾、压义的“轧”，念 yà）

zhā gēn 扎根　zhēng zhá 挣扎　zhá jì 札记　zhá gǔn 轧辊

【乍】乍　炸　诈　蚱　窄　榨（“昨、作、怎”的声母是 z，“柞蚕”的“柞”念 zuò）

zhà de 乍得　zhà dàn 炸弹　jiān zhà 煎炸　zhà piàn 诈骗　zhà měng 蚱蜢

xiá zhǎi 狭窄　yā zhà 压榨

【宅】宅　诧　咤　姹

zhái yuàn 宅院　jīng chà 惊诧　chì zhà 叱咤　chà zǐ yān hóng 姹紫嫣红

【詹】詹　瞻　赡　蟾

zhān 詹（姓）　zhān yǎng 瞻仰　shàn yǎng 赡养　chán chú 蟾蜍

【展】展　辗　搌

shēn zhǎn 伸展　zhǎn zhuǎn 辗转　zhǎn bù 搌布

【占】占　沾　毡　粘　战　站　砧（“钻”念 zuān 或 zuàn）

zhān bǔ 占卜　zhàn lǐng 占领　zhān rǎn 沾染　máo zhān 毛毡　zhān tiē 粘贴

zhàn shì 战士　zhàn lì 站立　zhēn bǎn 砧板

【栈】栈　盏（“残”念 cán）

zhàn dào 栈道　jiǔ zhǎn 酒盏

【章】章　漳　彰　樟　蟑　障　瘴　嶂　幛

piān zhāng 篇章　zhāng hé 漳河　biǎo zhāng 表彰　zhāng nǎo 樟脑　zhāng láng 蟑螂　zhàng bì 障蔽

zhàng lì 瘴疠　céng luán 层峦　dié zhàng 叠嶂　hè zhàng 贺幛

【长】长　张　涨　胀　帐　账　怅

zhǎng bèi 长辈　cháng duǎn 长短　zhāng wàng 张望　zhǎng cháo 涨潮　bǎo zhàng 饱胀　wén zhàng 蚊帐

zhàng běn 账本　chóu chàng 惆怅

【丈】丈　仗　杖

zhàng liáng　　zhàng shì　　guǎi zhàng
丈　量　　仗　势　　拐　杖

【召】召　招　昭　沼　诏　照　超　韶　邵　绍

zhào huàn　　zhāo gòng　　zhāo zhāng　　zhǎo qì
召　唤　　招　供　　昭　彰　　沼　气

zhào shū　　zhào yào　　chāo qián　　sháo guāng　　shào
诏　书　　照　耀　　超　前　　韶　光　　邵（姓）

jiè shào
介　绍

【爪】爪　抓

zhuǎ zi　　zhǎo yá　　zhuā zéi
爪　子　　爪　牙　　抓　贼

【兆】兆　晁

yù zhào　　cháo
预　兆　　晁（姓）

【折】折　蜇　哲　浙　逝　誓

zhuǎn zhé　　zhē teng　　shé hào　　hǎi zhé　　zhé xué
转　折　　折　腾　　折　耗　　海　蜇　　哲　学

zhè jiāng　　shì shì　　méng shì
浙　江　　逝　世　　盟　誓

【者】者　赭　锗　奢　诸　猪　煮　躇　储　暑　署　薯　曙　著

huò hǔ　　zhě shí　　shē chǐ　　zhū bān　　zhū zōng　　zhǔ hè
或　许　　赭　石　　奢　侈　　诸　般　　猪　鬃　　煮　鹤

fén qín　　chóu chú　　chǔ bèi　　hán shǔ　　shǔ míng　　hóng shǔ
焚　琴　　踌　躇　　储　备　　寒　暑　　署　名　　红　薯

shǔ guāng
曙　光

zhù zuò
著　作

【珍】珍　诊　疹　趁　参　渗　掺（“参”一般念 cān，“参差”念 cēncī；“惨”的声母是 c）

zhēn xī　　zhěn duàn　　má zhěn　　chèn jī　　rén shēn
珍　惜　　诊　断　　麻　疹　　趁　机　　人　参

shèn tòu　　chān zá
渗　透　　掺　杂

【贞】贞　侦

zhēn liè　　zhēn tàn
贞　烈　　侦　探

【真】真　镇　缜　慎

zhēn jiǎ　　zhèn dìng　　zhěn mì　　jǐn shèn
真　假　　镇　定　　缜　密　　谨　慎

【枕】枕　鸩　沈

zhěn mù　yǐn zhèn zhǐ kě　shěn yáng
枕木　饮鸩止渴　沈阳

【争】争　挣　睁　筝　狰　峥　铮　诤

zhēng chǎo　zhēng zhá　zhèng tuō　zhēng yǎn　fēng zheng
争吵　挣扎　挣脱　睁眼　风筝

zhēng níng　zhēng róng　zhēng zhēng　zhèng yǒu
狰狞　峥嵘　铮铮　诤友

【正】正　征　整　证　政　症　惩　怔

zhèng guī　zhēng yuè　zhēng xún　wán zhěng　zhèng jiàn
正规　正月　征询　完整　证件

zhèng zhì　zhèng zhuàng　zhēng jié　chéng fá　zhēng chōng
政治　症状　症结　惩罚　怔忡

【之】之　芝

zhī qián　líng zhī
之前　灵芝

【支】支　枝　肢　豉　翅

zhī chí　shù zhī　sì zhī　dòu chǐ　chì bǎng
支持　树枝　四肢　豆豉　翅膀

【知】知　蜘　智　痴　踟

zhī dào　zhī zhū　zhì lì　chī dāi　chí chú
知道　蜘蛛　智力　痴呆　踟蹰

【直】直　值　植　殖　置

zhí xiàn　zhí rì　zhòng zhí　zhí mín　zhì huàn
直线　值日　种植　殖民　置换

【执】执　挚　蛰　势　鸷

zhí zhèng　zhì yǒu　jīng zhé　shì lì　zhì niǎo
执政　挚友　惊蛰　势力　鸷鸟

【只】只　织　职　咫　帜　炽　识

zhǐ yào　chuán zhī　fǎng zhī　zhí wèi　zhǐ chǐ
只要　船只　纺织　职位　咫尺

qí zhì　chì rè　rèn shi　biāo zhì
旗帜　炽热　认识　标识

【止】止　址　趾　齿　耻　扯

zǔ zhǐ　zhù zhǐ　jiǎo zhǐ　yá chǐ　chǐ rǔ　chě pí
阻止　住址　脚趾　牙齿　耻辱　扯皮

【旨】旨　脂　指

zōng zhǐ　yóu zhī　zhǐ lìng
宗旨　油脂　指令

【至】至　侄　桎　致　窒　室

shèn zhì　zhí zi　zhì gù　zhì yì　zhì xī
甚至　侄子　桎梏　致意　窒息

jiào shì
教室

【制】制 掣

zhì dù 制度　chè zhǒu 掣肘

【中】中 忠 钟 盅 衷 肿 种 仲 冲

zhōng jiān 中间　zhòng kěn 中肯　zhōng gào 忠告　nào zhōng 闹钟　jiǔ zhōng 酒盅

yóu zhōng 由衷　fú zhǒng 浮肿　zhǒng zi 种子　gēng zhòng 耕种　zhòng cái 仲裁

chōng tū 冲突　chòng chuáng 冲床

【重】重 踵

zhòng liàng 重量　chóng fù 重复　jiē zhǒng 接踵　ér zhì 而至

【周】周 惆 绸 稠

zhōu biān 周边　chóu chàng 惆怅　chóu duàn 绸缎　chóu mì 稠密

【州】州 洲 酬

zhōu jì 州际　lǜ zhōu 绿洲　chóu xiè 酬谢

【轴】轴 妯 宙 胄 抽

zhóu chéng 轴承　yā zhòu 压轴　zhóu lǐ 妯娌　yǔ zhòu 宇宙　jiǎ zhòu 甲胄

chōu tì 抽屉

【朱】朱 诛 珠 株 蛛 殊 姝

zhū hóng 朱红　zhū miè 诛灭　zhēn zhū 珍珠　zhū lián 株连　zhī zhū 蜘蛛

tè shū 特殊　shū 姝

【主】主 住 注 柱 蛀 驻

zhǔ dòng 主动　zhù zhái 住宅　zhù yì 注意　zhī zhù 支柱　zhù chóng 蛀虫　zhù zhā 驻扎

【苎】苎 伫 贮

zhù má 苎麻　zhù lì 伫立　zhù bèi 贮备

【助】助 锄

bāng zhù 帮助　chú tou 锄头

【专】专 砖 转 传

zhuān yè　专业　zhuān tou　砖头　xuán zhuǎn　旋转　zhuàn quān　转圈　zhuàn jì　传记

chuán sòng　传送

【庄】庄　桩

zhuāng jia　庄稼　mù zhuāng　木桩

【壮】壮　装

qiáng zhuàng　强壮　zhuāng shù　装束

【撞】撞　幢

zhuàng piàn　撞骗　zhuàng　幢（量词）　jīng chuáng　经幢　rén yǐng chuáng chuáng　人影幢幢

【追】追　槌

zhuī zōng　追踪　bàng chui　棒槌

【缀】缀　啜　辍

diǎn zhuì　点缀　chuò qì　啜泣　chuò xué　辍学

【卓】卓　桌　罩　绰

zhuó jué　卓绝　shū zhuō　书桌　kǒu zhào　口罩　chuò hào　绰号

【啄】啄　诼　琢　涿　冢（思索、思考义的“琢磨”念 zuómo）

zhuó mù niǎo　啄木鸟　zhuó　诼　zhuó mó　琢磨　zhuō lù　涿鹿　yī guān zhǒng　衣冠冢

ch 组声母代表字类推举例

【叉】叉　杈　衩　汊　钗

chā yāo　叉腰　chǎ kāi　叉开　pǐ chà　劈叉　shù chā　树杈　chā zi　杈子

yī chà　衣衩　kù chǎ　裤衩　chà gǎng　汊港　jīn chāi　金钗

【插】插　歃

chā qǔ　插曲　shà xuè　歃血

【查】查　渣　楂　碴

diào chá　调查　zhā　查（姓）　zhā zǐ　渣滓　shān zhā　山楂　dā chá　答碴

【茶】茶　搽

lǜ chá　绿茶　chá fěn　搽粉

【搀】搀　谗　馋

chān duì 搀兑　chán yán 谗言　zuǐ chán 嘴馋

【蝉】蝉　禅　婵　阐（“单”，用作姓，念 shàn）

chán lián 蝉联　chán jī 禅机　shàn ràng 禅让　chán juān 婵娟　chǎn fā 阐发

【产】产　铲

shēng chǎn 生产　tiě chǎn 铁铲

【昌】昌　猖　娼　倡　唱

chāng shèng 昌盛　chāng jué 猖獗　chāng jì 娼妓　chàng dǎo 倡导　chàng piàn 唱片

【尝】尝　偿

pǐn cháng 品尝　bǔ cháng 补偿

【常】常　嫦

jīng cháng 经常　cháng é 嫦娥

【场】场　肠　畅

chǎng hé 场合　cháng yuàn 场院　zhí cháng 直肠　huān chàng 欢畅

【抄】抄　吵　钞　炒

chāo jiā 抄家　zhēng chǎo 争吵　chāo piào 钞票　chǎo zuò 炒作

【朝】朝　潮　嘲

cháo bài 朝拜　zhāo xī 朝夕　cháo shī 潮湿　cháo xiào 嘲笑

【撤】撤　彻　澈　辙

chè tuì 撤退　chè dǐ 彻底　qīng chè 清澈　fù zhé 覆辙

【辰】辰　晨　唇　蜃　娠　振　赈　震

xīng chén 星辰　qīng chén 清晨　chún chǐ 唇齿　hǎi shì shèn lóu 海市蜃楼

rèn shēn 妊娠　zhèn dòng 振动　zhèn zāi 赈灾　zhèn hàn 震撼

【成】成　诚　城　盛

chéng jì 成绩　zhēn chéng 真诚　chéng shì 城市　chāng shèng 昌盛　chéng qì 盛器

【丞】丞　拯　蒸

chéng xiàng 丞相　zhěng jiù 拯救　zhēng téng 蒸腾

【呈】呈　程　逞　圣

chéng xiàn 呈现　lǐ chéng 里程　chěng qiáng 逞强　shèng xián 圣贤

【澄】澄 橙

chéng qīng 澄清　dèng qīng 澄清　chéng zi 橙子

【乘】乘 剩

chéng jī 乘机　qiān shèng 千乘　zhī guó 之国　shèng yú 剩余

【池】池 驰 弛 施

chí táng 池塘　chí chěng 驰骋　sōng chí 松弛　cuò shī 措施

【尺】尺 迟

chǐ cùn 尺寸　gōng chě 工尺　tuī chí 推迟

【斥】斥 拆（“诉”，念 sù）

bó chì 驳斥　chāi xiè 拆卸

【赤】赤 哧 赦

chì chén 赤忱　chī liū 哧溜　shè miǎn 赦免

【筹】筹 俦 畴 踌

chóu huà 筹划　chóu lǚ 俦侣　chóu xī 畴昔　chóu chú 踌躇

【绸】绸 惆 稠

chóu móu 绸缪　chóu chàng 惆怅　chóu mì 稠密

【出】出 础 黜 绌 拙 茁

chū kǒu 出口　jī chǔ 基础　bà chù 罢黜　zuǒ zhī 左支　yòu chù 右绌

nòng qiǎo 弄巧　chéng zhuō 成拙　zhuó zhuàng 茁壮

【刍】刍 雏 诌 皱 绉（“邹”念 zōu）

chú yì 刍议　chú xíng 雏形　hú zhōu 胡诌　zhě zhòu 褶皱　zhòu shā 绉纱

【除】除 蜍 滁

pái chú 排除　chán chú 蟾蜍　chú xiàn 滁县

【厨】厨 橱 蹰

chú shī 厨师　chú guì 橱柜　chí chú 踟蹰

【畜】畜 搐（畜养义的“畜”念 xù，如“畜牧、畜产”）

chù sheng 畜生　chōu chù 抽搐

【川】川　氚　钏　圳　顺

sì chuān 四川　chuān 氚　jīn chuàn 金钏　shēn zhèn 深圳　shùn xù 顺序

【喘】喘　揣　踹　颛　惴

chuǎn xī 喘息　chuǎi duó 揣度　chuāi shǒu r 揣手儿　chuài mén 踹门　zhuān xū 颛项

zhuì zhuì bù ān 惴惴不安

【垂】垂　陲　捶　锤　睡

chuí qīng 垂青　biān chuí 边陲　chuí dǎ 捶打　dīng chuí 钉锤　shuì jiào 睡觉

【春】春　椿　蠢

chūn jié 春节　chūn xiàng 椿象　yú chǔn 愚蠢

【淳】淳　醇　鹑　谆

chún pǔ 淳朴　chún hòu 醇厚　ān chún 鹌鹑　zhūn zhūn gào jiè 谆谆告诫

【啜】啜　辍

chuò qì 啜泣　chuò bǐ 辍笔

sh 组声母代表字类推举例

【杀】杀　刹

zhuī shā 追杀　shā chē 刹车　chà nà 刹那

【山】山　舢　讪　汕　疝（"灿"念 càn）

shān gǔ 山谷　shān bǎn 舢板　dā shàn 搭讪　shàn tóu dì míng 汕头（地名）　shàn qì 疝气

【衫】衫　杉

péi chèn 陪衬　shā mù 杉木　lěng shān 冷杉

【删】删　珊　栅　跚（"册"念 cè）

shān jiǎn 删减　shān hú 珊瑚　guāng shān 光栅　zhà lan 栅栏　pán shān 蹒跚

【擅】擅　嬗　颤

shàn zì 擅自　shàn biàn 嬗变　chàn dǒu 颤抖　zhàn lì 颤栗

【扇】扇　煽

diàn shàn 电扇　shān dòng 扇动　shān huò 煽惑

【善】善 膳 缮 鳝 蟮

shàn yì 善意　shàn sù 膳宿　shàn xiě 缮写　shàn yú 鳝鱼　qū shàn 曲蟮

【商】商 墒

shāng bù 商埠　shāng qíng 墒情

【尚】尚 赏 裳 常 嫦 敞 徜 掌 撑 瞠

gāo shàng 高尚　jiǎng shǎng 奖赏　yī shang 衣裳　jīng cháng 经常　cháng é 嫦娥

kuān chǎng 宽敞　zhǎng kòng 掌控　chēng yāo 撑腰　chēng mù jiē shé 瞠目结舌　cháng yáng 徜徉

【稍】稍 捎 梢 筲 艄 哨 赵 鞘（“剑鞘”的“鞘”念 qiào）

shāo wēi 稍微　shāo xìn 捎信　mò shāo 末梢　shāo jī 筲箕　shāo gōng 艄公

kǒu shào 口哨　zhào 赵（姓）　biān shāo 鞭鞘

【勺】勺 芍 妁 灼 酌

tāng sháo 汤勺　sháo yào 芍药　méi shuò 媒妁　zhuó jiàn 灼见　zhēn zhuó 斟酌

【少】少 沙 纱 砂 痧 裟 鲨 抄 钞 吵 炒 莎（莎草）的“莎”念 suō；“娑娑”的“娑”也念 suō

duō shǎo 多少　shào nián 少年　shā fā 沙发　shā bù 纱布　shā lún 砂轮

guā shā 刮痧　jiā shā 袈裟　shā yú 鲨鱼　zhào chāo 照抄　chāo piào 钞票

chǎo nào 吵闹　chǎo zuò 炒作　shā 莎（用于人名、地名）

【舌】舌 舍 猞 适

shé tou 舌头　gē shě 割舍　sù shè 宿舍　shē lì 猞猁　shì hé 适合

【佘】佘 赊

shé 佘（姓）　shē zhàng 赊账

【赦】赦 螫

shè miǎn 赦免　shì zhēn 螫针

【射】射 麝

fā shè 发射　shè xiāng 麝香

【摄】摄 慑

shè qǔ 摄取　wēi shè 威慑

【申】申　伸　呻　绅　砷　神　审　婶

shēn qǐng　shēn shǒu　shēn yín　shēn shì　shēn
申请　伸手　呻吟　绅士　砷

guǐ shén　shěn shì　shěn zi
鬼神　审视　婶子

【深】深　琛

shēn qiǎn　chēn
深浅　琛

【甚】甚　葚　谌　斟　湛

shèn zhì　sāng shèn　shèn　chén　zhēn zhuó
甚至　桑葚　谌（姓）　谌（姓）　斟酌

zhàn lán
湛蓝

【生】生　牲　笙　甥　胜

shēng sǐ　chù sheng　shēng xiāo　wài shēng　shèng rèn
生死　畜牲　笙箫　外甥　胜任

【失】失　秩

shī zōng　zhì xù
失踪　秩序

【师】师　狮　筛（“螺蛳”的“蛳”念 sī）

shī tú　shī zi　shāi xuǎn
师徒　狮子　筛选

【诗】诗　时　侍　恃　峙　痔　持（“寺”念 sì）

shī gē　shí jiān　shì fèng　zhàng shì　duì zhì
诗歌　时间　侍奉　仗恃　对峙

zhì chuāng　jiān chí
痔疮　坚持

【十】十　什　汁　针

shí zú　jiā shi　shén me　zhēn xian
十足　家什　什么　针线

【石】石　硕（“一石稻谷”的“石”念 dàn）

shí tou　shuò guǒ
石头　硕果

【食】食　蚀　饰

shí pǐn　rì shí　zhuāng shì
食品　日蚀　装饰

【矢】矢　知　雉　彘

shǐ zhì　zhī shi　zhì zhì
矢志　知识　雉彘

【史】史　驶

lì shǐ　jià shǐ
历史　驾驶

【士】士 仕

shì zú 士卒　shì tú 仕途

【氏】氏 纸 舐

shì zú 氏族　zhǐ zhāng 纸张　shì dú qíng shēn 舐犊情深

【示】示 视

biǎo shì 表示　shì xiàn 视线

【市】市 柿

jí shì 集市　xī hóng shì 西红柿

【式】式 试 拭 轼 弑

suàn shì 算式　cè shì 测试　cā shì 擦拭　sū shì 苏轼　shì jūn 弑君

【是】是 匙

shì fǒu 是否　yào shi 钥匙　tāng chí 汤匙

【筮】筮 噬

shì 筮　tūn shì 吞噬

【守】守 狩

shǒu hù 守护　shòu liè 狩猎

【受】受 授 绶

chéng shòu 承受　chuán shòu 传授　shòu dài 绶带

【寿】寿 畴 踌 筹 铸

cháng shòu 长寿　fàn chóu 范畴　chóu chú 踌躇　chóu mǎ 筹码　zhù tiě 铸铁

【抒】抒 舒 杼

shū fā 抒发　shū chàng 舒畅　jī zhù 机杼

【叔】叔 淑 菽

shū shu 叔叔　xián shū 贤淑　shū sù 菽粟

【疏】疏 蔬 梳

shū hū 疏忽　shū cài 蔬菜　shū xǐ 梳洗

【孰】孰 熟 塾

shú	shú yǔ	shóu	sī shú
孰	熟语	熟	私塾

【属】属 嘱 瞩

jīn shǔ	zhǔ yì	dīng zhǔ	zhǔ mù
金属	属意	叮嘱	瞩目

【蜀】蜀 触 烛 浊 镯

bā shǔ	gǎn chù	là zhú	hùn zhuó	shǒu zhuó
巴蜀	感触	蜡烛	混浊	手镯

【术】术 述

měi shù	bái zhú	xù shù
美术	白术	叙述

【庶】庶 遮 蔗 鹧

shù wù	zhē yǎn	gān zhe	zhè gū
庶务	遮掩	甘蔗	鹧鸪

【刷】刷 涮

xǐ shuā	shuàn
洗刷	涮

【说】说 税

chuán shuō	yóu shuì	shuì shōu
传说	游说	税收

【率】率 摔 蟀（“率”又念 lǜ，如“效率”念 xiàolǜ）

shuài lǐng	shuāi jiāo	xī shuài
率领	摔跤	蟋蟀

【拴】拴 栓

shuān zhù	xuè shuān
拴住	血栓

【霜】霜 孀

bīng shuāng	yí shuāng
冰霜	遗孀

【舜】舜 瞬

shùn	shùn xī
舜	瞬息

还有少量舌尖后音声母的常用字字音不在以上类推字表范围内，也得加以注意。

zhǎ yǎn	zhà lan	zhāi jiè	zhāi huā	zhài wù	zhǎn xīn	zhǎn shǒu
眨眼	栅栏	斋戒	摘花	债务	崭新	斩首
zhàn lán	pò zhàn	zhàn huǒ	bā zhang	zhào shì	zhào tóu	zhē yǎn
湛蓝	破绽	蘸火	巴掌	肇事	兆头	遮掩
zhé jū	dòng zhé	zhè táng	zhě zhòu	zhēn jiǔ	zhēn yán	zhèn dì
谪居	动辄	蔗糖	褶皱	斟酒	箴言	阵地
zhēng fā	guǒ zhī	zhì rè	zhì liú	zhì liàng	zhì liáo	zhōng jí
蒸发	果汁	炙热	滞留	质量	治疗	终极

zhòng rén	piān zhōu	yǔ zhòu	bái zhòu	zhòu rán	zǔ zhòu	zhú guāng
众人	扁舟	宇宙	白昼	骤然	诅咒	烛光
zhú yè	zhú jiàn	zhù hè	jiàn zhù	zhuàn qián	zhuàn xiě	hóng zhuāng
竹叶	逐渐	祝贺	建筑	赚钱	撰写	红妆
xíng zhuàng	zhuì yán	zhuì luò	zhǔn què	zhūn zhūn	bǔ zhuō	zháo shǒu
形状	赘言	坠落	准确	谆谆	捕捉	着手
zháo jí	chà cuò	zhǎo chá	chá fǎng	chū chāi	chà nà	chà kǒu
着急	差错	找茬	察访	出差	刹那	岔口
chāi qiǎn	chái huo	chán rào	chǎn fā	chǎn mèi	chàn dǒu	chàn huǐ
差遣	柴火	缠绕	阐发	谄媚	颤抖	忏悔
chǎng fáng	chāo yuè	cháo xué	chē lún	chě bái	chén mò	chén mín
厂房	超越	巢穴	车轮	扯白	沉默	臣民
chén tǔ	chén fǔ	yá chěn	chèn yī	chèn yǔ	chèn shēn	chēng hu
尘土	陈腐	牙碜	衬衣	谶语	称身	称呼
chēng chí	chéng rèn	chí chěng	chèng xīng	chī kuī	chí jiǔ	tāng chí
撑持	承认	驰骋	秤星	吃亏	持久	汤匙
chǐ rǔ	shē chǐ	yá chǐ	chì bǎng	chōng fèn	chōng mǐ	chóng gāo
耻辱	奢侈	牙齿	翅膀	充分	舂米	崇高
chǒng ài	chōu xiàng	chóu kǔ	chóu hèn	chǒu è	chòu yǎng	chū jí
宠爱	抽象	愁苦	仇恨	丑恶	臭氧	初级
chǔ lǐ	chù suǒ	qī chǔ	chù lì	chù jiǎo	chuān xīn	lún chuán
处理	处所	凄楚	矗立	触角	穿心	轮船
chuāng hu	mù chuáng	chuǎng dàng	chuī yān	chún cuì	shā wěi	shǎ zi
窗户	木床	闯荡	炊烟	纯粹	煞尾	傻子
shà shí	dà shà	shà bái	shài shū	shān rán	shǎn guāng	shǎn xī
霎时	大厦	煞白	晒书	潸然	闪光	陕西
shāo zhuó	shē chǐ	shé méi	shè jí	shè huì	shè jì	shuí
烧灼	奢侈	蛇莓	涉及	社会	设计	谁
shēn tǐ	shèn yú	shēng yīn	shēng píng	shěng fèn	cháo shī	shī rén
身体	肾盂	声音	升平	省份	潮湿	诗人
shī tǐ	shí zài	shǐ huan	jiě shì	shì de	shì hào	chū shòu
尸体	实在	使唤	解释	似的	嗜好	出售
shòu xiǎo	yě shòu	shū niǔ	shú shēn	shǔ yì	ráo shù	bié shù
瘦小	野兽	枢纽	赎身	鼠疫	饶恕	别墅
wán shuǎ	shuāi lǎo	shuǎi shǒu	shuò fēng	shǔn xī	shùn lì	shuǐ zhá
玩耍	衰老	甩手	朔风	吮吸	顺利	水闸

z 组声母代表字类推举例

【匝】匝　咂　砸

zā dì	zā zuǐ	zá làn
匝地	咂嘴	砸烂

【赞】臜　赞　攒

zàn měi　jī zǎn　ā zā
赞美　积攒　腌臜

【宰】宰　滓　梓

zǎi xiàng　zhā zǐ　sāng zǐ
宰相　渣滓　桑梓

【栽】栽　哉　载　裁

zāi péi　āi zāi　jì zǎi　zài tǐ　cái pàn
栽培　哀哉　记载　载体　裁判

【脏】脏　赃

zāng huà　nèi zàng　zāng wù
脏话　内脏　赃物

【澡】澡　藻　噪　燥　躁　操　臊

xǐ zǎo　shuǐ zǎo　zào yīn　gān zào　fán zào　cāo chǎng　hài sào
洗澡　水藻　噪音　干燥　烦躁　操场　害臊

【早】早　草

zǎo wǎn　qīng cǎo
早晚　青草

【蚤】蚤　骚　搔　瘙

tiào zao　sāo kè　sāo yǎng　sào yǎng
跳蚤　骚客　搔痒　瘙痒

【造】造　糙

zhì zào　cū cāo
制造　粗糙

【责】责　啧　帻　渍（“债”念 zhài）

zé rèn　zé zé　zé　yóu zì
责任　啧啧　帻　油渍

【则】则　厕　测　侧　恻（“铡”念 zhá）

yuán zé　cè suǒ　cè shì　cè shēn　cè yǐn
原则　厕所　测试　侧身　恻隐

【咋】咋　舴　作　昨　祚　酢　柞　怎

zé shé　zé měng　zuō fang　zuò yè　zuó tiān　jiàn zuò　chóu zuò
咋舌　舴艋　作坊　作业　昨天　践祚　酬酢

zuò cán　zěn me
柞蚕　怎么

【泽】泽　择

zhǎo zé　xuǎn zé
沼泽　选择

【曾】曾　增　憎　赠　甑　嶒　蹭

xìng zēng　céng jīng　zēng jiā　zēng hèn　kuì zèng　zèng zi　léng céng
姓曾　曾经　增加　憎恨　馈赠　甑子　崚嶒

mó ceng
磨蹭

【兹】兹 滋 孳 镃 慈 磁 糍 鹚

zī dìng yú	zī wèi	zī shēng	zī jī	cí xiáng	cí shí	cí bā	lú cí
兹定于	滋味	孳生	镃基	慈祥	磁石	糍粑	鸬鹚

【资】资 咨 姿 恣

zī běn	zī xún	zī tài	zì sì
资本	咨询	姿态	恣肆

【子】子 孜 仔 籽 字

hái zi	zī zī bú juàn	zǐ xì	niú zǎi	zǐ lì	xiě zì
孩子	孜孜不倦	仔细	牛仔	籽粒	写字

【淄】淄 辎 锱 鲻

zī hé	zī zhòng	zī zhū	zī yú
淄河	辎重	锱铢	鲻鱼

【宗】宗 综 棕 踪 粽 淙 鬃（“崇”念 chóng）

zǔ zōng	zōng hé	zōng shù	zhuī zōng	zòng zi	cóng cóng	zhū zōng
祖宗	综合	棕树	追踪	粽子	淙淙	猪鬃

【奏】奏 揍 凑 腠 辏

zòu zhé	ái zòu	còu qiǎo	còu lǐ	fú còu
奏折	挨揍	凑巧	腠理	辐辏

【卒】卒 醉

bīng zú	táo zuì
兵卒	陶醉

【租】租 粗 俎 诅 阻 组 粗

chū zū	zǔ bèi	dāo zǔ	zǔ zhòu	zǔ lì	xiǎo zǔ	cū cāo
出租	祖辈	刀俎	诅咒	阻力	小组	粗糙

【尊】尊 遵 鳟 撙

zūn guì	zūn shǒu	zūn yú	zǔn jié
尊贵	遵守	鳟鱼	撙节

【左】左 佐

zuǒ yòu	fǔ zuǒ
左右	辅佐

c 组声母代表字类推举例

【擦】擦 嚓 蔡（察，念“chá”）

cā xǐ	cā	cài
擦洗	嚓（象声词）	蔡（姓）

【才】才 材 财（豺，念“chaí”）

cái zǐ	mù cái	qián cái
才子	木材	钱财

【采】采 彩 睬 踩 菜

cǎi jí	cǎi sè	lǐ cǎi	cǎi tà	shū cài
采集	彩色	理睬	踩踏	蔬菜

【曹】曹 漕 槽 糟 遭 艚

cáo cāo 曹操　cáo yùn 漕运　shuǐ cáo 水槽　zāo kāng 糟糠　zāo yù 遭遇

【参】参　惨　穇（参念“shēn”人～，渗念“shèn”）

cān guān 参观　cēn cī 参差　bēi cǎn 悲惨　cān zǐ 穇子

【仓】仓　伧　沧　苍　舱（疮、创的声母是 ch；伧念“chen”）

cāng cù 仓促　cāng sú 伧俗　cāng sāng 沧桑　cāng jìng 苍劲　chuán cāng 船舱

【从】从　丛　枞　苁　纵　耸　怂

cóng róng 从容　cóng lín 丛林　cōng shù 枞树　cōng róng 苁蓉　zòng héng 纵横　sǒng lì 耸立　sǒng yǒng 怂恿

【匆】匆　葱

cōng máng 匆忙　cōng lǜ 葱绿

【此】此　疵　雌　訾　紫（“柴”念 chái）

cóng cǐ 从此　xiá cī 瑕疵　cí xióng 雌雄　zǐ yì 訾议　zǐ sè 紫色

【次】资　趑　谘　姿　恣　茨　瓷

lǚ cì 屡次　zī běn 资本　zī qiè 趑趄　zī xún 谘询　zī tài 姿态　zì sì 恣肆　cí gū 茨菰　cí qì 瓷器

【醋】醋　措　错　厝

táng cù 糖醋　cuò shī 措施　cuò wù 错误　cuò huǒ 厝火　jī xīn 积薪

【卒】卒　猝　萃　翠　粹　悴　瘁　淬　啐

cāng cu 仓卒　cù sǐ 猝死　huì cuì 荟萃　fěi cuì 翡翠　jīng cuì 精粹　qiáo cuì 憔悴

xīn lì jiāo cuì 心力交瘁　cuì huǒ 淬火　cuì yì kǒu 啐一口

【窜】窜　撺　蹿

cuàn gǎi 窜改　cuān duō 撺掇　cuān fáng yuè jǐ 蹿房越脊

【崔】崔　催　摧　璀

xìng cuī 姓崔　cuī cù 催促　cuī huǐ 摧毁　cuǐ càn 璀璨

【寸】寸　村　忖（“肘”念 zhǒu）

chǐ cùn 尺寸　cūn zhuāng 村庄　sī cǔn 思忖

【搓】搓　蹉　嵯　磋　差（差别 chābié，差不多 chàbuduō）

cuō xǐ 搓洗　cuō tuó 蹉跎　cuó é 嵯峨　cuō shāng 磋商　cēn cī 参差

【挫】挫　锉　莝

cuò zhé　　cuò dāo　　cuò cǎo
挫折　　锉刀　　莝草

s 组声母代表字类推举例

【散】散　馓　撒

sǎn màn　　sàn chǎng　　sǎn zi　　sā shǒu　　sǎ bō
散漫　　散场　　馓子　　撒手　　撒播

【塞】塞　赛

sāi zi　　sài wài　　bì sè　　bǐ sài
塞子　　塞外　　闭塞　　比赛

【桑】桑　搡　嗓

cán sāng　　tuī sǎng　　sǎng zi
蚕桑　　推搡　　嗓子

【司】司　饲　嗣　词　祠　伺

sī lìng　　sì liào　　sì hòu　　cí yǔ　　cí táng　　cì hou　　sì jī
司令　　饲料　　嗣后　　词语　　祠堂　　伺候　　伺机

【思】思　腮　鳃

sī xiǎng　　sāi xiàn　　yú sāi
思想　　腮腺　　鱼鳃

【斯】斯　厮　撕　嘶　澌

sī wén　　xiǎo sī　　sī pò　　sī jiào　　sī miè
斯文　　小厮　　撕破　　嘶叫　　澌灭

【四】四　泗　驷

sì gè　　sì shuǐ　　sì mǎ
四个　　泗水　　驷马

【松】松　忪　讼　颂（例外：忪【怔】）

sōng shù　　xīng sōng　　sù sòng　　sòng yáng
松树　　惺忪　　诉讼　　颂扬

【叟】叟　搜　嗖　馊　艘　飕　嫂（“瘦”念 shòu）

lǎo sǒu　　sōu suǒ　　sōu sōu　　sōu zhǔ yì　　yī sōu　　sōu sōu　　gē sǎo
老叟　　搜索　　嗖嗖　　馊主意　　一艘　　飕飕　　哥嫂

【素】素　愫　嗉

pǔ sù　　qíng sù　　sù zi
朴素　　情愫　　嗉子

【宿】宿　缩

sù shè　　suō xiǎo
宿舍　　缩小

【溯】溯　塑

sù yuán　　sù liào
溯源　　塑料

【遂】遂　隧　燧　邃

suì xīn　bàn shēn bù suí　suì dào　suì shí　shēn suì

遂心　半身不遂　隧道　燧石　深邃

【孙】孙　狲　荪

sūn zi　hú sūn　zhú sūn

孙子　猢狲　竹荪

【唆】唆　梭　酸　狻　羧

suō shǐ　chuān suō　suān wèi　suān ní　suō suān

唆使　穿梭　酸味　狻猊　羧酸

【随】随　隋　髓

suí yì　suí cháo　jīng suǐ

随意　隋朝　精髓

【遂】遂　隧　邃　燧

suì xīn　suì dào　suì mì　suì shí

遂心　隧道　邃密　燧石

【锁】锁　唢　琐

tiě suǒ　suǒ nà　fán suǒ

铁锁　唢呐　烦琐

还有少量舌尖前音声母的常用字字音不在以上类推字表范围内，也得加以注意。

zá luàn　zāi nàn　zǎi zi　zài cì　zài hu　zán men　zàn yáng

杂乱　灾难　崽子　再次　在乎　咱们　赞扬

zàn shí　zàng sòng　shōu cáng　záo zi　zǎo zi　zào shén　féi zào

暂时　葬送　收藏　凿子　枣子　灶神　肥皂

píng zè　zéi xīn　zǐ mèi　zì sì　zì yuàn　zú jì　zǒng jié

平仄　贼心　姊妹　恣肆　自愿　足迹　总结

zǒu lòu　zòu zhé　zuān yán　zuàn shí　biān zuǎn　zuǐ ba　zuì fàn

走漏　奏折　钻研　钻石　编纂　嘴巴　罪犯

zuì duō　zuó mo　yī cuō　què zuo　zuò shì　cāi cè　kuài cān

最多　琢磨　一撮　确凿　做事　猜测　快餐

cán kuì　cán sī　cán kù　càn làn　càn rán　shōu cáng　cè huà

惭愧　蚕丝　残酷　灿烂　粲然　收藏　策划

shǒu cè　cén jì　lóu céng　chuān cì　cí fù　shǎng cì　yān cōng

手册　岑寂　楼层　穿刺　辞赋　赏赐　烟囱

cōng míng　cuī cù　táo cuàn　cuàn wèi　gān cuì　cuō he　sǎ shuǐ

聪明　催促　逃窜　篡位　干脆　撮合　洒水

lā sà　sà shuǎng　sān gè　sǎn luàn　sāng zhōng　sāo sī　sǎo chú

拉萨　飒爽　三个　散乱　丧钟　缫丝　扫除

qīng sè　sè sè　yán sè　sēn lín　luó sī　sī rén　sī chóu

青涩　瑟瑟　颜色　森林　螺蛳　私人　丝绸

sǐ jì　fàng sì　sì yuàn　xiāng sì　jì sì　sà shuǎng　sòng cháo

死寂　放肆　寺院　相似　祭祀　飒爽　宋朝

sòng bié　lǎng sòng　dǒu sǒu　sū dá　sū cuì　yōng sú　tóu sù

送别　朗诵　抖擞　苏打　酥脆　庸俗　投诉

sù dù　sù yuàn　sù jìng　suī rán　suì yuè　zuò suì　chōu suì
速度　夙愿　肃静　虽然　岁月　作祟　抽穗

zǐ sūn　sǔn shāng　zhú sǔn　pó suō　suǒ qǔ　suǒ yǐ
子孙　损伤　竹笋　婆娑　索取　所以

也可以想办法将代表字编成歌谣来帮助记忆。例如可以将平舌音代表字编成下面的歌谣：

姊随嫂，做操早。曾撕笋，才擦灶。催锁仓，速采桑，蚕丝足，村村足。

贼作祟，钻自私，罪凑足，总送死。

曹叟搓草索，孙子坐在左。此次最粗糙，匆匆总搓错。

臧僧宿草寺，岁岁自洒扫。择粟做素餐，松侧栽棕枣。

声母 zh、ch、sh 和声母 z、c、s 字音辨正训练

1. 对比辨音训练

zì zhǐ　zhì zhǐ　　zǔ lì　zhǔ lì　　zī yuán　zhī yuán
字纸—制止　　阻力—主力　　资源—支援

zì xué　zhì xué　　zāi huā　zhāi huā　　zǎo dào　zhǎo dào
自学—治学　　栽花—摘花　　早到—找到

zǔ fù　zhǔ fù　　zào jiù　zhào jiù　　zá jì　zhá jì
祖父—嘱咐　　造就—照旧　　杂记—札记

zī shì　zhī shi　　zì xù　zhì xù　　zhì lì　zì lì
姿势—知识　　自序—秩序　　智力—自立

dà zhì　dà zì　　mián zǐ　mián zhǐ　　zào xiàng　zhào xiàng
大致—大字　　棉籽—绵纸　　造像—照相

duǎn zàn　duǎn zhàn　　zāo le　zhāo le　　cūn zhuāng　chūn zhuāng
短暂—短站　　糟了—招了　　村庄—春装

cū bù　chū bù　　liù céng　liù chéng　　cā shǒu　chā shǒu
粗布—初步　　六层—六成　　擦手—插手

tuī cí　tuī chí　　bù céng　bù chéng　　cí táng　chí táng
推辞—推迟　　不曾—不成　　祠堂—池塘

yǒu cì　yǒu chì　　wǔ suì　wǔ shuì　　sǐ jì　shǐ jì
有刺—有翅　　五岁—午睡　　死记—史记

sǐ jié　shǐ jié　　sì jì　shì jì　　sāng yè　shāng yè
死结—使节　　四季—事迹　　桑叶—商业

sān jiǎo　shān jiǎo　　sōu jí　shōu jí　　sī rén　shī rén
三角—山脚　　搜集—收集　　私人—诗人

2. 句子练习

(1) 这位诗人没有私人秘书。

(2) 五岁的小丁丁正在午睡。

(3) 祖父再三嘱咐我，出门在外，凡事要三思而行。

(4) 祠堂前的池塘里养了很多鱼。

(5) 这是上等木材，决不能当木柴烧了。

3. 平翘舌音交错练习

	zhǎo zé	zhā zǐ	zhí zé	zhǒng zú	zhuī zōng
zh—z	沼 泽	渣 滓	职责	种 族	追 踪
	zhù zuò	zhǔn zé	zhèn zuò	zhù zào	zhī zú
	著 作	准 则	振 作	铸造	知足
	zài zhòng	zàn zhù	zá zhì	zēng zhǎng	zuò zhě
z—zh	载 重	赞 助	杂 志	增 长	作 者
	zǔ zhòu	zuì zhèng	zǔ zhī	zǔ zhǐ	zì zhuàn
	诅 咒	罪 证	组织	阻止	自 传
	chā cuò	chē cì	chǐ cùn	chuǎi cè	chūn cán
ch—c	差 错	车 次	尺 寸	揣 测	春 蚕
	chōng cì	chún cuì	chǔ cí	chǔ cún	chǎo cài
	冲 刺	纯 粹	楚 辞	储 存	炒 菜
	cái chǎn	cǎi chóu	cán chūn	cān chē	cí chǎng
c—ch	财 产	彩 绸	残 春	餐 车	磁 场
	cū chá	cuò chù	cù chéng	cāo chí	cún chē
	粗 茶	错 处	促 成	操 持	存 车
	shàng si	shào suǒ	shéng suǒ	shèng sù	shén sè
sh—s	上 司	哨 所	绳 索	胜 诉	神 色
	shēn sī	shī sàn	shí sù	shū sòng	shān sè
	深 思	失 散	时速	输 送	山 色
	sī shú	sǎo shè	sōng shǔ	suàn shù	suì shu
s—sh	私 塾	扫 射	松 鼠	算 术	岁 数
	sǔn shāng	suǒ shì	sù shí	sǐ shuǐ	suí shēn
	损 伤	琐 事	素食	死 水	随 身

4. 成语练习

山穷水尽　支离破碎　同室操戈　入乡随俗
碎尸万段　所剩无几　出口成章　赤子之心
自生自长　成竹在胸　大惊失色　尺短寸长
志大才疏　随时随地　超群出众　春色满园

5. 绕口令练习

（1）酸枣子：

山上住着三老子，山下住着三小子，山当腰住着三哥三嫂子。山下三小子，找山当腰三哥三嫂子，借三斗三升酸枣子。山当腰三哥三嫂子，借给山下三小子三斗三升酸枣子。山下三小子，又找山上三老子，借三斗三升酸枣子，山上三老子，还没有三斗三升酸枣子，只好到山当腰找三哥三嫂子，给山下三小子借了三斗三升酸枣子。过年山下三小子打下酸枣子，还了山当腰三哥三嫂子，两个三斗三升酸枣子。

（2）撕字纸：

隔着窗户撕字纸，一次撕下横字纸，一次撕下竖字纸，是字纸撕字纸，不是字纸，不要胡乱撕一地纸。

（3）蚕吐丝：

蚕吐丝，丝缠蚕，蚕丝丝缠蚕吐丝，蚕丝缠蚕蚕丝缠。

（4）蚕和蝉：

爬来爬去的是蚕，飞来飞去的是蝉，蚕常在叶里藏，蝉常在林里唱。

（5）栽花摘花：

妈妈栽花，娃娃摘花，妈妈批评娃娃不该摘花花，娃娃跟着妈妈学着栽花花。

（6）小三登山：

三月三，小三去登山；上山又下山，下山又上山；登了三次山，跑了三里三；出了一身汗，湿了三件衫；小三山上大声喊，离天只有三尺三。

（7）狮子和山寺：

狮子山上狮子寺，山寺门前石狮子。山寺是禅寺，狮子是石狮。狮子保护狮子寺，禅寺保护石狮子。

（8）三山撑四水：

三山撑四水，四水绕三山。三山四水春常在，四水三山总是春。

（9）小石拾柿子：

小石拾柿子，拾到四十四。拿到秤上试，需要称两次。头次称柿子，四斤四两四，二次称柿子，斤数整四十。两次称柿子，共是四十四斤四两四。

（10）红砖堆，青砖堆，砖堆旁边蝴蝶追。蝴蝶绕着砖堆飞，飞来飞去蝴蝶钻砖堆。

（11）时事学习看报纸，报纸登的是时事。常看报纸要三思，心里装着天下事。

（12）一些事没有人做，一些人没有事做，一些没有事做的议论做事的做的事；议论做事的总是没事，一些做事的总有做不完的事，一些没有事做的不做事不碍事，一些有事做的做了事却有麻烦事；一些不做事的挖空心思惹事，让做事的做不成事，大家都不做事是不想做事的做事；做事的做不成事伤心，不做事的不做事开心。”

（13）公园有四排石狮子，每排是十四只大石狮子，每只大石狮子背上是一只小石狮子，每只大石狮子脚边是四只小石狮子，史老师领四十四个学生去数石狮子，你说共数出多少只大石狮子和多少只小石狮子？

二、n 和 l

n 和 l 都是舌尖中音，都是浊音，发音时都是把舌尖抵住上齿龈，但发音时呼出的气流通道不同。这种鼻、边音呼出的气流通道的不同主要是通过软腭的升降来控制的。软腭是位于我们口腔后部的一个软组织，正好处在咽腔、口腔和鼻腔的三岔口，但软腭可以上下活动，以此来控制发音时来自肺部的气流的走向。发 n 时，软腭下降，舌根上升，封闭口腔通道，气流完全从鼻腔出来，属于鼻音；发 l 时，软腭上升，封闭鼻腔通道，气流从口腔中舌头左右两边或一边出来，属于边音。这组音难在不容易体会到软腭的升降，更不容易控制好软腭的升降。

我们可以借助加衬音的办法体会软腭的提升，引导发音：

发边音（注意：发 ga、ka 之类的音时，软腭处于提升状态）：

ga—la　　ga—le　　ga—lai

ka—la　　ka—le　　ka—lai

la—la—li—la

la—la—lia—la

la—la—lie—la

la—la—liao—la

la —la —liu —la

la—la —lüe —la

发鼻音（注意：发 m 时，软腭处于松弛状态）：

ma—na　　ma—ne　　ma—nai

ma—ma—ni—na

ma—ma—nia—na

ma—ma—nie —na

ma—ma—niao—na

ma —ma —niu —na

ma—ma —nüe —na

鼻边音练习中的主要问题之一是发鼻音时带有边音色彩，发成鼻边音；发边音带有鼻音色彩，边音被鼻音化，这样就导致鼻音和边音都发得不干净。克服这个问题的关键是要掌握两个音的发音区别：发 n 时，舌尖抵住上齿龈，舌的两侧跟上腭的两侧形成弧形闭合，软腭下降，开启鼻腔通道，让气流从鼻腔中出来；

发 l 时，舌尖抵住上齿龈，舌的两侧跟上腭两侧保持适度距离，软腭上升，封闭鼻腔通道，让气流从口腔中出来。如果不能很好地控制软腭，让软腭既不上升，也不下降，居于中间位置，发音时气流可以同时从口、鼻腔流出，发出的音就不纯正了，这样发出的音就是缺陷音。

l 是口音，共鸣腔是口腔，所以发 l 时与鼻腔无关。即使使劲捏住鼻子，照样可以发出清晰准确的 l 来。这个方法有助于纠正边音鼻音化的缺陷发音。

发音体会：

利用前面音节韵尾的鼻音顺势发准后面一个音节开头的鼻音声母：

困难　温暖　电脑　川南　关内　全年　本能　震怒

男女　胆囊　烦恼　叛逆　感念　搬弄　观念　伴娘

在不受鼻音干扰的情况下发准后面一个音节开头的边音声母：

小楼　那里　吃力　地理　堕落　败露　齿轮　制冷

疲劳　法律　打捞　迷路　快乐　确立　迷恋　霹雳

发完前一个字音后，迅速调整发音部位和发音方法，发准后一音节的鼻音声母：

河内　可能　水牛　大娘　吵闹　悼念　老年　娇嫩

笑纳　捉弄　修女　别扭　逃难　拘泥　贺年　打闹

加大难度。在发完前面一个音节的最后一个鼻音音素后，迅速调整发音部位和发音方法，发好后面一音节的边音声母：

锻炼　森林　分类　辛辣　顺利　心理　炎凉　本来

伴侣　旋律　门类　婚礼　军列　天伦　编录　巡逻

信赖　湍流　群落　建立　训练　先烈　军令　绚丽

n、l不分的情形主要分布于湘方言、赣方言、闽方言的一部分地区以及西南官话、江淮官话等地区，其表现情况也不同，有的两者可以互换，如兰州话等；有的l变为n，如重庆话等；有的是n变为l，如南京话等，其情形非常复杂。这组音不少方言区混淆，但在普通话中却有严格区别，而且具有区分意义的作用，比如“水流”和“水牛”，“老路”和“恼怒”，“隆重”和“浓重”。

想要弄清楚哪些字声母是读n，哪些字声母是读l，一样可采用汉字声旁进行类推，以提高效率。例如：声旁是“尼”的字，声母往往是n，如“泥、呢、昵、怩”；声旁是“劳”的字，声母往往是l，如“痨、崂、唠、捞、涝”。此外，采用记少不记多的方法，记住n声母的字（声母n的字比较少），其他自然是l声母的字了。

比如：nü——女 恧 钕 衄

lü——绿 率 铝 驴 旅 屡 滤 吕 律 氯 缕 侣 履 虑 闾 榈 褛 捋

相较而言，我们最好记n了。

n组声母代表字类推举例

【那】那 哪 娜 挪

nà biān	nǎ lǐ	né zhā	nuó yí	ē nuó
那边	哪里	哪吒	挪移	婀娜

nà	nà
那（姓）	娜（用于人名）

【乃】乃 奶 氖

nǎi zhì	nǎi fěn	nǎi
乃至	奶粉	氖

【奈】奈 捺

wú nài	àn nà
无奈	按捺

【南】南 楠 喃 蝻 腩

nán fāng	nán mù	nán nán	nǎn zi	niú nǎn
南方	楠木	喃喃	蝻子	牛腩

【囊】囊 囔

náng zhǒng	dū nang
囊肿	嘟囔

【挠】挠 蛲

zǔ náo	náo chóng
阻挠	蛲虫

【内】内 讷 纳 钠 呐

nèi lì	mù nè	chū nà	nà	nà hǎn
内力	木讷	出纳	钠	呐喊

【脑】脑 恼 瑙

dà nǎo	nǎo nù	mǎ nǎo
大脑	恼怒	玛瑙

【尼】尼　泥　呢　昵　怩

ní lóng 尼龙	ní tǔ 泥土	jū ní 拘泥	ní zi 呢子	ne 呢
qīn nì 亲昵	niǔ ní 忸怩			

【倪】倪　霓　鲵　猊

duān ní 端倪	ní hóng 霓虹	dà ní 大鲵	suān ní 狻猊

【你】你　您

nǐ men 你们	nín hǎo 您好

【鸟】鸟　袅

fēi niǎo 飞鸟	niǎo nuó 袅娜

【捏】捏　涅

niē zào 捏造	niè pán 涅槃

【聂】聂　镊　颞　蹑

niè 聂（姓）	niè zi 镊子	niè gǔ 颞骨	niè shǒu niè jiǎo 蹑手蹑脚

【孽】孽　蘖

zào niè 造孽	fēn niè 分蘖

【拈】拈　黏　鲇

niān xiāng 拈香	nián tǔ 黏土	nián yú 鲇鱼

【念】念　捻

sī niàn 思念	yào niǎn zi 药捻子

【宁】宁　拧　咛　狞　柠　泞

ān níng 安宁	nìng yuàn 宁愿	níng máo jīn 拧毛巾	nǐng luó sī 拧螺丝	dīng níng 叮咛
zhēng níng 狰狞	níng méng 柠檬	ní nìng 泥泞		

【扭】扭　妞　纽　钮　忸

niǔ qū 扭曲	xiǎo niū r 小妞儿	shū niǔ 枢纽	àn niǔ 按钮	niǔ ní 忸怩

【农】农　浓　脓　哝

nóng mín 农民	nóng yù 浓郁	nóng zhǒng 脓肿	dū nong 嘟哝

【奴】奴　驽　弩　努　怒

nú lì	nú mǎ	nǔ gōng	nǔ lì	fèn nù
奴隶	驽马	弩弓	努力	愤怒

【疟】疟 虐（“疟子”的“疟”，念 yào）

nuè ji	nuè dài
疟疾	虐待

【诺】诺 喏 匿

chéng nuò	nuò	nì míng
承诺	喏	匿名

【懦】懦 糯

nuò ruò	nuò mǐ
懦弱	糯米

l 组声母代表字类推举例

【辣】辣 喇 喇 赖 癞 籁

là jiāo	lǎ ba	lǎ gū	shuǎ lài	là lì	tiān lài
辣椒	喇叭	喇蛄	耍赖	瘌痢	天籁

【腊】腊 蜡 猎

là méi	là zhú	liè qiāng
腊梅	蜡烛	猎枪

【兰】兰 拦 栏 烂

lán cǎo	lán yāo	lán gān	pò làn
兰草	拦腰	栏杆	破烂

【蓝】蓝 篮 滥

lán tú	huā lán	fàn làn
蓝图	花篮	泛滥

【览】览 揽 缆 榄

zhǎn lǎn	bāo lǎn	lǎn shéng	gǎn lǎn
展览	包揽	缆绳	橄榄

【老】老 佬 姥

lǎo nián	dà lǎo	lǎo lao
老年	大佬	姥姥

【劳】劳 痨 崂 唠 捞 涝

qín láo	láo bìng	láo shān	láo dao	dǎ lāo	hóng lào
勤劳	痨病	崂山	唠叨	打捞	洪涝

【乐】乐 砾

huān lè	wǎ lì
欢乐	瓦砾

【累】累 骡 螺 裸 漯 摞

láo lèi	luó zi	tián luó	luǒ lù	luò	yī luò
劳累	骡子	田螺	裸露	漯	一摞

【雷】雷 擂 镭 蕾

léi diàn　lèi tái　léi　bèi lěi
雷电　擂台　镭　蓓蕾

【离】离　漓　篱　璃

lí bié　lí jiāng　lí ba　bō li
离别　漓江　篱笆　玻璃

【里】里　理　鲤　厘　狸　量

gōng lǐ　lí mǐ　lí māo　dào lǐ　lǐ yú　zhòng liàng
公里　厘米　狸猫　道理　鲤鱼　重量

【力】力　荔　劣　肋　勒

lì liang　lì zhī　è liè　lèi gǔ　lè suǒ
力量　荔枝　恶劣　肋骨　勒索

【历】历　沥　坜　呖　枥

lì shǐ　lì qīng　ōu xīn lì xuè　lì lì　lì
历史　沥青　沤心沥血　呖呖　枥

【立】立　粒　笠　拉　垃　啦

zhàn lì　kē lì　dǒu lì　lā lì　lā jī　hǎo la
站立　颗粒　斗笠　拉力　垃圾　好啦

【厉】厉　励　蛎　砺

yán lì　gǔ lì　mǔ lì　dǐ lì
严厉　鼓励　牡蛎　砥砺

【利】利　俐　痢　莉　梨　犁　蜊

fēng lì　líng lì　lì ji　mò lì　xiāng lí　lí dì　gé lí
锋利　伶俐　痢疾　茉莉　香梨　犁地　蛤蜊

【连】连　莲　涟　鲢　链

lián jiē　lián huā　lián yī　lián yú　xiàng liàn
连接　莲花　涟漪　鲢鱼　项链

【廉】廉　濂　镰

lián jié　lián jiāng　lián dāo
廉洁　濂江　镰刀

【脸】脸　敛　裣　殓　潋

liǎn miàn　shōu liǎn　liǎn rèn　rù liàn　liàn yàn
脸面　收敛　裣衽　入殓　潋滟

【练】练　炼

liàn xí　duàn liàn
练习　锻炼

【恋】恋　挛　脔　銮　峦　孪　鸾　滦

yī liàn　jìng luán　luán gē　jīn luán　shān luán　luán shēng
依恋　痉挛　脔割　金銮　山峦　孪生

luán fèng　luán shuǐ
鸾凤　滦水

【良】良　郎　廊　狼　琅　朗　浪　螂　粮　踉

yōu liáng　ér láng　láng fáng　yě láng　láng láng　lǎng dú
优良　儿郎　廊坊　野狼　琅琅　朗读

bō làng　zhāng láng　liáng shi　liàng qiàng
波浪　蟑螂　粮食　踉跄

【凉】凉　谅　晾　掠

liáng kuai　yuán liàng　liàng shài　luè duó
凉快　原谅　晾晒　掠夺

【梁】梁　粱

dòng liáng　gāo liáng
栋梁　高粱

【两】两　俩　辆

liǎng gè　chē liàng　zán liǎ
两个　车辆　咱俩

【鳞】鳞　嶙　磷　麟

yú lín　lín xún　lín huǒ　qí lín
鱼鳞　嶙峋　磷火　麒麟

【菱】菱　凌　陵　棱

líng xíng　líng lì　shān líng　léng jiǎo
菱形　凌厉　山陵　棱角

【令】令　伶　玲　聆　零　龄　岭　领　邻　羚　苓　铃　冷　怜

mìng lìng　yōu líng　líng lóng　líng tīng　líng shí　nián líng
命令　优伶　玲珑　聆听　零食　年龄

shān lǐng　lǐng xiān　lín jū　líng yáng　fú líng　líng dang
山岭　领先　邻居　羚羊　茯苓　铃铛

hán lěng　kě lián
寒冷　可怜

【龙】龙　咙　聋　笼　胧　珑　茏　垄　拢

lóng nián　hóu lóng　lóng yǎ　niǎo lóng　méng lóng　líng lóng　lóng cōng
龙年　喉咙　聋哑　鸟笼　朦胧　玲珑　茏葱

tián lǒng　lǒng gòng
田垄　拢共

【隆】隆　窿

lóng qǐ　kū long
隆起　窟窿

【娄】娄　喽　楼　搂　篓　缕　屡

lóu　lóu luó　lóu tī　lǒu bào　zhú lǒu　yī lǚ　lǚ cì
娄（姓）　喽罗　楼梯　搂抱　竹篓　一缕　屡次

【流】流　琉　硫

liú shuǐ　liú lí　liú huáng
流水　琉璃　硫黄

【留】留　馏　榴　瘤　溜

cán liú　zhēng liú　shí liu　liú zi　kāi liū
残留　蒸馏　石榴　瘤子　开溜

【柳】柳　聊

yáng liǔ　liáo zhāi
杨柳　聊斋

【卢】卢　泸　颅　鲈　铲　胪　垆

lú bù　lú zhōu　tóu lú　lú yú　lù lú　lú liè　lú dǐ
卢布　泸州　头颅　鲈鱼　辘轳　胪列　垆邸

【鲁】鲁　橹　噜

lǔ mǎng　lǔ　hū lū
鲁莽　橹　呼噜

【录】录　禄　碌　绿　氯

lù yīn　fú lù　máng lù　lù lín　lǜ sè　lǜ qì
录音　福禄　忙碌　绿林　绿色　氯气

【鹿】鹿　漉　麓　辘

méi huā lù　shī lū lū　shān lù　gū lù
梅花鹿　湿漉漉　山麓　轱辘

【路】路　露　潞　璐

gōng lù　bái lù　lòu liǎn　lù shuǐ　lù
公路　白露　露脸　潞水　璐

【仑】仑　伦　沦　轮　抡　论

kūn lún　lún lǐ　lún luò　chē lún　lūn cái　yì lùn
昆仑　伦理　沦落　车轮　抡材　议论

【罗】罗　逻　箩　锣

luó liè　xún luó　luó kuāng　tóng luó
罗列　巡逻　箩筐　铜锣

【洛】洛　落　珞　络　骆　烙　略

luò yáng　luò yè　yīng luò　lián luò　luò tuó　lào yìn　móu lüè
洛阳　落叶　璎珞　联络　骆驼　烙印　谋略

【吕】吕　侣　铝

lǚ　bàn lǚ　lǚ guō
吕（姓）　伴侣　铝锅

【虑】虑　滤

kǎo lǜ　guò lǜ
考虑　过滤

声母 n 和声母 l 字音辨正训练

1. 鼻音练习

泥泞　牛奶　恼怒　男女　南宁　年内　那年
农奴　能耐　袅娜　难弄　娘娘　奶奶　嫩嫩

2. 边音练习

冷落　劳力　嘹亮　罗列　理论　流利　来历

力量 姥姥 来了 利率 联络 流量 牢牢

3. 鼻音边音交错练习

奶酪 鸟类 耐劳 能量 年龄 尼龙 奴隶

暖流 努力 女郎 烂泥 农历 年轮 内陆

老年 辽宁 历年 老农 烈女 林农 两难

凌虐 羚牛 留念 冷暖 来年 流脑 利尿

4. 对比辨音训练

lóng zhòng nóng zhòng 隆重—浓重	lào zāi nào zāi 涝灾—闹灾	lán sè nán sè 蓝色—难色
lán lǚ nán nǚ 褴褛—男女	lǚ bàn nǚ bàn 旅伴—女伴	lián dài nián dài 连带—年代
wú lài wú nài 无赖—无奈	lǎo zǐ nǎo zǐ 老子—脑子	lǎo lù nǎo nù 老路—恼怒
lìng yǒu níng yǒu 另有—宁有	liú liàn liú niàn 留恋—留念	liú dú niú dú 流毒—牛犊
shuǐ liú shuǐ niú 水流—水牛	lán tiān nán tiān 蓝天—南天	lán kù nán kù 蓝裤—男裤
hé lán hé nán 荷兰—河南	gān liáng gān niáng 干粮—干娘	lián zhǎng nián zhǎng 连长—年长
le què niǎo què 了却—鸟雀	lián yè nián yè 连夜—年夜	huáng lí huáng ní 黄鹂—黄泥

5. 句子练习

(1) 这个栏目专门介绍了楠木的栽种技术。

(2) 他干娘给他送了很多干粮到学校去。

(3) 年长的那一位就是我们的连长。

(4) 救活了这些鸟雀就了却了我的心事。

(5) 他连夜赶回家，跟家人一起吃了一顿团团圆圆的年夜饭。

6. 古诗练习

绿蚁新醅酒，红泥小火炉。晚来天欲雪，能饮一杯无。

两个黄鹂鸣翠柳，一行白鹭上青天。窗含西岭千秋雪，门泊东吴万里船。

7. 绕口令练习

(1) 梨和泥：

树上有梨，地上有泥。风吹梨摇梨落地，梨摇落梨梨沾泥。

(2) 柳和牛：

河边有棵柳，柳下一头牛。牛要去顶柳，柳条缠牛头。

(3) 收南瓜：

兰兰收南瓜，瓜大抱不下，南南帮兰兰，一起来收瓜，两人抬瓜笑哈哈。

(4) 男篮和女篮：

男篮男穿蓝，女篮女穿绿。男篮穿蓝练投篮，女篮穿绿投篮练。男篮篮下天天练，女篮天天练投篮。男篮女篮一起练，女绿男蓝绿和蓝。

（5）有座面铺面向南：

有座面铺面向南，门口挂个蓝布棉门帘。摘了蓝布棉门帘，看了看，棉铺面向南，挂上蓝布棉门帘，看了看，面铺还是面向难。

（6）牛郎年年恋刘娘：

牛郎年年恋刘娘，刘娘年年念牛郎。牛郎恋刘娘，刘娘念牛郎，郎恋娘来娘念郎。

（7）梁家庄有个梁大娘：

梁家庄有个梁大娘，梁大娘家盖新房，大娘亲兄大老梁，到梁家庄看大娘，赶上大娘家上大梁，老梁帮大娘扛大梁，大量稳稳当当摆上墙，大娘高高兴兴谢老梁。

（8）男男女女夸小妞：

男男女女夸小妞，夸那小妞有能耐。念书务农不畏难，走南闯北也在行。小妞有能耐，全靠好心的倪奶奶。倪奶奶，胜亲娘，不虐待，不溺爱，叮咛只为早成才。成了才，暖心怀。

（9）车棚里有四辆四轮大马车，你爱拉哪两辆就拉哪两辆。

（10）你能不能把公路柳树下的老奶牛，拉到牛南山下牛奶站的挤奶房来，挤了牛奶拿到柳林村，送给岭南乡托儿所的刘奶奶。

三、f 和 h

f 与 h 都是清擦音，f 是唇齿清擦音，h 是舌根清擦音，二者的不同在于发音部位，f 是上齿和下唇形成阻碍，h 是舌根和软腭形成阻碍。湘方言、赣方言、客家方言、闽方言、粤方言等都不能分清楚声母 f 和 h；北方方言、江淮方言及西南方言存在 f 和 h 混读的现象。在学习时首先注意 f 和 h 的发音，然后要清楚声母 f 和 h 相对应的字词，可根据类推字表熟读、熟记。还可以借助声韵配合规律来记忆，比如 ou 只和 f 相拼，uai 只和 h 相拼等。

f 声母代表字类推举例

【发】发　废

fā dá　lǐ fà　fèi chú
发达　理发　废除

【伐】伐　阀　筏

bù fá　jūn fá　zhú fá
步伐　军阀　竹筏

【法】法　砝　珐

fāng fǎ　fǎ mǎ　fà láng
方法　砝码　珐琅

【乏】乏　泛

quē fá　guǎng fàn
缺乏　广泛

【番】番　藩　翻　蕃

fān qié　fān lí　fān zhuǎn　fān xī
番茄　藩篱　翻转　蕃息

【凡】凡 帆 矾 钒

píng fán fān chuán fán tǔ fán
平凡 帆船 矾土 钒

【反】反 返 饭 贩

zhèng fǎn fǎn huán mǐ fàn fàn mài
正反 返还 米饭 贩卖

【方】方 芳 坊 防 妨 房 访 仿 纺 舫 放

dì fang fēn fāng pái fāng yù fáng fáng ài fáng jiān bài fǎng
地方 芬芳 牌坊 预防 妨碍 房间 拜访

fǎng fú fǎng zhī huà fǎng jiě fàng
仿佛 纺织 画舫 解放

【非】非 菲 啡 扉 霏 蜚 绯 诽 斐 翡 痱

fēi cháng fāng fēi fěi bó kā fēi xīn fēi fēi wēi fēi yǔ
非常 芳菲 菲薄 咖啡 心扉 霏微 蜚语

fēi hóng fěi bàng fěi rán fěi cuì fèi zi
绯红 诽谤 斐然 翡翠 痱子

【分】分 芬 吩 纷 粉 忿

fēn bié fēn fāng fēn fù bīn fēn fěn bǐ fèn hèn
分别 芬芳 吩咐 缤纷 粉笔 忿恨

【风】风 枫 疯 讽

fēng zheng fēng yè fēng kuáng fěng cì
风筝 枫叶 疯狂 讽刺

【蜂】蜂 峰 烽 锋

mì fēng shān fēng fēng huǒ fēng lì
蜜蜂 山峰 烽火 锋利

【夫】夫 肤 麸 芙 扶

dài fu pí fū fū zi fú róng chān fú
大夫 皮肤 麸子 芙蓉 搀扶

【孚】孚 浮 俘 孵

shēn fú zhòng wàng fú yóu fú lǔ fū huà
深孚众望 浮游 俘虏 孵化

【弗】弗 佛 沸 费 狒

zì kuì fú rú fǎng fú fó jiào fèi téng fèi yòng fèi fei
自愧弗如 仿佛 佛教 沸腾 费用 狒狒

【伏】伏 袱 茯

mái fú bāo fu fú líng
埋伏 包袱 茯苓

【福】福 幅 辐 蝠 副 富

zhù fú fú yuán fú shè biān fú fù běn fù yù
祝福 幅员 辐射 蝙蝠 副本 富裕

【甫】甫 辅 敷 傅 缚

tái fǔ　fǔ dǎo　fū yǎn　shī fu　shù fù
台甫　辅导　敷衍　师傅　束缚

【付】付　附　驸　符　府　俯　腑　腐　咐

jiāo fù　fù jiā　fù mǎ　fú hào　fǔ dǐ　fèi fǔ　fǔ bài　fēn fù
交付　附加　驸马　符号　府邸　肺腑　腐败　吩咐

【父】父　斧　釜

fù qīn　fǔ tou　pò fǔ chén zhōu
父亲　斧头　破釜沉舟

【复】复　腹　馥　覆

chóng fù　fù dì　fù yù　fù gài
重复　腹地　馥郁　覆盖

h 声母字母代表字类推举例

【禾】禾　和

hé miáo　hé qi　hè shī　huó miàn
禾苗　和气　和诗　和面

【红】红　虹　鸿

hóng sè　cǎi hóng　hóng yàn
红色　彩虹　鸿雁

【洪】洪　哄　烘

hóng shuǐ　hōng dòng　hǒng piàn　hōng gān
洪水　哄动　哄骗　烘干

【乎】乎　呼　滹

zài hu　hū hǎn　hū tuó
在乎　呼喊　滹沱

【忽】忽　惚　唿

hū rán　huǎng hū　hū shào
忽然　恍惚　唿哨

【胡】胡　湖　葫　猢　瑚　糊　蝴

hú tong　hú pō　hú lu　hú sūn　shān hú　hú tu　hú dié
胡同　湖泊　葫芦　猢狲　珊瑚　糊涂　蝴蝶

【狐】狐　弧

hú li　hú dù
狐狸　弧度

【虎】虎　唬　琥

lǎo hǔ　xià hu　hǔ pò
老虎　吓唬　琥珀

【户】户　沪　护

hù kǒu　hù jù　bǎo hù
户口　沪剧　保护

【化】化　华　桦　花　哗　货

huà xué 化学　zhōng huá 中华　huà 华（姓）　bái huà 白桦　huā duǒ 花朵　huā lā 哗啦　xuān huá 喧哗　bǎi huò 百货

【话】话 活

shuō huà 说话　shēng huó 生活

【坏】坏 怀

pò huài 破坏　huái bào 怀抱

【还】还 环

guī huán 归还　hái shì 还是　huán rào 环绕

【奂】奂 涣 换 唤 焕 痪

huàn sàn 涣散　jiāo huàn 交换　hū huàn 呼唤　huàn fā 焕发　tān huàn 瘫痪

【荒】荒 慌 谎

huāng mò 荒漠　huāng zhāng 慌张　huǎng yán 谎言

【皇】皇 凰 湟 惶 徨 蝗 煌

huáng lì 皇历　fèng huáng 凤凰　huáng shuì 湟睡　huáng kǒng 惶恐　páng huáng 彷徨　huáng chóng 蝗虫　huī huáng 辉煌

【黄】黄 潢 磺 簧

huáng sè 黄色　zhuāng huáng 装潢　liú huáng 硫磺　tán huáng 弹簧

【晃】晃 恍 幌

huǎng yǎn 晃眼　yáo huàng 摇晃　huǎng hū 恍惚　huǎng zi 幌子

【灰】灰 恢 诙

huī sè 灰色　huī fù 恢复　huī xié 诙谐

【挥】挥 辉 浑 晖

huī shǒu 挥手　guāng huī 光辉　hún zhuó 浑浊　huī yìng 晖映

【回】回 茴 蛔 徊

huí jiā 回家　huí xiāng 茴香　huí chóng 蛔虫　pái huái 徘徊

【悔】悔 诲 晦

hòu huǐ 后悔　jiào huì 教诲　huì qì 晦气

【会】会 绘 烩 荟

yuē huì 约会　huì huà 绘画　huì bǐng 烩饼　huì cuì 荟萃

【彗】彗 慧 嘒

huì xīng　huì yǎn　huì
彗星　慧眼　嘒

【昏】昏 阍 婚

hūn yōng　hūn zhě　hūn yīn
昏庸　阍者　婚姻

【混】混 馄

hún dàn　guǐ hùn　hún tun
混蛋　鬼混　馄饨

【活】活 话

huó dòng　shuō huà
活动　说话

【火】火 伙

huǒ huā　huǒ ji
火花　伙计

【或】或 惑

huò zhě　yí huò
或者　疑惑

此外，大多数方言中，声母 h 遇到单韵母 u 的时候，都把声母 h 变成了声母 f，比如把“老虎 lǎohǔ”说成“lǎofǔ”，把“水壶 shuǐhú”说成“shuǐfú”，要注意区分，并记住发“hu”音节的代表字：胡（湖糊蝴葫瑚醐猢）；户（护沪）；乎（呼）；虎（唬琥）；互（冱）弧狐；忽（唿惚惚）；岵怙；核和壶。

声母 f 和声母 h 字音辨正训练

1. 对比辨音练习

fáng kōng　háng kōng 防空—航空	fēi yú　hēi yú 飞鱼—黑鱼	fú dù　hú dù 幅度—弧度
hù lǐ　fú lì 护理—福利	hú miàn　fú miàn 湖面—浮面	gōng huì　gōng fèi 工会—公费
fèi huà　huì huà 废话—会话	kāi huā　kāi fā 开花—开发	fù zhù　hù zhù 附注—互助
fáng dì　huāng dì 防地—荒地	fáng hòu　huáng hòu 房后—皇后	fǎng fú　huǎng hū 仿佛—恍惚

2. 词语训练

（1）f 与 h 交错练习

f——h	fā huà 发话	fǎn huí 返回	fēn huà 分化	fǔ huà 腐化	fú hé 符合	fā hěn 发狠
	fàn hé 饭盒	fēn hóng 分红	fā huī 发挥	fēng hòu 丰厚	fèng huáng 凤凰	fù huì 附会
h——f	huà fēn 划分	huà féi 化肥	huà fēng 话锋	huó fó 活佛	háo fàng 豪放	huàn fā 焕发

hóng fú	huī fù	huī fā	hǔ fú	huí fǎng	hùn fǎng
洪福	恢复	挥发	虎符	回访	混纺

(2) 词语练习

chéng fá	fāng fǎ	fàn fǎ	fán zào	fǎn yìng	fǎng zhī
惩罚	方法	犯法	烦躁	反应	纺织
fáng wū	fēi jī	féi liào	fèi qì	fěn bǐ	fèn fā
房屋	飞机	肥料	废弃	粉笔	奋发
fēng zhēng	fèng péi	xìng fú	fǔ zhù	fù qīn	fù gào
风筝	奉陪	幸福	辅助	父亲	讣告
hú tu	hù xiāng	hù shi	huā fèi	huá jī	diàn huà
糊涂	互相	护士	花费	滑稽	电话
fèi huà	huái niàn	huái shù	huài shì	huān yíng	huǎn hé
废话	怀念	槐树	坏事	欢迎	缓和
huàn qǔ	huàn xiǎng	huāng táng	shōu huí	huò huàn	huò dá
换取	幻想	荒唐	收回	祸患	豁达

3. 成语练习

翻云覆雨　返老还童　防患未然　焕然一新

奋发图强　翻天覆地　胡作非为　呼风唤雨

狐假虎威

4. 绕口令练习

(1) 飞机和灰鸡

天上飞的大飞机，地上跑的大灰鸡。飞机飞，灰鸡追，灰鸡没法追飞机。飞机飞进白云里，灰鸡地上喔喔啼。

(2) 张飞扫脏灰

张飞扫脏灰，扫帚胡乱挥。越扫灰越飞，灰飞脏张飞。脏灰还是脏灰，脏灰脏了张飞。

(3) 凤凰

凤凰梧桐树上落凤凰，红凤凰，粉凤凰，红粉凤凰，粉红凤凰。

(4) 丰丰和芳芳

丰丰和芳芳，上街买混纺。红混纺，粉混纺，黄混纺，灰混纺，红花混纺做裙子，粉花混纺做衣裳。红、粉、灰、黄花样多，五颜六色好混纺。

(5) 风吹灰飞

风吹灰飞，灰堆花上花堆灰，风吹花灰，灰飞去，灰在风里飞又飞。

(6) 灰粪肥

老队长召开生产会，号召全队来积肥，要想粮成山，必先肥成堆，小飞挑来村南那堆粪，小会挑来村北那堆灰，村北那堆灰要掺上村南那堆粪，村南那堆粪要拌上村北那堆灰，小飞和小会，谁也不怕累，先把灰混粪，再把粪混灰，混成灰粪肥。

(7) 初入江湖：化肥会挥发

小有名气：黑化肥发灰，灰化肥发黑。

名动一方：黑化肥发灰会挥发；灰化肥挥发会发黑。

天下闻名：黑化肥挥发发灰会花飞；灰化肥挥发发黑会飞花。

一代宗师：黑灰化肥会挥发发灰黑讳为花飞；灰黑化肥会挥发发黑灰为讳飞花。

超凡入圣：黑灰化肥灰会挥发发灰黑讳为黑灰花会飞；灰黑化肥灰会挥发发黑灰为讳飞花化灰。

天外飞仙：黑化黑灰化肥灰会挥发发灰黑讳为黑灰花会回飞；灰化灰黑化肥会会挥发发黑灰为讳飞花回化为灰。

四、j、q、x 和 z、c、s 及 zh、ch、sh、r

北方方言、吴方言及湘方言区中的一些人，常常把 j、q、x 发成 z、c、s，即把团音（j、q、x 跟 i u 或以 i u 开头的韵母拼合叫团音）发成尖音（z、c、s 跟 i u 或以 i u 开头的韵母拼合叫尖音），如把“九 jiǔ”读成“ziǔ”。在普通话里，声母 z c s 是不能和 i u 或以 i u 开头的韵母相拼的，即普通话没有尖音。尖音字到了普通话里，统一读成团音字。产生团音发成尖音这种语音缺陷的主要原因是舌面前部与硬腭形成阻碍，有些人在发音时，成阻、除阻的部位太靠近舌尖，发出的音带有“刺刺”的舌尖音。

粤方言、闽方言、湘方言及吴方言区会出现声母 zh、ch、sh 与 j、q、x 混用的情况，如把“知道”读成“机道”，“少数”读成“小数”等。

目前社会语言生活中还存在一种不受地域限制、却与性别有关的尖音现象，有人称之为“女国音”，即这样的发音现象为女性所特有。这种“女国音”音质听感尖细柔婉、嗲声嗲气。其实质是普通话舌面声母发音时存在缺陷，即发 j、q、x 时，将其发音部位前移，不是用舌面与硬腭接触，而是用舌叶贴齿龈或用舌尖抵齿背，把 j、q、x 发成和 z、c、s 差不多的音，这在普通话测试里属于一种明显的发音缺陷。

尖、团音辨正训练

1. 对比辨音练习

mò jì　mò zhī 墨迹—墨汁	mì jí　mì zhí 密集—密植	biān jì　biān zhì 边际—编制
jiù yè　zhòu yè 就业—昼夜	zhuān qiáng　zhuān cháng 砖墙—专长	xǐ lǐ　shī lǐ 洗礼—失礼
xiáng xì　xiáng shí 详细—翔实	huò xī　huò shì 获悉—获释	xiāo yáo　shāo yáo 逍遥—烧窑
xiū shì　shōu shí 修饰—收拾	jiān xīn　jiān shēn 艰辛—艰深	xìng míng　shèng míng 姓名—盛名

2. 词语训练：

j q：	jiān qiáng 坚强	jiě quàn 解劝	jìn qǔ 进取	jiù qǐn 就寝
j x：	jiāo xīn 焦心	jiǔ xí 酒席	jùn xiù 俊秀	jì xiàng 迹象
q j：	qīng jié 清洁	qí jì 奇迹	qǐ jū 起居	qiǎo jì 巧计
q x：	qiǎng xiān 抢先	qián xiàn 前线	qīn xìn 亲信	qǔ xiāo 取消
x j：	xiāo jí 消极	xì jié 细节	xiān jìn 先进	xià jì 夏季

	xī qí	xì qǔ	xiàng qián	xiǎo qiáo
x q：	稀奇	戏曲	向前	小桥

jī sī 缉私	jī zī 积资	qí cì 其次	xiù zi 袖子	xià cè 下策
xì cí 戏词	zī jīn 资金	zì jì 字迹	zì jù 字据	zì jǐ 自己
cí qì 瓷器	cì jī 刺激	sī xù 思绪	sī jiāo 私交	sī qíng 私情
sī jī 司机	sī xiàn 丝线	sì jì 四季	jiǎn chú 剪除	jīng zhì 精致
xiāo shī 消失	zhì xù 秩序	chén jì 沉寂	shēn qiǎn 深浅	shěn xùn 审讯
jī qì 机器	jí qiè 急切	jūn qū 军区	qiú jiù 求救	qiān jiù 迁就
xí zì 习字	zì jué 自觉	sī xīn 私心	qū shì 趋势	shào jiàng 少将

3. 绕口令练习

（1）司机买雌鸡

司机买雌鸡，仔细看雌鸡，四只小雌鸡，叽叽好欢喜，司机笑嘻嘻。

（2）王七上街去买席

清早起来雨稀稀，王七上街去买席。骑着毛驴跑得急，捎带卖蛋又贩鸡。一跑跑到小桥西，毛驴一下跌了蹄。打了蛋，飞了鸡，跑了驴，急得王七眼泪滴，又哭鸡蛋又骂驴。

（3）比谁尖

尖塔尖，尖杆尖，杆尖尖似塔尖尖，塔尖尖似杆尖尖。有人说杆尖比塔尖尖，有人说塔尖比杆尖尖。不知到底是杆尖比塔尖尖，还是塔尖比杆尖尖。

（4）洗席

一领细席，席上有泥。溪边去洗，溪洗细席。

（5）交交爱俏

交交爱俏，巧巧爱跳。交交爱瞧巧巧跳，巧巧爱夸交交俏。

五、l 和 r

“r”和“l”的区别一是发音部位不同，舌尖抵搭的位置有前后之别。“r”的发音部位在硬腭，“l”的发音部位在齿龈；二是发音方法也不同，“r”发音除阻时，气流的通道很窄，限于舌尖和硬腭之间的一点点缝隙，摩擦很重；而“l”音除阻时，气流的通道在舌侧两边，很宽松，摩擦不十分明显。

吴方言、江淮方言、闽方言和山东方言的部分地区，没有“r”声母，凡普通话“r”的声母的字，通常改读成 l 声母。如福州话把“绒的”读成“聋的”。从发音部位看，“r”是舌尖后音，同“zh、ch、sh”发音部位一样，是由舌尖和硬腭前部构成阻碍而发的音。从发音方法看，“r”是浊擦音，发音时，舌尖上翘，抵硬腭前部留一小缝，让气流从小缝中摩擦而出，同时声带振动。为找到正确的感觉，可以先发“sh”音，然后振动声带，即“r”音。

l 和 r 辨正训练

1. 对比辨音练习

bì lán　bì rán　碧蓝—必然　　yú lè　yú rè　娱乐—余热　　zǔ lán　zǔ rán　阻拦—阻燃

lǔ zhì　rǔ zhī　卤质—乳汁　　lòu xiàn　ròu xiàn　露馅—肉馅　　jìn lù　jìn rù　近路—进入

shuāi luò　shuāi ruò　衰落—衰弱　　liǎn sè　rǎn sè　脸色—染色　　shōu lù　shōu rù　收录—收入

qiú láo　qiú ráo　囚牢—求饶　　liú lù　liú rù　流露—流入　　róng zi　lóng zi　绒子—聋子

2. 词语训练

là jiāo 辣椒	lán tiān 蓝天	wèi lái 未来	yóu lǎn 游览	láng zhōng 郎中	míng lǎng 明朗
láo gù 牢固	láo dòng 劳动	lǎo nián 老年	lè guān 乐观	léi diàn 雷电	yǎn lèi 眼泪
hán lěng 寒冷	lòu dǒu 漏斗	bái lù 白露	máo lǘ 毛驴	lǜ sè 绿色	luè duó 掠夺
lùn wén 论文	luó gǔ 锣鼓	luò pò 落魄	rán ér 然而	guā ráng 瓜瓤	qiān ràng 谦让
ráo shé 饶舌	rào dào 绕道	rè chén 热忱	rén gōng 人工	rèn shi 认识	róng rěn 容忍
rú jiào 儒教	ruǎn ruò 软弱	ruì lì 锐利	shī rùn 湿润	ruò diǎn 弱点	

3. 绕口令练习

说日

夏日无日日亦热，冬日有日日亦寒，春日日出天渐暖，晒衣晒被晒褥单，秋日天高复云淡，遥看红日迫西山。

六、送气音和不送气音

在普通话声母塞音和塞擦音两组音（b－p、d－t、g－k、j－q、zh－ch、z－c）中各有3个送气音，3个不送气音。它们指的是气流送出的状态，送气、不送气是相对而言的。b、d、g、z、zh、j 发音时气流自然流出微弱且短是不送气音；p t k c ch q 发音时气流用力喷出是送气音。在普通话中送气与不送气有辨义的作用，要注意分辨。此外，发送气音时要注意控制分寸，以免气流太强，有噪音。

送气音和不送气音辨正训练

1. 对比辨音练习

zhì xù　cì xù　秩序—次序　　hěn bàng　hěn pàng　很棒—很胖　　tù zi　dù zi　兔子—肚子　　yī biàn　yí piàn　一遍—一片

hùndùn　húntun	xìnjiān　xìnqiān	biāndǎ　biāntà	qīnshí　jìnshī
混沌—馄饨	信笺—信签	鞭打—鞭挞	侵蚀—浸湿
qīnpèi　jìngpèi	pílín　bǐlín		
钦佩—敬佩	毗邻—比邻		

2. 词语训练

bàngwǎn	tóngbāo	bāobì	kāipì	mábì	biānfú
傍晚	同胞	包庇	开辟	麻痹	蝙蝠
yúbiào	zhuībǔ	bǔyù	hédī	dīfang	qǔdì
鱼鳔	追捕	哺育	河堤	提防	取缔
húdié	huāduǒ	guāliǎn	jīxíng	jiānmiè	jiànzi
蝴蝶	花朵	刮脸	畸形	歼灭	毽子
jìnshī	zhěngjiù	chōngzhuàng	péngpài	pāndēng	páshǒu
浸湿	拯救	冲撞	澎湃	攀登	扒手
húpō	huópo	pìměi	hútu	zhèngquàn	gōuqú
湖泊	活泼	媲美	糊涂	证券	沟渠
cūcāo	chìrè	yuèzǔdàipáo			
粗糙	炽热	越俎代庖			

3. 绕口令练习

（1）八百标兵

八百标兵奔北坡，炮兵并排北坡炮。炮兵怕把标兵碰，标兵怕碰炮兵炮。

（2）两只猫

白猫黑鼻子，黑猫白鼻子，黑猫的白鼻子，碰破了白猫的黑鼻子，白猫的黑鼻子破了，剥了秕谷壳儿补鼻子。黑猫的白鼻子没破，就不用剥了秕谷壳儿补鼻子。

（3）拔萝卜

白须白伯伯，白发白婆婆。伯伯搀婆婆，婆婆扶伯伯，上了山坡拔萝卜。白萝卜，红萝卜，白、红萝卜营养多。

七、零声母音节的赘加与变异

普通话一部分读零声母的字，如“鹅、爱、欧、袄、安”等在有些方言中读成了有声母的字. 大致情况如下：

（1）在读以 a、o、e 开头的零声母字时，有些方言在前面加上声母 n，如天津话把“爱” ài 读成 nài，把“安” ān 读成 nān；还有些地方在前面加鼻辅音 ng，如青岛人将“安”读成“ngān”，“欧”读成“ngōu”，“恩”读成“ngēn”。纠正时，只要去掉 n 和 ng，直接发元音就行了。

（2）读合口呼的零声母字时，有的方言读成了唇齿浊擦音声母【v】，如“文化”读成 vénhuà，“伟大”读成 věidà，“老翁”读成 lǎovēng。这只要在发音时注意把双唇拢圆，不要让下唇和上齿接触，就可以改正了。

（3）还有些方言把普通话这类零声母读成 m 声母，如广东话把“文” wén 读成 muén。这必须熟记零声母音节，并要注意发音方法。

练习

1. 对比辨音练习

ài xīn　nài xīn	hǎi àn　hǎi nàn	dà yì　dà nì
爱心—耐心	海岸—海难	大义—大逆
yí xīn　ní xīn	yǔ xù　nǚ xù	wén fēng　mén fēng
疑心—泥心	语序—女婿	文风—门风
měi wǎn　měi mǎn	wén lù　mén lù	wàn zhàng　màn zhàng
每晚—美满	纹路—门路	万丈—幔帐
ào qì　nào qì	yú wèi　yú mèi	wǔ wèi　wǔ mèi
傲气—闹气	余味—愚昧	五味—妩媚

2. 词语训练

ā yí	āi è	áng yáng	áo yào	ǒu ěr
阿姨	挨饿	昂扬	熬药	偶尔
è yào	yā yì	yán yòng	yǎn yì	yáng yán
扼要	压抑	沿用	演义	扬言
yáng yì	yáo yán	yōu yǎ	yǒu yì	wài wéi
洋溢	谣言	幽雅	友谊	外围
wàng wǒ	wěi wǎn	wéi wù	wú wèi	ēn ài
忘我	委婉	唯物	无谓	恩爱
é wài	yī yào	wàn wù	wēi wàng	yǒng yuǎn
额外	医药	万物	威望	永远
yǒng yuè	yùn yù			
踊跃	孕育			

项目小结

普通话共有22个声母，其中一个零声母，21个辅音声母。21个辅音声母的发音是由不同的发音部位和发音方法决定的。发音部位指气流受到阻碍的位置。发音方法阻碍气流和解除阻碍的方式、气流的强弱及声带是否颤动等。按发音部位给辅音声母分类可分为七类：双唇音，唇齿音、舌尖前音、舌尖中音、舌尖后音、舌面音、舌根音。按发音方法分类，辅音声母可分为五类：塞音、擦音、塞擦音、鼻音、边音。

方言区的人要掌握普通话的声母，应当了解方言与普通话声母的对应关系，掌握声母的正确发音方法，多做声母辨正练习。

项目综合练习

1. 正确判断下列词语的声母并认真认读各词语，注意避免出现语音错误或语音缺陷。

讣告 哺育 束缚 校对 纯洁 精悍 偿还
筵席 河堤 乘客 浣衣 边塞 隧道 钻石
涕泣 尝试 阻挠 刹那 炽热 伺候 泅渡
纯朴 思忖 化纤 侥幸 缄默 嘴唇 翩跹
囚禁 慎重 乳臭 酝酿 溪流 抽穗 船舱
风俗 奴隶 匹配 偏僻 埋怨 弹劾 地壳
癫痫 肚脐 机械 桎梏 玷污 谬论 商埠
步骤 卑鄙 供给 巷道 地壳 粗糙 谄媚
矗立 伺机 淙淙 粗犷 高亢 干涸 讳言
信笺 发酵 蓓蕾 吮吸 湍急 膝盖 破绽
逊色 造诣 唾弃 枢纽 裹挟 绮丽 边塞

2. 认读下列词语，并注出加有着重符号字音的声母。

刚愎自用 瞠目结舌 怙恶不悛 提纲挈领
负隅顽抗 叱咤风云 暴戾恣睢 魑魅魍魉
连篇累牍 破釜沉舟 虚与委蛇 老骥伏枥
火中取栗 中流砥柱 唾手可得 擢发难数
落拓不羁 蛊惑人心 重蹈覆辙 得陇望蜀

3. 诗词、短文朗读练习。

(1) 十年生死两茫茫，不思量，自难忘。千里孤坟，无处话凄凉。纵使相逢应不识，尘满面，鬓如霜。夜来幽梦忽还乡，小轩窗，正梳妆。相对无言，惟有泪千行。料得年年肠断处：明月夜，短松冈。(苏轼《江城子·乙卯正月二十日夜记梦》)

(2) 朝辞白帝彩云间，千里江陵一日还。两岸猿声啼不住，轻舟已过万重山。(李白《早发白帝城》)

(3) 江南好，风景旧曾谙。日出江花红胜火，春来江水绿如蓝。能不忆江南。(白居易《忆江南》)

(4) 红酥手，黄縢酒，满城春色宫墙柳。东风恶，欢情薄。一怀愁绪，几年离索。错！错！错！春如旧，人空瘦，泪痕红浥鲛绡透。桃花落。闲池阁。山盟虽在，锦书难托。莫！莫！莫！(陆游《钗头凤》)

(5) 锦江近西烟水绿，新雨山头荔枝熟。万里桥边多酒家，游人爱向谁家宿？(张籍《成都曲》)

(6) 梦后楼台高锁，酒醒帘幕低垂。去年春恨却来时，落花人独立，微雨燕双飞 。记得小苹初见，两重心字罗衣 。琵琶弦上说相思。当时明月在 ，曾照彩云归。(晏几道《临江仙》)

(7) 日照香炉生紫烟，遥看瀑布挂前川。飞流直下三千尺，疑是银河落九天。(李白《望庐山瀑布》)

(8) 这太阳像负着什么重担似的，慢慢儿，一步一步的，努力向上面升起来，到了最后，终于冲破了云霞，完全跳出了海面。(巴金《海上日出》)

(9) 两个同龄的年轻人，同时受雇于一家店铺，并且拿着同样的工资。可是一段时间后，叫阿诺德的小伙子青云直上，而那个叫布鲁诺的小伙子却仍在原地踏步。布鲁诺很不满意老板的不公正待遇，终于有一天他到老板那里发牢骚了。老板一边耐心的听着他的抱怨，一边在心里盘算着，怎样向他解释清楚他和阿诺德之间的差别。“布鲁诺先生，”老板开口说话了，“您现在到集市上去一下，看看今天早上有什么卖的。”

布鲁诺从集市上回来，跟老板汇报说，“今早集市上只有一个农民拉了车土豆在卖。”“有多少？”老板问。

布鲁诺赶紧戴上帽子，又来到集市上，然后回来告诉老板一共有四十袋土豆。

“价格是多少？”布鲁诺又第三次跑到集市上问来了价格。“好吧，”老板对他说，“现在请您坐在这把椅子上，一句话也不要说，看看阿诺德怎么说。”

阿诺德很快就从集市上回来了，向老板汇报说，到现在为止只有一个农民在卖土豆，一共四十口袋，土豆的价格是多少多少，土豆质量很不错，他带回来一个让老板看看。这个农民一个小时以后还会弄来几箱西红柿，据他看价格非常公道。昨天，他们铺子里的西红柿卖得很快，库存//已经不多了，他想，这么便宜的西红柿老板肯定会进一些的，所以他不仅带回来一个西红柿做样品，而且把那个农民也带来了，现在正在外面等回话呢。

此时，老板转向了布鲁诺说，“现在您肯定知道，阿诺德的薪水怎么比您高了吧。”

（节选自张健鹏、胡足青主编《故事时代》中的《差别》）

（10）我常想读书人是世间幸福人，因为他除了拥有现实的世界之外，还拥有另一个更为浩瀚也更为丰富的世界。现实的世界是人人都有的，而后一个世界却为读书人所独有。由此我想，那些失去或不能阅读的人是多么的不幸，他们的丧失是不可补偿的。世间有诸多的不平等，财富的不平等，权利的不平等，而阅读能力的拥有或丧失却体现为精神的不平等。

一个人的一生，只能经历自己拥有的那一份欣悦，那一份苦难，也许再加上他亲自闻知的那一些关于自身以外的经历和经验。然而，人们通过阅读，却能进入不同时空的诸多他人的世界。这样，具有阅读能力的人，无形间获得了超越有限生命的无限可能性。阅读不仅使他多识了草木虫鱼之名，而且可以上溯远古下及未来，饱览存在的与非存在的奇风异俗。

更为重要的是，读书加惠于人们的不仅是知识的增广，而且还在于精神的感化与陶冶。人们从读书学做人，从那些往哲先贤以及当代才俊的著述中学得他们的人格。人们从《论语》中学得智慧的思考，从《史记》中学得严肃的历史精神，从《正气歌》中学得人格的刚烈，从马克思学得人世//的激情，从鲁迅学得批判精神，从托尔斯泰学得道德的执着。歌德的诗句刻写着睿智的人生，拜伦的诗句呼唤着奋斗的热情。一个读书人，一个有机会拥有超乎个人生命体验的幸运人。

（节选自谢冕《读书人是幸福人》）

附录:

容易读错的声母例词

B

耙(bà)地　磅(bàng)秤　刨(bào)床　烘焙(bèi)　蓓(bèi)蕾
贲(bēn)门　畚(bèn)箕　秕(bǐ)谷　秘(Bì)鲁　濒(bīn)于
屏(bǐng)息　便(biàn)宜行事　白醭(bú)　哺(bǔ)育　商埠(bù)

C

粗糙(cāo)　参差(cī)　赏赐(cì)　伺(cì)候　差(chà)劲
掺(chān)杂　坐禅(chán)　霓裳(cháng)羽衣　发颤(chàn)
鞭笞(chī)　豆豉(chǐ)　种(姓氏)(chóng)　抽搐(chù)
攒(cuán)动　淬(cuì)火　萃(cuì)　取痤(cuó)疮

D

提(dī)防　河堤(dī)　调(diào)换

F

讣(fù)告　束缚(fù)

G

箍(gū)桶　商贾(gǔ)　粗犷(guǎng)

H

道行(háng)　巷(hàng)道　契诃(hē)夫　怙(hù)恶不悛　豢(huàn)养
浣(huàn)纱　秦桧(huì)

J

畸(jī)形　给(jǐ)予　汲(jí)取　系(jì)鞋带　缄(jiān)默
请柬(jiǎn)　侥(jiǎo)幸　发酵(jiào)　校(jiào)对　押解(jiè)
粳(jīng)米　腈(jīng)纶　圈(juàn)养　角(jué)色　咀嚼(jué)

K

枯(kū)干

l

奴隶(lì)

M

琢磨(mó)(加工义)　琢磨(mo)(思索义,磨读轻声)　陌(mò)生

N

蔫(niān)

P

奇葩(pā)　枇杷(pa)　蹒(pán)跚　湖畔(pàn)　胚(pēi)胎
毗(pí)邻　扁(piān)舟　大腹便(pián)便　妃嫔(pín)　鄱(pó)阳湖

Q

关卡(qiǎ)　拉纤(qiàn)　地壳(qiào)　龋(qú)齿　蜷(quán)缩

S

僧(sēng)侣　杉(shā)木　歃(shà)血　冷杉(shān)　禅(shàn)让
擿色(shǎi)　折(shé)耗　妊娠(shēn)　人参(shēn)　蜃(shèn)景
渗(shèn)透　似(shì)的　吸吮(shǔn)　箪食(sì)壶浆　伺(sì)机
似(sì)乎　绥(suí)靖　麦穗(suì)

T

鞭挞(tà)　祖逖(tì)　腼腆(tiǎn)　悲恸(tòng)　骰(tóu)子

W

瓜蔓(wàn)

X

呷(xiā)茶　狡黠(xiá)　纤(xiān)维　翩跹(xiān)　挟(xié)制
叶(xié)韵　械(xiè)斗　省(xǐng)亲　无色无臭(xiù)　乳(xiù)臭
川芎(xiōng)

Y

倾轧(yà)　旖(yǐ)旎　迤(yǐ)逦　锁钥(yuè)

Z

匝(zā)道　包扎(zā)　占(zhān)卜　颤(zhàn)栗　颤(zhàn)动
棋高一着(zhāo)　着(zháo)慌　螫(zhē)针　动辄(zhé)　抵掌(zhǐ)
卷帙(zhì)浩繁　标志(zhì)　白术(zhú)　贮(zhù)备　传(zhuàn)记
灼(zhuó)热　编纂(zuǎn)　一撮(zuǒ)毛

项目四 韵母发音辨正

【目标任务】

1. 了解普通话韵母的分类，掌握单韵母、复韵母和鼻韵母的各自发音特点，发准每一个韵母；

2. 了解方言韵母与普通话韵母的对应关系，掌握普通话韵母的正确发音方法。

试着读一读

我愿意是急流，山里的小河，在崎岖的路上，岩石上经过…… 只要我的爱人，是一条小鱼，在我的浪花中，快乐地游来游去。我愿意是荒林，在河流的两岸，对一阵阵的狂风，勇敢地作战…… 只要我的爱人，是一只小鸟，在我稠密的树枝间做巢、鸣叫。我愿意是废墟，在那峻峭的山岩上，这静默的毁灭，并不使我懊丧…… 只要我的爱人，是青春的长春藤，沿着我荒凉的额，亲密地攀援上升。我愿意是草屋，在深深的山谷底，草屋的顶上，饱受风雨的打击……只要我的爱人，是可爱的火焰，在我的炉子里，愉快的缓缓闪现。我愿意是云朵，是灰色的破旗，在广漠的空中，懒懒的飘来荡去。只要我的爱人，是珊瑚似的夕阳，傍着我苍白的脸，显出鲜艳的辉煌。

这首匈牙利诗人裴多菲的《我愿意是急流……》堪称爱情诗的经典之作。试着读一读，除注意声母发音的准确外，要着重注意韵母的发音是否准确、规范、到位。

汉语音节结构有鲜明的特点，其中的韵母带有很强的规律性。了解、掌握这些特点和规律，对我们矫正方音，掌握普通话的语音体系，最终指导我们普通话的语音规范都是非常有帮助的。

任务一 掌握韵母基本概念

一、元音与韵母

普通话语音中元音音素占很大的优势。元音在音节中主要用来充当韵母，几乎没有不包括元音的音节，而且有不少音节只由元音来充当。发好元音韵母是字音响亮的关键。在学习过程中一定要结合气息把每个元音发得圆润、饱满、响亮。

（一）关于元音

元音也叫“母音”，是普通话语音中除辅音之外的另一大类，指气流振动声带，在口腔、咽头不受阻碍而形成的音。在普通话里，元音分单纯元音音素和复合元音音素两种。单纯元音音素也称单元音，有 10 个，它们是：ɑ、o、e、ê、i、u、ü、er、-i（前）、-i（后）；其中前面 7 个是舌面音，后面三个是特殊元音。复合元音音素称复合音，有 13 个，它们是：ɑi、ei、ɑo、ou、iɑ、ie、uɑ、uo、üe、iɑo、iou、uɑi、uei。

元音发音时，气流在咽头口腔不受任何阻碍，只受发音器官的状态，即口腔的变化、舌头高低的升降、唇形的平展圆敛的影响，并在其影响下经过口腔共鸣使发出的元音响亮和优美。舌头是在口腔的调音作用中最活跃、最积极的器官。

元音的发音条件有三条：

（1）舌位的前后，就是舌头在口腔中的位置是偏前还是偏后，以此可以将元音分为前元音、央元音和后元音。

（2）舌位的高低和口的开合（舌位的高低是指舌面隆起接近上腭最前端的部位，它决定了舌面隆起与上腭之间的部位。口的开合即下颌的开度，表现为上下齿间的距离，是随着舌位的高低而自然变化的），以此可以将元音分为高元音、半高元音、半低元音和低元音。

（3）唇形的圆展，是指发元音时嘴唇形状的圆展程度，以此可以将元音分为圆唇元音和不圆唇元音。

（二）什么是韵母

韵母是汉语音节中声母及声调以外的部分，位于音节中声母后面的位置。普通话的每一个音节全都有韵母。如："shùn 顺"中的 un 就是韵母。

普通话有 39 个韵母。其中 23 个由单元音或复合元音充当，16 个由元音附带鼻辅音韵尾构成。从结构上来看元音是构成韵母最主要的成分，但是元音和韵母却是两个不同的概念。元音是现代语音学上的概念，是从音素本身的性质来分析的。韵母是汉语语音的音节结构而言的，是传统音韵学上的概念。从韵母的范围来说，除了单韵母、复韵母还有鼻韵母，而鼻韵母的构成是元音音素与辅音音素共同的组合，如：ɑn、ɑng。所以韵母的范围比元音广，两者在认识上不能等同。

韵母的结构可以细分为韵头（也称介音）、韵腹（也叫主要元音）、韵尾。其中韵腹是音节中最不可缺少的，也是声音最响亮的部分。有些音节韵头、韵腹、韵尾俱全，如 iɑn、uɑn、üɑn。有些音节有韵头、韵腹没有韵尾，如：ie、uɑ、uo。有些音节有韵腹、韵尾没有韵头，如：ɑi、ei、ɑo。也有些单韵母充当韵腹，没有头尾。普通话中的韵头只能由 i、u、ü 三个元音充当。可以作韵尾的音素有 4 个，其中元音韵尾两个：i 和 u（韵母 ɑo、iɑo 的韵尾实际发音也是 u，之所以不写成 u，是为了避免在手写体中与韵母 ɑn、iɑn 相混淆），辅音韵尾有两个 n 和 ng。

二、韵母的分类

普通话的 39 个韵母，可以根据韵母的内部结构特点进行分类，也可以根据韵母开头元音的发音特点来分类。

（一）韵母的结构分类

根据韵母的内部结构特点，可以把韵母分成单韵母、复韵母、鼻韵母三类。

1. 单韵母：由单元音构成的韵母叫单韵母，也叫单元音韵母。普通话中单元音韵母共有 10 个。

舌面元单韵母（7个）：a、o、e、ê、i、u、ü。

舌尖元音韵母（2个）：-i（前）、-i（后）。

卷舌元单韵母（1个）：er。

值得注意的是，《汉语拼音方案·韵母表》中列出的韵母有35个，而实际韵母总数却有39个。多出来了四个表中未列但在表后的注释中提及的四个特殊单韵母ê（舌面韵母）、-i（前）（舌尖前韵母）、-i（后）（舌尖后韵母）、er（卷舌韵母）。

ê用于单独注音时只有一个叹词。它的主要用途是与y、v组成复韵母ie和üe，因为i、ü不同单韵母e结合，所以省去ê头上的"^"符号。舌尖前韵母-i和舌尖后韵母-i都不能自成音节，-i（前）只能和z、c、s组成音节，-i（后）只能和zh、ch、sh、r组成音节。舌面韵母i不可能出现在z、c、s和zh、ch、sh、r之后，所以《汉语拼音方案》中都用i表示。而小学拼音教学中则将这种情况称为"整体认读音节"，它们是zi、ci、si和zhi、chi、shi、ri。卷舌韵母er不与声母相拼，只能自成音节，如"二、而、儿、耳、尔、饵"等。er的另外一个作用是儿化。er虽然是单韵母，但是是用双字母表示的，其中e表示发音时舌头的位置，r代表卷舌的动作，这样在形式上就和复韵母相似，所以小学拼音教学中把er放入了复韵母中。

2. 复韵母：由2个或3个单元音复合而成的韵母叫复韵母。普通话共有13个复韵母：ai、ei、ao、ou、ia、ie、ua、uo、üe、iao、iou、uai、uei。

复韵母的发音以韵腹为中心。韵腹是一个韵母的主干，根据韵腹在韵母中的位置，可以把复韵母分为前响复韵母、中响复韵母、后响复韵母。前响和后响都是二合的，中响是三合的。

前响复元音韵母：ai、ei、ao、ou。

后响复元音韵母：ia、ie、ua、uo、üe。

中响复元音韵母：iao、iou、uai、uei。

3. 鼻韵母：由1个或2个元音后面带上鼻辅音n或ng构成的韵母叫鼻韵母。鼻韵母共有16个。

带前鼻音韵尾n的韵母叫前鼻音韵母（8个）：an、en、in、ün、ian、uan、üan、uen。

带后鼻音韵尾ng的韵母叫后鼻音韵母（8个）：ang、eng、ing、ong、iong、iang、uang、ueng。

我们把韵母构成成分作韵头、韵腹、韵尾三部分。韵腹是韵母中的主要元音，韵腹前面的元音是韵头；韵腹后面的元音（或辅音）是韵尾。

例：a、ai、ia、iao、uan、uang

（二）韵母的四呼分类

我国音韵学家根据韵母开头那个元音的口型特点，将韵母分成开口呼、齐齿呼、合口呼、撮口呼四类，简称"四呼"。

1. 开口呼：指没有韵头，韵腹又不是i、u、ü的韵母，共有15个，a、o、e、ê、ai、ei、ao、uo、an、en、ang、eng、-i（前）、-i（后）、er。

2. 齐齿呼：指韵头或韵腹是i的韵母，共有9个，i、ia、ie、iao、iou、ian、in、iang、ing。

3. 合口呼：指韵头或韵腹是u的韵母，共有10个，u、ua、uo、uai、uei、uan、uen、uang、ueng、ong。

4. 撮口呼：指韵头或韵腹是 ü 的韵母，共有 5 个，ü、üe、üan、ün、iong。

要注意的是我们判定“四呼”，不是以韵母开头字母的书写形式为依据的，而主要考虑的是韵母的实际发音。

例如：韵母 ong 不归入开口呼，而归入了合口呼；iong 不归入齐齿呼，而归入了撮口呼；-i（前）、-i（后）归入开口呼，也是以实际发音的口形为依据的。

普通话韵母总表

	开口呼	齐口呼	合口呼	撮口呼
单韵母	-i	i	u	ü
	ɑ	iɑ	uɑ	
	o		uo	
	e			
	ê	ie		üe
	er			
复韵母	ɑi		uɑi	
	ei		uei	
	ɑo	iɑo		
	ou	iou		
鼻韵母	ɑn	iɑn	uɑn	üɑn
	en	in	uen	ün
	ɑng	iɑng	uɑng	
	eng	ing	ueng	
	ong	iong		

任务二　掌握韵母发音方法

一、单韵母的发音

单韵母中 ɑ、o、e、ê、i、u、ü 发音时由舌面节制气流，是舌面单元音；-i（前）、-i（后）发音时由舌尖节制气流，是舌尖单元音；发元音 er 时，舌面和舌尖同时节制气流，带有卷舌色彩，叫卷舌元音。

（一）舌面单元音

ɑ：央、低、不圆唇元音。

口大开，舌尖微离齿背或微接下齿背，舌面中部偏后微微隆起，和硬腭后部相对。发音时，声带颤动，软腭上升，关闭鼻腔通路。

阿爸　发达　腊八　沙发　打靶　大妈　大法　耷拉　疤瘌　眨巴

o：后、半高、圆唇元音。

上下唇自然拢圆，舌身后缩，舌面后部隆起，和软腭相对，舌位介于半高半低之间。发音时，声带颤动，软腭上升，关闭鼻腔通路。

伯伯　薄膜　磨破　饽饽　脉脉　泼墨　婆婆　默默　勃勃

e：后、半高、不圆唇元音。

发音时，口半开，嘴角向两边自然展开，舌身后缩，舌尖离下齿背较远，舌面后部隆起，和软腭相对，比元音 o 略高而偏前。发音时，声带颤动，软腭上升，关闭鼻腔通路。

车辙　合格　隔阂　客车　塞责　各色　折射　可乐　热河　苛刻

ê：前、半低、不圆唇元音。

口腔自然打开，舌尖微触下齿背，舌面前部隆起，和硬腭相对。发音时，声带颤动，软腭上升，关闭鼻腔通路。

如“欸”的读音。在普通话里，ê 很少单独使用，经常出现在 i、ü 的后面，在 i、ü 后面时，书写要省去符号“^”。ê 练习部分放在 ie、üe 的练习中。

i：前、高、不圆唇元音。

口微开，嘴角向两边展开，上下齿相对（齐齿）舌尖接触下齿背，舌面前部隆起和硬腭前部相对。发音时，声带颤动，软腭上升，关闭鼻腔通路。

义气　笔记　记忆　习题　霹雳　比例　戏迷　积极　基地　细腻

u：后、高、圆唇元音。

两唇收缩成圆形，向前突出，中间留一个小孔；舌头后缩，舌面后部高度隆起，接近硬腭。发音时，声带颤动，软腭上升，关闭鼻腔通路。

初步　鼓舞　图谱　目录　输出　著述　互助　露珠　古朴　嘱咐

ü：前、高、圆唇元音

两唇拢圆成一小孔，舌头前伸抵住下齿背，前舌面上升接近硬腭，但气流通过时不发生摩擦。发音时，声带颤动，软腭上升，关闭鼻腔通路。ü 的发音情况和 i 基本相同，区别是 ü 嘴唇是圆的，i 嘴唇是扁的。

玉宇　雨具　序曲　女婿　旅居　须臾　曲剧　栩栩　聚居　鱼具

（二）舌尖元音

-i（前）：舌尖、前、不圆唇元音。

口略开，嘴角向两旁展开，舌尖和上齿背相对，保持适当距离。发音时，声带颤动，软腭上升，关闭鼻腔通路。用普通话念“私”并延长，字音后面的部分便是 -i（前）。这个韵母只跟 z、c、s 配合，不和任何其他声母相拼，也不能自成音节。

自私　此次　孜孜　字词　子嗣　自此　刺字　四次　私自　恣肆

-i（后）：舌尖、后、不圆唇元音。

舌尖上翘，对着硬腭形成狭窄的通道，气流通过不发生摩擦，嘴角向两边展开。发音时，声带颤动，软腭上升，关闭鼻腔通路。用普通话念“师”并延长，字音后面的部分便是 -i（后）。这个韵母只跟 zh、ch、sh、r 配合，不与其他声母相拼，也不能自成音节。

史诗　值日　指示　咫尺　实质　致使　知识　实施　制止　食指

（三）卷舌元音

er：卷舌元音

口自然打开，开口度比 ê 略小，舌位居中，舌前部上抬，舌尖向后卷，和硬腭前端相对。发音时，声带颤动，软腭上升，关闭鼻腔通路。在发 e 的同时，舌尖向硬腭轻轻卷起，不是先发 e，然后卷舌，而是发 e 的同时舌尖卷起。“er” 中的 r 不代表音素，只是表示卷舌动作的符号。er 只能自成音节，不和任何声母相拼。

儿歌　二话　而后　儿化　儿女　儿子　尔后　鱼饵　洱海　木耳

（四）单韵母发音要注意的问题

（1）单韵母是由单纯元音构成的。元音音素是普通话中的重要部分，元音的发音主要靠舌位和唇形的调节变化。单元音韵母的发音不但要准确，还要圆润、响亮、有力度。这就要把握好口腔的开合、舌位的前后、唇形的圆展，口形、舌位固定后不能乱动，要把握好分寸。谨防产生动程发成复元音。

（2）元音都是口腔音，发音时要软腭上升堵住鼻腔通道，音波自口腔出。元音不能鼻化，鼻化元音影响字音的清晰度，必须纠正。

（3）ɑ 是元音中最基础的音，大约在 150 个音节中出现。ɑ 发得好可以使声音美化。ɑ 的发音不是难点，但受方言影响南方方言区容易出现舌位靠前的现象，发音嗲气，不大方。某些北方方言区容易出现舌位偏后，压舌根喉音重，发音不清楚。另外，还要注意口腔的开度，开度太大声音容易不集中，开度小了，声音扁没力度。指导发音的方法：注意体会发音时舌尖的位置。如果舌尖完全抵实下齿背，容易出现舌位偏前的情况；而舌尖后缩，离开下齿背便会出现舌位偏后的情况。正确的发音应该是舌尖约可触及下齿背，舌位不要偏前或偏后，舌面中后部适当隆起。发音时要仔细体会发音要领，把 ɑ 发得响亮、圆润。

（4）发元音 i、u、ü 时，由于口腔开度小，舌与上腭距离近，容易产生摩擦，使声音捏挤。发音时要采用闭音稍开的方法，加大口腔容量，改进声音响度。

（5）发前元音 i、ü、ê 时，由于发音位置靠前，如果把握不适当很容易使发音位置更靠前，显得声音发扁，影响内容的表达。发音时可稍后一些，即所谓前音后发，但要把握适当。

（6）发后元音 u、o、e 时，由于发音位置靠后，容易使声音发闷、发暗。发音时可稍偏前一些增加圆润度和响亮度，即所谓后音前发，但也要把握适当。

（7）圆唇音 u、ü、o 双唇撮敛成圆形，容易使声音发闷，容易翘唇，在图像中不美观。应该采用圆唇音扁发的方法，双唇肌肉用力使唇成扁圆形，声音就能集中响亮。u、o 的发音尤其要注意，唇形、舌位、口腔开度要保持不变，避免发成复元音 ou、uo。

（8）扁唇音 ê、e、i 发音时不能太偏，以免影响声音的圆润，要扁音宽发，适当增加开口度。反之开元音 ɑ 在发音时开口不能太大，要宽音窄发，加强口腔控制，使声音明亮、集中、圆润、有力。

二、复韵母的发音

由两个或三个元音结合而成的韵母叫复韵母。普通话共有十三个复韵母：ɑi、ei、ɑo、ou、iɑ、ie、uɑ、uo、üe、iɑo、iou、uɑi、uei。根据主要元音所处的位置，复韵母可分为前响复韵母，中响复韵母和后响复韵母。

（一）前响复韵母

前响复韵母共有四个：ɑi、ei、ɑo、ou。它们发音的共同特点是元音舌位都是由底向高滑动，开头的元音音素清晰响亮，收尾的元音音素轻短模糊，只表示舌位滑动的方向，舌位移动的终点不太确定。

ɑi：二合前响复韵母。

起点元音是比单元音 ɑ 的舌位靠前的前底不圆唇元音 ɑ，我们称它为“前 ɑ”。它发音时，舌尖接触下齿背，舌面中部呈拱形，舌面前部隆起部位与硬腭相对。舌和腭没有接触。从“前 ɑ”开始，舌位向 i 的方向移动升高，但不到 i 的高度，最多在刚接近 i 的区域时就停止发音了。i 只表示舌位移动的方向，音短而模糊。i 的发音过程中，舌头的状态同单元音 i 相近，但舌面隆起部位比 i 略后，舌面离上腭比 i 稍远。

爱戴　白菜　开采　买卖　拍卖　采摘　灾害　海带　再来　拆台

ei：二合前响复韵母。

起点元音是前半高不圆唇元音 e，实际发音舌位要靠后靠下，比单念 e 时舌位前一点，这里的 e 是个中央元音。发音过程中，舌尖接触下齿背，舌面前部（略后）隆起，对着硬腭中部。从 e 开始舌位升高，向 i 的方向往前往高滑动。收尾的 -i 与 ɑi 中 -i 相近，因受 e 的影响舌位略高，但比单元音 i 的舌位偏后，舌头肌肉较松，舌位也不太稳定。是普通话中动程较短的复合元音。

妹妹　肥美　北非　黑霉　蓓蕾　微微　北纬　飞贼　配备　背煤

ɑo：二合前响复韵母。

起点元音比单元音 ɑ 和复合元音 ɑi 中的 ɑ 舌位都靠后，是个后低不圆唇元音，称它为“后 ɑ”。发音时，舌头后缩，舌尖离开下齿背，舌面后部隆起。从“后 ɑ”开始，舌位向 u（拼写作 -o，实际发音接近 u）的方向滑动升高，收尾的 -u（-o）舌位状态接近单元音 u，但舌位略低。

讨好　高潮　报导　草帽　号召　招考　吵闹　劳保　告饶　绕道

ou：二合前响复韵母。

起点元音比单元音 o 的舌位略高、略前，接近央元音 e，唇形略圆。发音时，从这个略带圆唇的央 e 开始，舌位向 u 的方向滑动，终点不太确定。收尾 -u 比单元音 u 的舌位略低，唇形不太圆。受前面元音 o- 的影响，收尾的 -u 比 ɑo 中的 -o 舌位略高。它是普通话复韵母中动程最短的复合元音。

筹谋　口头　兜售　收购　露头　守候　佝偻　透漏　抖擞　走狗

（二）后响复韵母

后响复韵母共有五个：iɑ、ie、uɑ、uo、üe。它们发音的共同点是舌位由高向低滑动，后面的元音音素清晰响亮，在韵母中处在韵腹地位，因此舌位移动的终点是确定的。而前面的元音音素发得轻短，只表示舌位从那里开始移动，发音不太响亮且比较短促，由于它处于韵母的韵头位置，发音并不模糊，但在音节中特别是零声母音节常伴有轻微摩擦。后响复韵母中起点和止点元音的区别主要在于响度和长度，却都具有一定的清晰度，这样它的整体性不如前响复韵母强，发音时中间的舌位移动稍快。

iɑ：二合后响复韵母。

起点元音是前高元音 i，由它开始，舌位滑向央低元音 ɑ 止。i 发得轻而短，ɑ 发得长而响亮。止点元音 ɑ 位置确定。

加价　假牙　压下　恰恰　下牙　压价　雅趣　驾驭　掐算　家家

ie：二合后响复韵母。

起点元音是前高元音 i，由它开始，舌位滑向前中元音 ê 止。i 发得轻而短，ê 发得响而长。止点元音 ê 位置确定。发音过程中舌尖始终不离开下齿背。

姐姐　贴切　趔趄　爷爷　谢谢　鞋业　铁屑　揭贴　爹爹　结业

uɑ：二合后响复韵母。

起点元音是后高元音 u，由它开始，舌位滑向央低元音 ɑ 止。u 发得轻而短，ɑ 发得响而长。止点元音 ɑ 位置确定。发音时唇形由最圆逐步展开到不圆。

花褂　桂花　娃娃　花袜　画画　挂画　耍滑　呱呱　夸张　袜筒

uo：二合后响复韵母。

起点元音是后高元音 u，由它开始，舌位向下滑到后中元音 o 止。u 发得轻而短，o 发得响而长。发音时唇形始终是圆唇，开头最圆，结尾唇形开度加大，比较自然，不太圆。

懦弱　火锅　阔绰　骆驼　国货　蹉跎　脱落　做作　硕果　着落

üe：二合后响复韵母。

起点元音是圆唇的前高元音 ü，由它开始，舌位向下滑到中元音 ê 止。ü 发得轻而短，ê 发得响而长。发音时唇形由圆展到不圆。

约略　决绝　血液　雪月　雀跃　绝学　穴位　掠夺　约定　虐待

后响复韵母在自成音节时，韵头 i、u、ü 改写成 y、w、yu。

（三）中响复韵母

普通话的中响复韵母都是三合元音，是由二合元音前面加上一段由高元音 i- 或 u- 开始的元音舌位动程构成的，共有四个：iɑo、iou、uɑi、uei。它们发音的共同点是舌位由高向低滑动，再由低向高滑动。相对比较，开头的元音音素轻而短，在音节中特别是零声元音节中常伴有轻微的摩擦。中间的元音音素清晰响亮，后面的元音音素轻短模糊，音值不太固定，只表示舌位滑动的方向。

iɑo：三合中响复韵母

在前响复韵母 ɑo 的前面加上一段由高元音 i 开始的过渡动程。由前高元音 i 开始，舌位降至后低元音 ɑ。接着再由低后高圆唇元音 u 的方向滑升。发音过程中，舌位先降后升，由前到后，曲折幅度大。唇形从中间的折点元音 ɑ 开始由不圆唇变为圆唇。

巧妙　小鸟　教条　逍遥　笑料　飘摇　苗条　叫嚣　吊桥　疗效

iou：三合中响复韵母

在前响复韵母 ou 的前面加上一段由高元音 i 开始的过渡动程。由前高元音 i 开始，舌位降至后央元音 o，紧接着再由低向后高圆唇元音 u 的方向滑升。发音过程中，舌位先降后升，由前到后，曲折幅度较大。开始发央元音 o 时，逐渐圆唇。

优秀　求救　牛油　舅舅　悠悠　久留　流油　悠久　旧友　又有

在音节中，复合元音 iou 受到声调阴平和阳平的影响，使中间的元音（韵腹）弱化，甚至接近消失，舌位动程主要表现为前后滑动，成为【iu】。如：优、由、就、求。这种音变是随声调自然变化的，在语音训练中不必着重强调。

uɑi：三合中响复韵母

在前响复韵母 ɑi 的前面加上一段由高元音 u－开始的过渡动程。由圆唇的后高元音 u 开始，舌位向前滑降到前不圆唇元音 ɑ，接着再由低向前高不圆唇元音 i 的方向滑升。发音过程中，舌位先降后升，由后到前，曲折幅度大。唇形从最圆开始，逐渐开口度加大，当接近前元音 ɑ 以后渐变为不圆唇。

发音时，先发 u，紧接着发 ɑi，使三个元音结合成一个整体。

摔坏　外快　外踝　怀揣　乖乖　拽坏　甩手　踹开　怪诞　淮海

uei：三合中响复韵母

在前响复韵母 ei 的前面加上一段由高元音 u 开始的过渡动程。由后高圆唇元音 u 开始，舌位向前向下滑到前半高不圆唇元音偏后靠下的位置，紧接着再由低向前高不圆唇元音 i 的方向滑升。发音过程中，舌位先降后升，由后到前，曲折幅度较大。唇形从最圆开始，随着舌位的前移开度加大，当接近 e 以后变为不圆唇。

退回　归队　摧毁　水位　汇兑　魁伟　追随　吹灰　荟萃　推诿

中响复韵母在自成音节时，韵头 i、u 改写成 y、w。复韵母 iou、uei 前面加声母的时候，要省写成 iu、ui，例如 liu（留）、gui（归）等；不跟声母相拼时，不能省写用 y、w 开头，写成 you（油）、wei（威）等。

（四）复韵母发音要注意的问题

（1）复韵母发音时口腔要有动程（动程是指复合元音发音过程中舌位和唇形的连续移动变化），但幅度不要太大，因素过渡要自然、平滑、连贯，要有整体感。

（2）发复韵母时，韵头 i、u、ü 起音要柔和，过渡要准确、自然。韵腹 ɑ、o、ê 要清楚、响亮、有力度。韵尾要收住。

（3）iɑ、ie、uɑ、uo、üe、iɑo、iou、uɑi、uei 这些音自成音节时，i、u 要换写成半元音 y. w. üe 写成 yue。半元音 y. w 发音时带有摩擦成分区别于 i、u。ie、üe 中的 ê 不是单韵母 e，而是 ê，为了书写方便去掉了上面的符号，音色还是 ê。

三、鼻韵母的发音

由一个或两个元音后面带上鼻辅音构成的韵母叫鼻韵母。

普通话韵母只有两个辅音韵尾 -n、-ng 都是鼻音，韵尾 -n 的发音同声母 n- 基本相同，只是 -n 的部位比 n- 靠后，一般是舌面前部向硬腭接触。从受阻的情况看，声母 n- 必须除阻后同后面的韵母拼合，而韵尾 -n 却不除阻，发音逐渐减弱而终止。韵尾 -ng 是舌面后鼻音，和声母 g、k、h 是同一发音部位。发音时，舌面后部隆起，与软腭接触，阻塞气流通过，同时软腭下降，打开鼻腔通路，声带颤动。

鼻韵母的发音特点是：

（1）元音因素同鼻辅音韵尾之间是复合的关系，不是简单的相加。在复合过程中，也有舌位的移动过程，即有“动程”。它与复合元音的不同在于收尾的（韵尾）是以鼻辅音的阻碍结束。

（2）在元音舌位向鼻辅音韵尾移动的后半段，元音音素的发音由于受到后面鼻辅音的影响，出现一段短暂的“半鼻化”的过渡，这是语音结合过程中必然发生的现象。

（3）鼻辅音韵尾同它前面相接的元音音素结合得很紧密。

普通话明确区分以 -n 和 -ng 为韵尾的两组韵母。为了称说和对比的方便，在普通话语音教学中，通常把 -n 称作“前鼻尾音”，把 -ng 称作“后鼻尾音”，也可以通俗地称为称作“前鼻音”、“后鼻音”。鼻韵母共有十六个，其中“前鼻音”八个：ɑn、iɑn、uɑn、üɑn、en、in、uen、ün，“后鼻音”八个：ɑng、iɑng、uɑng、eng、ing、ueng、ong、iong。

ɑn

起点元音是前低不圆唇元音 a，舌尖抵住下齿背，舌位降到最低，软腭上升，关闭鼻腔通道。从“前 a”开始，舌面升高，舌面前部贴向硬腭前部。当两者将要接触时，软腭下降，打开鼻腔通道，紧接着舌尖向上齿龈移动，最后抵住上齿龈，使在口腔受到阻碍的气流，从鼻腔里透出，发前鼻音 n。发音时，口形先开后合，舌位移动较大。

感叹　灿烂　栏杆　参赞　谈判　坦然　酣战　潺潺　展览　烦难

en

起点元音是央元音 e，舌位中性（不高不低不前不后），舌尖接触下齿背，舌面隆起部位受韵尾影响略靠前。从央元音 e 开始，舌面升高，舌面前部贴向硬腭前部。当两者将要接触时，软腭下降，打开鼻腔通道，紧接着舌尖向上齿龈移动，最后抵住上齿龈，使在口腔受到阻碍的气流，从鼻腔里透出，发前鼻音 n。发音时，口形先开后合，舌位移动较大。

认真　根本　深沉　门诊　愤恨　本分　神人　粉尘　人参　珍本

in

起点元音是前高不圆唇元音 i，舌尖抵住下齿背，软腭上升，关闭鼻腔通道。从舌位最高的前元音 i 开始，舌面升高，舌面前部贴向硬腭前部。当两者将要接触时，软腭下降，打开鼻腔通道，紧接着舌尖向上齿龈移动，最后抵住上齿龈，使在口腔受到阻碍的气流，从鼻腔里透出，发前鼻音 n。发音时，开口度几乎没有变化，舌位动程很小。

拼音　尽心　亲近　辛勤　民心　音频　薪金　紧邻　濒临　斤斤

ün

起点元音是前高圆唇元音 ü。与 in 的发音过程只是唇形变化不同。从圆唇的前元音 ü 开始，唇形从圆唇逐步展开，而 in 唇形始终是展唇。

均匀　芸芸　军训　醺醺　纭纭　允许　循环　运用　寻找　群众

in、ün 自成音节时，写成 yin（音）、yun（晕）。

ian

本来在 an 的前面加上一段由高元音 i 开始的动程构成的，但实际发音产生了变化。发音时，从前高元音 i 开始，舌位降低，向前低元音 a 的方向滑动，但并没有降到 a。舌位只降到前元音 a 的位置就开始升高，直到舌面前部贴向下齿龈形成鼻音 -n。这种变化是由于 ian 的整个发音过程是舌位从高到低，又由低到高的往返移动，中间的低元音受前后音素影响，舌位只降到 a 便不再降低了。

边沿　简便　连绵　电线　年鉴　鲜艳　艰险　显现　翩跹　腼腆

uan

在 an 的前面加上一段由高元音 u 开始的动程。发音时，由圆唇的后高元音 u 开始，口形迅速由合口变为开口状，舌位向前迅速降低，到不圆唇的前低元音（前 a）；紧接着舌位升高，接续鼻音 -n。唇形由圆在向中间折点元音移动的过程中变为展唇。

贯穿　转弯　酸软　婉转　软缎　宽缓　专款　传唤　宦官　换算

üan

本来在 an 的前面加上一段由高元音 ü 开始的动程构成的，但实际发音像 ian 一样产生了变化。发音时，从圆唇前高元音 ü 开始，向前低元音 a 的方向滑动，但并没有降到 a。舌位只降到前元音 a 的位置就开始升高，直到舌面前部贴向下齿龈形成鼻音 -n。发音变化的过程与 ian 基本相同，只是受开头圆唇元音 ü 的影响，中间折点元音的舌位稍稍靠后些。唇形由圆唇在向中间折点元音滑动的过程中渐变为展唇。

轩辕 全权 渊源 源泉 圆圈 全员 全院 拳拳 圆全 涓涓

uen

在 en 的前面加上一段由高元音 u 开始的动程。发音时，由圆唇的后高元音 u 开始，向央元音 e 滑动，随后舌位升高，接续鼻音 -n。唇形由圆唇在向中间折点元音移动的过程中变为展唇。

在音节中，鼻韵母 uen 受声母和声调影响中间的元音产生弱化。它的音变条件与 uei 相同。

春笋 温存 昆仑 论文 馄饨 谆谆 困顿 温润 混沌 滚滚

ang

起点元音是后低不圆唇元音 ɑ，口大开，舌尖离开下齿背，舌头后缩。从“后 ɑ”开始，舌面后部抬起，当贴近软腭时，软腭下降，打开鼻腔通道，紧接着舌根与软腭接触，封闭了口腔通路，气流从鼻腔里通过。

账房 沧桑 商场 苍茫 螳螂 盲肠 长廊 上涨 帮忙 徜徉

eng

起点元音是后半高不圆唇元音 e，口半闭，展唇，舌身后缩，舌尖离开下齿背，舌面后部隆起，比发单元音 e 的舌位略低。从 e 开始，舌面后部抬起，贴向软腭。当两者将要接触时，软腭下降，打开鼻腔通道，紧接着舌根与软腭接触，封闭了口腔通路，气流从鼻腔里通过。

更正 生冷 生成 丰盛 风筝 逞能 征程 萌生 蒸腾 耿耿

ing

起点元音是前高不圆唇元音 i，舌尖接触下齿背，舌面前部隆起。从 i 开始，舌面隆起的部位不降低，一直后移，舌尖离开下齿背，逐步使舌面后部隆起，贴向软腭，当两者将要接触时，软腭下降，打开鼻腔通道，紧接着舌根与软腭接触，封闭了口腔通路，气流从鼻腔里通过。口形没有明显变化。

发音时，先发 i，舌头后缩，舌根抵住软腭，发后鼻音 ng。

定型 命令 宁静 明星 英明 惊醒 晶莹 秉性 影评 精灵

ing 自成音节时，作 ying（英）。

ong 起点元音是比后高圆唇元音 u 舌位略低的“松 u”，舌尖离开下齿背，舌头后缩，舌面后部隆起，软腭上升，关闭鼻腔通道。从“松 u”开始，舌面后部贴向软腭。当两者将要接触时，软腭下降，打开鼻腔通道，紧接着舌面后部与软腭接触，封闭了口腔通路，气流从鼻腔里通过。唇形始终拢圆，变化不明显。

工农 红松 轰动 洪钟 童工 浓重 动容 公共 瞳孔 工种

iang

在 ang 的基础上加上一段由高元音 i 开始的动程。发音时，从前高元音 i 开始，舌位向后移动，略有下降，到比后高元音略低的 u（松 u）的位置，紧接着舌位升高，持续鼻音 -ng，使二者结合成一个整体。

亮相 想象 向阳 响亮 两样 将相 踉跄 湘江 良将 粮饷

iong：在 ong 的基础上加上一段由高元音 i 开始的动程。发音时，从前高元音 i 开始，舌位向后降低，到后低元音 ɑ，紧接着舌位升高，持续鼻音 -ng，使二者结合成一个整体。

汹涌　穷凶　炯炯　熊熊　汹汹　拥护　雄姿　用心　兄嫂　胸腔

uang

发音时，由圆唇的后高元音 u 开始，舌位滑降至后低元音 ɑ（后 ɑ），然后舌位升高接续鼻音 -ng。唇形从圆唇在向折点元音的滑动中渐变为展唇。

例：狂妄　双簧　状况　遑遑　框框　装潢

ueng

在 eng 的基础上加上一段由高元音 u 开始的动程。发音时，由圆唇的后高元音 u 开始，舌位降低至比后半高元音 e 稍稍靠前略低的位置，紧接着舌位升高，持续鼻音 -ng，使二者结合成一个整体。唇形由圆唇在向中间折点元音滑动的过程中渐变为展唇。在普通话里，韵母 ueng 只有一种零声母的音节形式。

嗡嗡　渔翁　老翁　水翁　蕹菜　蓊郁　瓮城　瓮中之鳖　瓮声瓮气

iang、iong、uang、ueng 自成音节时，韵头 i、u 改写成 y、w。

普通话语音鼻韵母的学习重点是掌握 -n 和 -ng 的区分。这种区分除了注意鼻音韵尾 -n 和 -ng 的区分，还要注意“鼻尾音”与“鼻化音”的区别。这对有鼻化音的西北官话、晋语等方言地区来说是很重要的区分。我们把音节中鼻音韵尾称作“鼻尾音”，它一定是跟在元音的后头，而不是整个元音携带的鼻音，也就是说鼻尾音前头的元音在发音的主要过程中并不鼻化，只是到元音与鼻音韵尾相接的时候，才产生一个短暂的“半鼻化”（半鼻音）的阶段。鼻化音则不同，当开始发元音时，软腭就是下垂的，鼻腔和口腔同时有气流呼出，形成典型的鼻化音，也叫“口鼻音”。

（1）发鼻韵母时，开始的元音不能鼻化，软腭要上升堵住鼻腔通道，等元音发全后软腭再下降堵住口腔通道，打开鼻腔使气流从鼻腔流出成鼻音。

（2）鼻韵母是由元音加鼻辅音 n、ng 构成的，音素有两个或三个，如 ɑn、iɑn。发音时，从元音音素过渡到辅音音素，由口腔音向鼻腔音转换。音素间的过渡要自然、平滑、从听感上要求是一个整体的音。

（3）前鼻音发音过程中要注意舌位准确。如发 in 时容易把 i 的舌位靠后或在 i 与 n 之间舌位降低，变成 ien，也就是前鼻音往中间发到前后鼻音之间了。发 in 时，可以将 i 拖长一些，要先把 i 发好，舌位达到最高最前，然后舌尖猛地抵住上齿龈完成前鼻音的发音。前鼻音的发音最后舌尖一定要抵住上齿龈，韵尾才能收住。

（4）后鼻音发音过程中要注意舌位从元音到鼻韵尾 ng 的移动过程。如发 ing 时，舌位从前高元音 i 逐渐向后移动直到舌根与软腭构成阻碍，中间经过一个央元音 i 的过渡。这个过渡是 ing 区别于 in 的关键，注意过渡时不能发成央元音 e，而把 ing 读成 ieng。后鼻音的发音，最后舌根一定要接触软腭，韵尾才能收住。说北京话、东北话等北方话的人在读这个韵母时，可能在 i 和 -ng 之间明显出现央元音 e 的过渡，把 ing 读成 ieng，发音训练中要注意克服。

（5）在汉语拼音方案中 ong 和 ueng 是两个不同的音，而在传统的汉语语音学里 ong 和 ueng 却同时作为一个韵母，我们要认识清楚。ong 决不能自成音节，也不构成零声母音节，一定要与声母相拼才能成音节，而 ueng 只能自成音节，决不前拼声母，它只有一种拼写形式 weng。经常有人把翁（ueng）字念成 ong，发音时要注意区别。ong 的舌位移动是从元音 o（“松 u”）直接过渡到 -ng，而 ueng 的舌位移动要先从 u 开始再 e 到 ng，要经过一个舌位的曲折运动。ong 中的 o 是韵腹，舌位比 u 略低，是个“松 u”；而 ueng 中的 u 是韵头，发音紧而短。ong 发音时唇形变化不明显，而 ueng 唇形由圆到不圆变化明显。

(6) 由于鼻韵母是由元音和鼻辅音构成的，元音的发音声带一定要颤动，而两个鼻韵尾 n、ng 是浊音，发音时声带也要颤动，所以鼻韵母发音时声带颤动是持续的，从听感上音素间的过渡是连续的，整体的。

(7) 开口度大的鼻韵母可增加口腔的开度，也可以锻炼口腔的控制能力，帮助解决口腔松、立不住字的现象。

韵母发音、辨音基础练习：

一、认读下列词语，比较前、后音节韵母发音的异同。

bō duó	huó fó	jì jié	guān guāng	yuán jiàn	huáng kǒng	lěng dòng
剥夺	活佛	季节	观光	原件	惶恐	冷冻
cè duó	yù yuē	diān liáng	chéng kěn	zì shì	èr gē	pǐn xíng
测度	预约	掂量	诚恳	自恃	二哥	品行
shěng fèn	yuè yě	yǐng yīn	lǎo wēng	yuè qiú	xuàn yūn	jiè gōu
省份	越野	影音	老翁	月球	眩晕	界沟
fēng yōng	wén zhǒng	mín dìng	chì yì	pái huái	jù lí	zuò mèng
蜂拥	文种	民定	翅翼	徘徊	距离	做梦
hǎi xiá	bǔ liào	zuàn chuáng	jí jù	chén lún	zēng hèn	què qiè
海峡	补料	钻床	急剧	沉沦	憎恨	确切
tuì huà	wú liáo	měng dǒng	ē nuó	yǎn jiǎn	yū xuè	xiè jué
退化	无聊	懵懂	婀娜	眼睑	淤血	谢绝
wǎn zhuāng	qiān xùn	yùn niàng	ér jīn	cuī cù	chuāi duó	huā ruǐ
晚装	谦逊	酝酿	而今	催促	揣度	花蕊

二、认读下列各词，指出各词中每个音节的韵母。

wèng cài	fǎ lǜ	yàn wù	yāo xié	kuài jì	mó fǎng	dài fu
蕹菜	法律	厌恶	要挟	会计	模仿	大夫
tà piàn	yān hóng	ē yú	ǒu ěr	xiāng chèn	gēng gǎi	cēn cī
拓片	殷红	阿谀	偶尔	相称	更改	参差
mú yàng	mén kuàng	lào yìn	chén jìn	jiǒng pò	huāng miù	dōng yǒng
模样	门框	烙印	沉浸	窘迫	荒谬	冬泳
wò xuán	kè shǒu	měi mèng	zhǔn bèi	kè yùn	hán jià	guò yìng
斡旋	恪守	美梦	准备	客运	寒假	过硬

三、朗读李清照的《醉花阴·九日》，指出每个字音的韵母。

薄雾浓云愁永昼，瑞脑销金兽。佳节又重阳，玉枕纱橱，半夜凉初透。东篱把酒黄昏后，有暗香盈袖。莫道不销魂，帘卷西风，人比黄花瘦。

四、绕口令练习：

(1) 嘴说腿，腿说嘴，嘴说腿爱跑腿，腿说嘴爱卖嘴。光动嘴不动腿，光动腿不动嘴，不如不长腿和嘴。

(2) 玻璃杯倒进白开水，白开水倒进玻璃杯。玻璃杯倒进白开水就成了装白开水的玻璃杯。装白开水的玻璃杯倒进白开水，白开水倒进装白开水的玻璃杯。

(3) 九月九，九个酒迷喝醉酒。九个酒杯九杯酒，九个酒迷喝九口。喝罢九口酒，又倒九杯酒。九个酒迷端起酒，“咕咚、咕咚”又九口。九杯酒，酒九口，喝罢九个酒迷醉了酒。

4. 东门童家门东董家，童、董两家，同种冬瓜，童家知道董家冬瓜大，来到董家学种冬瓜。门东董家懂种冬瓜，来教东门童家种冬瓜。童家、董家都懂得种冬瓜，童、董两家的冬瓜比桶大。

5. 出西门走七步，扒鸡皮补皮裤，不知是皮裤补鸡皮，还是鸡皮补皮裤？

6. 一葫芦酒九两六，一葫芦油六两九。六两九的油，要换九两六的酒，九两六的酒，不换六两九的油。

7. 花鸭与彩霞，水中映着彩霞，水面游着花鸭。霞是五彩霞，鸭是麻花鸭。麻花鸭游进五彩霞，五彩霞网住麻花鸭。乐坏了鸭，拍碎了霞，分不清是鸭还是霞。

任务三　韵 母 辨 正

各方言韵母在数量上，在韵母的构成成分上，与普通话都不尽相同，有的甚至差别很大。如普通话只有39个韵母，粤方言广州话能写出来的韵母就有53个。所以，韵母数量多，方言与普通话韵母对应关系比较复杂。就大多数方言看，需要分辨的主要是以下几组韵母。

一、韵母 en、in 与韵母 eng、ing

普通话鼻韵母中，充当韵尾的两个辅音 n 和 ng，都是鼻音，有明确的前后之分，如 an－ang，en－eng，in－ing，ian－iang，uan－uang，uen－ueng。对此，许多地方的方言是不予区分而且是混同的，或者都读成前鼻音韵母，或者都读成后鼻音韵母。这种混同现象，大多表现在 en 和 eng、in 和 ing 两对韵母上，而 an 和 ang、ian 和 iang、uan 和 uang 混同相对较少。南京话、长沙话一般把这五对韵母的韵尾读成前鼻音 n；上海话、重庆话、四川话、昆明话、桂林话、兰州话一般把 en 和 eng、in 和 ing 读成前鼻音 n；而广西灵州话、广东潮州话等却把 an 和 ang、en 和 eng、in 和 ing、uan 和 uang 的韵尾都读成后鼻音 ng。西北部分方言只有后鼻韵母，没有前鼻韵母。普通话韵母是 eng 的字音，四川普遍念 en 或 ong。声母是 b、p、m、f 的，一般念 eng 韵母为 ong 韵母，如“蹦、烹、朋、捧、蒙、风”等；声母不是 b、p、m、f 的，基本上都将 eng 韵母念成了 en 韵母，如“登程、声称、更正”。属于例外的只有极少数字音，如“盟”（méng）的韵母，四川大多念成 in；“横”（héng）、“绳”（shéng）的韵母，四川大多念成 uen。

要发好前鼻音韵母和后鼻音韵母，首先要注意掌握好－n 和－ng 的发音。要发好 n 和 ng，关键是要掌握好舌头的位置变化。发－n 时，舌尖前伸，最后抵住上齿龈，舌头基本平放在口腔里，阻塞气流，软腭下垂，使气流从鼻腔流出。发－ng 时，舌头后缩，舌根抬起，抵住软腭，前高后低，舌尖位于下齿龈的下面，堵住气流通往口腔的通道，让气流从鼻腔流出。

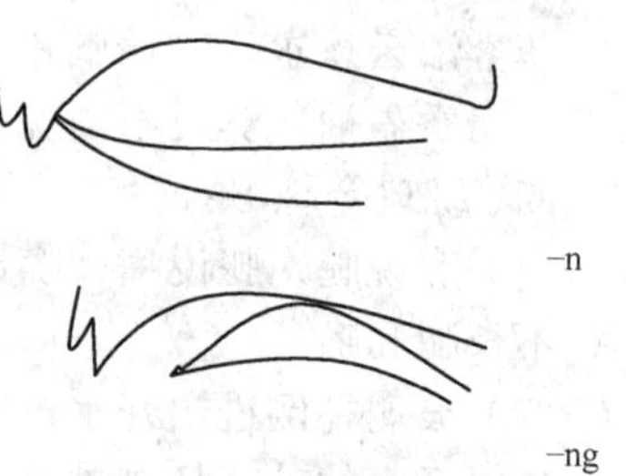

想熟练做到区分前后鼻音韵母，除了能准确发音外，还必须分清、熟读并牢记包含前后鼻音的字。

eng 和 ing 韵母代表字类推、认读练习：

eng 韵母代表字类推举例

【风】fēng 风、枫、疯，fěng 讽。

zuò fēng	fēng shù	fēng kuáng	cháo fěng
作风	枫树	疯狂	嘲讽

【正】 zhēng 正（正月）、怔、征、症（症结），zhěng 整，zhèng 正、证、政、症；chéng 惩。

zhēng yuè	zhǐ zhèng	zhēng chōng	fā zhèng	zhēng tǎo	zhēng jié
正月	指正	怔忡	发怔	征讨	症结
yán zhèng	tiáo zhěng	kǎo zhèng	cān zhèng	chéng fá	
炎症	调整	考证	参政	惩罚	

【生】 shēng 生、牲、甥、笙，shèng 胜。

mò shēng	xī shēng	wài shēng	lú shēng	shèng lì
陌生	牺牲	外甥	芦笙	胜利

【成】 chéng 成、诚、城、盛（盛东西）；shèng 盛（盛会）

chéng jiù	zhōng chéng	chéng bǎo	chéng qì	mào shèng
成就	忠诚	城堡	盛器	茂盛

【争】 zhēng 争、挣、峥、狰、睁、铮、筝，zhèng 诤、挣。

zhēng qǔ	zhēng zhá	zhēng róng	zhēng níng	zhēng yǎn
争取	挣扎	峥嵘	狰狞	睁眼
fēng zheng	zhēng zhēng	zhèng yǒu	zhèng tuō	
风筝	铮铮	诤友	挣脱	

【丞】 zhēng 蒸，zhěng 拯；chéng 丞。

chéng xiàng	zhēng fā	zhěng jiù
丞相	蒸发	拯救

【亨】 pēng 烹；hēng 亨、哼。

hēng tōng	hēng	pēng tiáo
亨通	哼	烹调

【更】 gēng 更（更正），gěng 埂、绠、硬、梗、鲠，gèng 更（更加）；jīng 粳；yìng 硬。

biàn gēng	tián gěng	gěng yè	gěng gài	gǔ gěng	gèng jiā
变更	田埂	哽咽	梗概	骨鲠	更加

【呈】 chéng 呈、程、酲，chěng 逞。

chéng xiàn	lù chéng	chěng qiáng
呈现	路程	逞强

【庚】 gēng 庚、赓。

tóng gēng	gēng xù
同庚	赓续

【奉】 pěng 捧；奉、俸；bàng 棒。

chuī pěng	xìn fèng	fèng lù
吹捧	信奉	俸禄

【朋】 bēng 崩、绷，běng 绷，bèng 蹦、绷；péng 朋、棚、硼、鹏。

bēng kuì	bēng dài	běng liǎn	bēng	bèng tiào	bēng yìng
崩溃	绷带	绷脸	嘣	蹦跳	绷硬
péng yǒu	dà péng	péng suān	kūn péng		
朋友	大棚	硼酸	鲲鹏		

【孟】 měng 勐、猛、锰、蜢、艋，mèng 孟。

měng mǎi	yǒng měng	měng gāng	zhà měng	mèng làng
勐买	勇猛	锰钢	蚱蜢	孟浪

【峰】 péng 蓬、篷；fēng 峰、烽、蜂，féng 逢、缝（缝衣），fèng 缝（门逢）。

péng bó	péng chē	shān fēng	fēng huǒ	mì fēng	fēng lì
蓬勃	篷车	山峰	烽火	蜜蜂	锋利
xiāng féng	féng rèn	fèng xì			
相逢	缝纫	缝隙			

【乘】 chéng 乘；shèng 乘（史乘）、剩、嵊。

chéng kè	guò shèng
乘客	过剩

【曾】 zēng 曾（姓）、憎、增、缯，zèng 赠；céng 层、曾（曾经）、赠，cèng 蹭；sēng 僧。

zēng sūn	zēng hèn	zēng jiā	kuì zèng	wèi céng	mó ceng
曾孙	憎恨	增加	馈赠	未曾	磨蹭
zèng zi	jī céng	sēng lǚ			
甑子	基层	僧侣			

【彭】 pēng 澎（澎湃），péng 彭、澎、膨。

péng pài	xìng péng	péng hú	péng zhàng
澎湃	姓彭	澎湖	膨胀

【楞】 léng 塄、，lèng 愣。

wǎ léng	fā lèng
瓦楞	发愣

【登】dēng 灯、登、蹬，dèng 凳、磴、镫、瞪；chéng 澄（澄清）。

diàn dēng	pān dēng	gē dēng	dēng shuǐ chē	bǎn dèng	
电灯	攀登	咯噔	蹬水车	板凳	
dèng yǎn	mǎ dèng	xiāng chéng	chéng qīng	bǎ shuǐ	chéng qīng
瞪眼	马镫	香橙	澄清	（把水）	澄清

【誊】 téng 誊（膳）、腾、滕、藤。

téng xiě	fèi téng	téng	zǐ téng
誊写	沸腾	滕	紫藤

【蒙】 mēng 蒙，méng 蒙、濛、檬、朦、艨，měng 蒙（蒙古）、蠓。

mēng piàn	méng bì	níng méng	méng lóng	měng gǔ zú	měng chóng r
蒙骗	蒙蔽	柠檬	朦胧	蒙古族	蠓虫儿

ing 韵母

【丁】 dīng 丁、仃、疔、盯、钉（钉子）、酊（碘酊），dǐng 顶、酊（酩酊），dìng 订、

钉；tīng 厅、汀。

rén dīng　líng dīng　dīng chuāng　dīng zhǔ　dīng shāo　dìng dīng zi
人丁　伶仃　疔疮　叮嘱　盯梢　钉钉子

dīng jì　dǐng péng　mǐng dǐng　dìng huò　kè tīng　lù tīng
酊剂　顶棚　酩酊　订货　客厅　绿汀

【并】 bǐng 饼、屏（屏除），bìng 并、屏（屏弃）；píng 瓶、屏（屏风）；bèng 迸。（拼、姘念 pīn，骈、胼念 pián）

lào bǐng　bǎ bǐng　bǐng chú　hé bìng　píng qì　píng zǐ
烙饼　把柄　屏除　合并　屏弃　瓶子

【宁】 níng 宁（安宁）、拧、咛、狞、柠，nǐng 拧，nìng 宁（宁可）、泞、拧（拧脾气）。

níng jìng　nǐng shéng zǐ　dīng níng　zhēng níng　níng méng
宁静　拧绳子　叮咛　狰狞　柠檬

nǐng luó sī　ān níng　ní nìng
拧螺丝　安宁　泥泞

【丙】 bǐng 丙、炳、柄，bìng 病。

bǐng lún　bǎ bǐng　biāo bǐng　bìng jūn
丙纶　把柄　彪炳　病菌

【平】 píng 平、评、苹、坪、枰、萍。

píng fán　píng pàn　píng guǒ　cǎo píng　fú píng
平凡　评判　苹果　草坪　浮萍

【令】 līn 拎，líng 伶、泠、苓、玲、瓴、铃、鸰、聆、蛉、翎、零、龄，lǐng 令（一令）、岭、领，lìng 令（命令）（邻念 lín）。

līn dōng xi　yōu líng　fú líng　líng yǔ　líng lóng　líng dang
拎东西　优伶　茯苓　囹圄　玲珑　铃铛

líng tīng　míng líng　líng máo　diāo líng　nián líng　shān lǐng
聆听　螟蛉　翎毛　凋零　年龄　山岭

běn lǐng　mìng lìng　lín jū
本领　命令　邻居

【名】 míng 名、茗、铭，mǐng 酩。

míng chēng　pǐn míng　míng kè　mǐng dǐng
名称　品茗　铭刻　酩酊

【廷】 tíng 廷、庭、蜓、霆，tǐng 艇、挺、梃、铤。

gōng tíng　tíng yuàn　qīng tíng　léi tíng　qián tǐng
宫廷　庭院　蜻蜓　雷霆　潜艇

tǐng jìn　tǐng ér zǒu xiǎn
挺进　铤而走险

【形】 jīng 荆；xíng 刑、邢、形、型。

jīng jí　kù xíng　xíng　xíng tài　mó xíng
荆棘　酷刑　邢　形态　模型

【京】 jīng 京、惊、鲸，jǐng 景、憬、yǐng 影；qíng 黥。

běi jīng 北京　jīng sǒng 惊悚　jīng yú 鲸鱼　qián jǐng 前景　chōng jǐng 憧憬
diàn yǐng 电影　qíng zì 黥字

【定】 dìng 定、啶、腚、碇、锭。

kěn dìng 肯定　mì dìng 嘧啶　qǐ dìng 起碇　gāng dìng 钢锭

【英】 yīng 英、瑛、锳、映。

yīng xióng 英雄　yīng 瑛　yǎn yìng 掩映

【茎】 jīng 泾、茎、经，jǐng 刭、颈，jìng 劲（劲敌）、胫、径、痉；qīng 轻、氢。（劲又念 jìn［干劲］）。

jīng wèi 泾渭　kuài jīng 块茎　jīng cháng 经常　jǐng xiàng 颈项　qiáng jìng 强劲　jié jìng 捷径
jìng gǔ 胫骨　jìng luán 痉挛　qīng sōng 轻松　qīng qì 氢气　wán tīng 烷烃

【青】 jīng 菁、睛、精，jìng 靖、静；qīng 青、清、蜻、鲭，qíng 情、晴、氰，qǐng 请。

jīng huá 菁华　yǎn jing 眼睛　jīng shen 精神　suí jìng 绥靖　ān jìng 安静　qīng nián 青年
qīng liáng 清凉　qīng tíng 蜻蜓　qíng gǎn 情感　qíng kōng 晴空　qíng 氰　pìn qǐng 聘请

【冥】 míng 冥、溟、暝、瞑、螟。

míng xiǎng 冥想　míng 溟　míng mù 瞑目　huì míng 晦暝　míng chóng 螟虫

【亭】 tíng 亭、停、渟、葶、婷。

bào tíng 报亭　tíng liú 停留　pīng tíng 娉婷

【凌】 líng 凌、陵、菱、崚、绫。

líng rǔ 凌辱　qiū líng 丘陵　líng jiǎo 菱角　líng zi 绫子

【竟】 jìng 竟、境、镜。

jìng rán 竟然　jìng kuàng 境况　jìng zi 镜子

【营】 yīng 莺，yíng 荧、莹、萤、营、萦、滢。

yè yīng 夜莺　yíng píng 荧屏　jīng yíng 晶莹　yíng huǒ chóng 萤火虫　jīng yíng 经营
yíng rào 萦绕　yíng huí 萦回　yíng huí 滢洄

【婴】 yīng 婴、罂、撄、嘤、缨、樱、鹦。

yīng ér 婴儿　yīng sù 罂粟　cháng yīng 长缨　yīng huā 樱花　yīng wǔ 鹦鹉

【敬】 jǐng 儆、警，jìng 敬；qíng 擎。

jǐng jiè 警戒　　jǐng chá 警察　　jìng lǐ 敬礼　　yǐn qíng 引擎

韵母 en、in 与韵母 eng、ing 字音辨正训练：

1. en 和 eng

（1）词语训练：

认真 rènzhēn　　身份 shēnfèn　　根本 gēnběn　　深沉 shēnchén
门诊 ménzhěn　　振奋 zhènfèn　　审慎 shěnshèn　　人文 rénwén
更正 gēngzhèng　　丰盛 fēngshèng　　风筝 fēngzheng　　整风 zhěngfēng
增生 zēngshēng　　逞能 chěngnéng　　省城 shěngchéng　　承蒙 chéngméng
生成 shēngchèng　　征程 zhēngchèng　　萌生 méngshēng　　升腾 shēngténg
蒸腾 zhēngténg　　风声 fēngshēng　　耿耿 gěnggěng　　声称 shēngchēng

（2）en—eng　　深耕　神圣　真正　人称　本能
　　eng—en　　诚恳　省份　缝纫　胜任　正门
　　en—en　　根本　认真　人参　门诊　愤恨
　　eng—eng　　风声　整风　风筝　登程　生成

（3）对比训练：

奔 bēn—崩 bēng　　盆 pén—棚 péng　　门 mén—盟 méng　　分 fēn—风 fēng
嫩 nèn—能 nèng　　跟 gēn—更 gēng　　肯 kěn—坑 kēng　　痕 hén—横 héng
枕 zhěn—整 zhěng　　陈 chén—程 chéng　　深 shēn—声 shēng　　人 rén—仍 réng
怎 zēn—增 zēng　　岑 cén—层 céng　　森 sēn—僧 sēng

诊治 zhěnzhì—整治 zhěngzhì　　身世 shēnshì—声势 shēngshì
深思 shēnsī—生丝 shēngsī　　陈旧 chénjiù—成就 chéngjiù
人参 rénshēn—人生 rénshēng　　瓜分 guāfēn—刮风 guāfēng
木盆 mùpén—木篷 mùpéng　　清真 qīngzhēn—清蒸 qīngzhēng
绅士 shēnshì—声势 shēngshì　　余温 yúwēn—渔翁 yúwēng
时针 shízhēn—时政 shízhèng　　申明 shēnmíng—声明 shēngmíng

（4）词语听写：

查分—查封　门牙—萌芽　长针—长征　三根—三更　真理—争理
诊治—整治　沉船—乘船　绅士—声势　枕套—整套　审视—省市

（5）绕口令练习：

陈是陈，程是程，姓陈不能说成姓程，姓程也不能说成姓陈。禾旁是程，耳朵是陈。程陈不分，就会认错人。

小冯做红灯，小凤做兔灯，小藤做蓬灯，假灯胜真灯，小冯小凤小腾做的灯似真灯。

小琛不认真，做事不审慎。老沈很深沉，做事很认真。小琛问老沈怎能不分神，老沈说："认真服务是根本，人要振奋精神，只要认真，就能审慎。"

老彭拿着一个盆，路过老陈住的棚，盆碰棚，棚碰盆，棚倒盆碎棚压盆。老陈要陪老彭的盆，老彭不要老陈来赔盆。老陈陪着老彭去补盆，老彭帮着老陈来修棚。

郑政捧着盏台灯，彭澎扛着架屏风，彭澎让郑政扛屏风，郑政让彭澎捧台灯。

（6）文段朗读练习

河山只在我梦萦，祖国已多年未亲近。可是不管怎样也改变不了我的中国心。洋装虽然穿在身，我心依然是中国心。我的祖先早已把我的一切，烙上中国印。长江长城，黄山黄河，在我心中重千斤，无论何时，无论何地，心中一样亲。流在心里的血，澎湃着中华的声音；就算生在他乡也改变不了我的中国心。

我母亲是普通工人，常年患病，病史几乎与我同龄。她身材瘦小，性格温柔而倔强。年届不惑，看起来比实际年龄略显苍老，憔悴的面容记录了命运多舛的坎坷经历。为了排除母亲久病卧床的孤寂，为了回报圣洁的母爱，在春暖花开的日子里，我用"小飞鸽"自行车驮着母亲到郊外散心。

2. in 和 ing

（1）词语训练：

拼音 pīnyīn	信心 xìnxīn	亲近 qīnjìn	殷勤 yīnqín
濒临 bīnlín	薪金 xīnjīn	仅仅 jǐnjǐn	紧密 jǐnmì
评定 píngdìng	倾听 qīngtīng	命令 mìnglìng	性情 xìngqíng
经营 jīngyíng	姓名 xìngmíng	行星 xíngxīng	聆听 língtīng
警醒 jǐngxǐng	酩酊 mǐngdǐng	秉性 bǐngxìng	英明 yīngmíng
精灵 jīnglíng	影评 yǐngpíng	兵营 bīngyíng	宁静 níngjìng

（2）in—ing　心情　拼命　民兵　禁令　进行

ing—in　灵敏　迎亲　听信　影印　清贫

in—in　拼音　濒临　信心　殷勤　临近

ing—ing　情形　英明　轻盈　宁静　灵性

（3）对比训练：

金 jīn—京 jīng	紧 jǐn—井 jǐng	印 yìn—硬 yìng	宾 bīn—兵 bīng
贫 pín—平 píng	民 mín—名 míng	您 nín—宁 níng	林 lín—零 líng
亲 qīn—清 qīng	新 xīn—星 xīng	阴 yīn—英 yīng	

频繁 pínfán—平凡 píngfán	禁止 jìnzhǐ—静止 jìngzhǐ
林子 línzi—绫子 língzi	不信 búxìn—不幸 búxìng
人民 rénmín—人名 rénmíng	很亲 hěnqīn—很轻 hěnqīng
心境 xīnjìng—行经 xíngjìng	金质 jīnzhì—精致 jīngzhì
凭信 píngxìn—平行 píngxíng	金银 jīnyín—经营 jīngyíng

（4）听写词语：

印象—映像　亲生—轻声　金鱼—鲸鱼　新建—兴建　弹琴—谈情

亲近—清静　信服—幸福　来宾—来兵　老林—老龄　引子—影子

（5）绕口令练习：

天上看，满天星。地下看，有个坑。坑里看，有盘冰。坑外长着一老松，松上落着一只鹰。松下坐着一老僧，僧前放着一部经，经前点着一盏灯，墙上钉着一根钉，钉上挂着一张弓。说刮风，就刮风，刮得男女老少难把眼睛睁。刮散了天上的星，刮平了地上的坑，刮化了地上的冰，刮倒了坑外的松，刮飞了松上的鹰，刮走了松下的僧，刮乱了松前的经，刮掉了墙上的钉，刮翻了钉上的弓。这是一个星散、坑平、冰化、松倒、鹰飞、僧走、经乱、灯灭、钉掉、弓翻的绕口令。

小平拿瓶给小兵，小兵没接住小平的瓶。小平不高兴怪小兵，要小兵赔瓶，小兵不领小平的情不赔瓶。

东洞庭，西洞庭，洞庭山上一根藤，藤条顶上挂铜铃，风起藤动铜铃响，风停藤定铜铃静。

小金到北京看风景，小京到天津买纱巾。看风景，用眼睛，还带一个望远镜；买纱巾，带现金，到了天津把商店进。买纱巾，用现金；看风景，用眼睛，巾、金、精、津、睛，都要分清。

（6）句子练习

谁不爱自己的母亲，用那滚烫的赤子心灵，亲爱的祖国，慈祥的母亲，长江黄河欢腾着深情，我们对您的深情。　谁不爱自己的母亲，用那闪光的美妙青春，亲爱的祖国，慈祥的母亲，蓝天大海储满着忠诚，我们对您的忠诚。（歌词《祖国，慈祥的母亲》）

莫听穿林打叶声，何妨吟啸且徐行。竹杖芒鞋轻胜马，谁怕？一蓑烟雨任平生。料峭春风吹酒醒，微冷。山头斜照却相迎。回首向来萧瑟处，归去，也无风雨也无晴。（苏轼《定风波》）

二、韵母 o、e、ê 与韵母 uo

普通话的 e 韵字，许多方言里没有，分别读成了 o 和 ê 韵。如客家话、粤方言和北方方言西南官话都有把舌根音与 e 相拼的字读为 o 韵的，如“哥、科、喝”等。舌尖后音与 e 相拼的在粤方言里读为了 ê，如“遮、车、社、热”等。

这些方言区的人要分清 e、o 和 ê，一是要学习 e 的发音，二是要分辨记忆 e 韵母的字。e 的发音，可以由 o 引导，即先发 o，声音拖长，逐渐把双唇向两边展开，就可发出 e 音。记字方面，可利用普通话的两条声韵配合规律——b p m f 以外的声母不跟 o 相拼，且 ê 在普通话里不与声母相拼，掌握这两条规律，记字是不困难的。

e 韵母代表字类推举例：

【俄】 é 俄、峨、娥、鹅、蛾，è 饿。

é guó　wēi é　é méi　é róng　fēi é
俄国　巍峨　蛾眉　鹅绒　飞蛾

【厄】 è 厄、扼、呃。

è yùn　è wàn
厄运　扼腕

【腭】 è 腭、愕、颚、鳄、鄂、萼。

yìng è　jīng è　shàng è　è yú　huā è
硬腭　惊愕　上腭　鳄鱼　花萼

【各】 é 额；gē 胳、搁，gé 阁、格、骼、搁，gè 各；kè 客、恪；hé 貉（“胳肢窝”念 gāozhiwō，同“夹肢窝”；“貉子”念 háozi；“烙印、奶酪”的“烙、酪”念 lào；“洛、骆、络”等念 luò；“赂、路”念 lù；“略”念 lüè）。

míng é　gē bo　gē zhì　gé lóu　fāng gé　gǔ gé　gē qiǎn　gè zì
名额　胳膊　搁置　阁楼　方格　骨骼　搁浅　各自

kè rén　恪 shǒu　yì qiū zhī hé
客人　恪守　一丘之貉

【哥】 gē 哥、歌。

gē ge　gē qǔ
哥哥　歌曲

【隔】 gé 隔、嗝、膈。

gé hé　dǎ gé r　gé mó
隔阂　打嗝儿　膈膜

【科】 kē 科、蝌。

kē xué　kē dǒu
科学　蝌蚪

【可】 kē 苛、柯、疴，kě 可、坷；hē 呵，hé 何、河、荷，hè 荷（叹词、助词“呵”，同“啊”）。

kē qiú　chén kē　kě néng　kǎn kě　hē hù　shān hé　hé huā
苛求　沉疴　可能　坎坷　呵护　山河　荷花

【瞌】 kē 磕、瞌，kè 嗑；hé 阖。

kē tóu　kē shuì　kē guā zi r　hé jiā huān lè
磕头　瞌睡　嗑瓜子儿　阖家欢乐

【棵】 kē 棵、稞、颗、窠，kè 课（“果、裹、蜾”念 guǒ，“夥”念 huǒ，“裸”念 luǒ）。

yī kē　qīng kē　kē lì　kē jiù　kè táng
一棵　青稞　颗粒　窠臼　课堂

【涸】 hé 涸；gè 个。

gān hé　gè rén
干涸　个人

【喝】 hē 喝，hè 喝、褐；kě 渴；gé 葛，gě 葛；è 遏（“揭”念 jiē，“竭、羯、碣”念 jié，“蝎、歇”念 xiē，“谒”念 yè）。

hē shuǐ　hè cǎi　hè sè　kě wàng　jiū gé　è zhì
喝水　喝彩　褐色　渴望　纠葛　遏制

【禾】 hé 禾、和，hè 和（“和面、和泥”的“和”念 huó，“和稀泥”的“和”念 huò，“和牌了”的“和”念 hú）。

hé miáo　hé píng　hé xián　fù hè
禾苗　和平　和弦　附和

【合】 hé 合、盒、颌；gē 鸽，gé 蛤（“哈”念 hā，“蛤蟆”念 háma，“答”念 dā，dá，“洽、恰”念 qià，“龛”念 kān，“给”念 gěi，“拾”念 shí）。

hé gé　hé fàn　xià hé　gē zi　gé lí
合格　盒饭　下颌　鸽子　蛤蜊

【核】 hé 核、劾、阂；ké 咳，kè 刻（“梨核儿”等的“核”念 hú，“孩、氦、该、赅、垓”的韵母是 ai）。

hé xīn　tán hé　gé hé　ké sou　kè kǔ
核心　弹劾　隔阂　咳嗽　刻苦

【赫】 hè 赫、吓（“吓”也念 xià，如“吓唬”）。

xiǎn hè　　kǒng hè
显 赫　　恐 吓

【折】 zhē 折，zhé 折、哲、蛰，zhè 浙；shé 折（“逝、誓”念 shì）。

zhē teng　　zhé dié　　zhé xué　　hǎi zhé　　zhè jiāng　　shé běn
折 腾　　折 叠　　哲 学　　海 蛰　　浙 江　　折 本

【遮】 zhē 遮，zhè 蔗、鹧。

zhē gài　　zhè táng　　zhè gū
遮 盖　　蔗 糖　　鹧 鸪

【撤】 chè 撤、彻、澈。

chè lí　　chè dǐ　　qīng chè
撤 离　　彻 底　　清 澈

【舌】 shé 舌，shě 舍，shè 舍。

shé tou　　shě qǔ　　sù shè
舌 头　　舍 取　　宿 舍

【摄】 shè 摄、慑（“聂、镊、蹑、颞”念 niè）。

shè yǐng　　shè fú
摄 影　　慑 服

【射】 shè 射、麝。

shè jī　　shè xiāng
射 击　　麝 香

【则】 zé 则 cè 测、侧、恻、策、厕（“铡刀”的“铡”念 zhá）。

fǎ zé　　cè liáng　　cè miàn　　cè yǐn　　zhèng cè　　gōng cè
法 则　　测 量　　侧 面　　恻 隐　　政 策　　公 厕

【责】 zé 责、啧。

zé rèn　　zé zé
责 任　　啧 啧

【泽】 zé 泽、择（“择菜、择席”的“择”念 zhái，“译、驿、绎”念 yì，“释”念 shì，“铎”念 duó）。

ēn zé　　xuǎn zé
恩 泽　　选 择

【啬】 sè 啬、穑（“墙、蔷”念 qiáng）。

lìn sè　　jià sè
吝 啬　　稼 穑

西南地区成都、重庆、贵阳、昆明等很多地方没有 uo 韵，普通话 uo 韵字，在这些地区里几乎全读成 o 韵。所以这些方言区的人必须学会 uo 的发音。

uo 是复韵母，其音值是由单元音 u 向单元音 o 滑动而成的，口形舌位有变化，口形由较小到较大变动，舌位有由高到半高的连续变化过程。

学会了 uo 的发音，然后把自己的 o 韵母换成 uo 韵母。需要换韵的字，可利用普通话声韵配合中的一条规律记忆，即普通话里 d t n l、g k h、zh ch sh r、z c s 几组声母不与 o 韵相拼，而与 uo 相拼。所以上述方言区的人可把方言中这几组声母与 o 相拼的统统换成 uo

即可。

韵母 o、e、ê 与 uo 发音辨正训练：

1. 词语训练

脖子 bózi	老婆 lǎopo	蘑菇 mógu	鸟窝 niǎowō
伯父 bófu	哥哥 gēge	天鹅 tiān'é	河水 héshuǐ
毒蛇 dúshé	记者 jìzhě	叵测 pǒcè	波折 bōzhé
恶魔 èmó	刻薄 kèbó	河坡 hépō	堕落 duòluò
过错 guòcuò	懦弱 nuòruò	火锅 huǒguō	啰唆 luōsuō
破获 pòhuò	剥夺 bōduó	活泼 huópō	琢磨 zhuómó

2. 对比训练

没破 méipò—没课 méikè	不摸 bùmō—不喝 bùhē
下坡 xiàpō—下车 xiàchē	内膜 nèimó—内阁 nèigé
油墨 yóumò—游客 yóukè	高坡 gāopō—高歌 gāogē
大伯 dàbó—大河 dàhé	脖子 bózi—格子 gézi

3. 绕口令练习

（1）哥哥弟弟坡前坐，坡上卧着一只鹅，坡下流着一条河，哥哥说：宽宽的河，弟弟说：肥肥的鹅。鹅要过河，河要渡鹅。不知是鹅过河，还是河渡鹅。

（2）多多和哥哥，坐下分果果。哥哥让多多，多多让哥哥，都说要小个，外婆乐呵呵。

（3）张伯伯，李伯伯，饽饽铺里买饽饽。张伯伯买了个饽饽大，李伯伯买了大饽饽，拿到家里给婆婆，婆婆又去比饽饽，也不知是张伯伯买的饽饽大，还是李伯伯买了个大饽饽。

4. 句子练习

百灵鸟从蓝天飞过，我爱你，中国！我爱你，中国，我爱你春天蓬勃的秧苗，我爱你秋日金黄的硕果，我爱你青松气质，我爱你红梅品格，我爱你家乡的甜蔗，好像乳汁滋润着我的心窝。我要把最美的歌儿献给你，我的母亲，我的中国。

我爱你，中国，我爱你碧波滚滚的南海，我爱你白雪飘飘的北国，我爱你森林无边，我爱你群山巍峨，我爱你淙淙的小河，荡着清波从我的梦中流过。我要把美好的青春献给你，我的母亲，我的中国。（歌词《我爱你，中国》）

我和我的祖国，一刻也不能分割，无论我走到哪里，都能唱出一首赞歌。我歌唱每一座高山，我歌唱每一条河，袅袅炊烟，小小村落，路上一道辙。我最亲爱的祖国，我永远仅依着你的心窝，你用那母亲的脉搏和我诉说。

我和我的祖国，像海和浪花一朵，浪是那海的赤子，海是那浪的依托。每当大海在微笑，我就是笑的旋涡，分担着海的忧愁，分享海的欢乐。我最亲爱的祖国，你是大海永不干涸。永远给我碧浪清波心中的歌。（歌词《我和我的祖国》）

三、韵母 i 与韵母 ü

西南地区的四川、云南、贵州以及客家方言区、闽方言区的部分地区，没有 ü 或 ü 打头的韵母，把普通话读撮口呼韵母的字，读成 i 或 i 打头的韵母（齐齿呼）。比如把“拒绝” jùjué 念得同“季节” jìjié 一样；把“有趣”念得同“有气”一样。学习普通话，要注意读出 ü 来。

学会发 ü 音并不难。一般人都会发 i。i 和 ü 的舌位高低前后相同，只是唇形圆展不同。练习 ü 可由 i 引导。先发 i，声音拖长，舌位保持不动，把双唇由平展收拢成扁圆状，就发出 ü 了。读 ü 的音节时，一开始就要把嘴唇收拢，使声母圆唇化，这样可以迅速读准包含 ü 的音节。

撮口呼音节组成词语训练时，尽量选择前一个音节的韵母是单元音 u 的或者韵母是 ao、iao、ou、iou 的音节，最理想的是单韵母 u 的音节。i 和 ü 对比的音节只有 6 对。bi、pi、mi、di、ti 没有对比的音节。

韵母 i 与韵母 ü 的字音辨正训练

1. 词语训练

集体 jítǐ　　提议 tíyì　　袭击 xíjī　　地理 dìlǐ
笔记 bǐjì　　记忆 jìyì　　机器 jīqì　　积极 jījí
区域 qūyù　　曲剧 qǔjù　　序曲 xùqǔ　　语句 yǔjù
旅居 lǚjū　　余蓄 yúxù　　女婿 nǚxu　　寓居 yùjū
继续 jìxù　　纪律 jìlǜ　　谜语 míyǔ　　体育 tǐyù
履历 lǚlì　　预期 yùqī　　距离 jùlí　　曲艺 qǔyì

2. 对比训练

分期 fēnqī—分区 fēnqū
办理 bànlǐ—伴侣 bànlǚ
里程 lǐchéng—旅程 lǚchéng
防疫 fángyì—防御 fángyù
比翼 bǐyì—比喻 bǐyù
书籍 shūjí—书局 shūjú
适宜 shìyí—适于 shìyú
不急 bùjí—布局 bùjú
联系 liánxì—连续 liánxù
季节 jìjié—拒绝 jùjué
得意 déyì—德育 déyù
臆测 yìcè—预测 yùcè
戏曲 xìqǔ—序曲 xùqǔ
名义 míngyì—名誉 míngyù
大姨 dàyí—大鱼 dàyú
有气 yǒuqì—有趣 yǒuqù
意见 yìjiàn—遇见 yùjiàn
容易 róngyì—荣誉 róngyù

3. 绕口令练习

(1) 吕莉钻研习题集，李菊去洗衣。李菊请吕莉递洗衣剂，吕莉以为李菊要拿习题集，错把习题集当洗衣剂递给李菊。

(2) 这天天下雨，体育局穿绿雨衣的女小吕，去找穿绿运动衣的女老李。穿绿雨衣的女小吕，没找到穿绿运动衣的女老李，穿绿运动衣的女老李，也没见着穿绿雨衣的女小吕。

4. 句子练习

明月几时有，把酒问青天。不知天上宫阙，今夕是何年。我欲乘风归去，又恐琼楼玉宇，高处不胜寒。起舞弄清影，何似在人间！转朱阁，低绮户，照无眠。不应有恨，何事长向别时圆，人有悲欢离合，月有阴晴圆缺，此事古难全。但愿人长久，千里共婵娟。（苏轼《水调歌头》）

四、韵母 i 与 ie、ü 与 üe

四川好些地方，分不清 i 与 ie、ü 与 üe 作韵母的字音，将一些复元音 ie 作韵母的字音念成单韵母 i 作韵母，将一些复元音 üe 作韵母的字音念成单韵母 ü 作韵母，例如：“姐姐”

（jiějie）念成 jǐjǐ，“谢谢”（xièxie）念成 xìxì，“皮靴”（píxuē）念成 píxū。到底哪些字音的韵母是 i 或 ü，哪些字音的韵母是 ie 或 üe，分辨不清的要注意掌握。

韵母 i 与 ie、ü 与 üe 发音辨正训练

1. 词语训练

谢绝 xièjué	决裂 juéliè	解决 jiějué	确切 quèqiè
节略 jiélüè	学业 xuéyè	学界 xuéjiè	劫掠 jiélüè
血液 xuèyè	喋血 diéxuè	节约 jiéyuē	协约 xiéyuē
越界 yuèjiè	月夜 yuèyè	学姐 xuéjiě	孑孓 jiéjué

2. 对比训练

级数 jíshù—劫数 jiéshù	寄书 jìshū—借书 jièshū
旗子 qízi—茄子 qiézi	力度 lìdù—烈度 lièdù
激励 jīlì—接力 jiēlì	隶属 lìshǔ—列属 lièshǔ
局势 júshì—爵士 juéshì	去任 qùrèn—确认 quèrèn
去信 qùxìn—确信 quèxìn	祛斑 qūbān—雀斑 quèbān
须发 xūfà—削发 xuēfà	虚弱 xūruò—削弱 xuēruò
切实 qièshí—确实 quèshí	列表 lièbiǎo—略表 lüèbiǎo
猎取 lièqǔ—掠取 lüèqǔ	日夜 rìyè—日月 rìyuè
竹叶 zhúyè—逐月 zhúyuè	午夜 wǔyè—五岳 wǔyuè

3. 绕口令训练

（1）姐姐借刀切茄子，去把儿去叶儿斜切丝，切好茄子烧茄子，炒茄子、蒸茄子，还有一碗焖茄子。

（2）真绝，真绝，真叫绝，皓月当空下大雪，麻雀游泳不飞跃，鹊巢鸠占鹊喜悦。

4. 句子练习

我爱你，塞北的雪，飘飘洒洒满山遍野。你的舞姿是那样的轻盈，你的心地是那样的纯洁。你是春雨的亲姐妹哟，你是春天派出的使节。你用白玉般的身影，装扮银光闪闪的世界，你把生命融进土地哟，滋润着返青的麦苗，迎春的花叶。我爱你，塞北的雪。（歌词《我爱你，塞北的雪》）

怒发冲冠，凭栏处，潇潇雨歇。抬望眼，仰天长啸，壮怀激烈。三十功名尘与土，八千里路云和月。莫等闲，白了少年头，空悲切。

靖康耻，犹未雪，臣子恨，何时灭？驾长车，踏破贺兰山缺。壮志饥餐胡虏肉，笑谈渴饮匈奴血。待从头收拾旧山河，朝天阙。（岳飞《满江红》）

五、韵母 ang、uang 与韵母 iang

一些方言区没有韵母 ang 和 uang，普通话为 ang 和 uang 韵母的字音，这些地区普遍念成 an 和 uan，例如：“访问”念成“反问”，“怕光”念成“怕官”，“木床”念成“木船”。与此相反，个别地方又没有韵母 an 和 uan，将韵母是 an 和 uan 的字音，分别念成 ang 和 uang 作韵母，例如：“谈”念成“糖”，“看”念成“炕”，“滩”念成“汤”。个别地区也没有韵母 iang，“羊”与“盐”同音，“香”与“先”同音，iang 韵母念成了 ian 韵母。因此，这些地区要注意分辨 ang、uang、iang 的字音与韵母 an、uan、ian 的字音。

韵母 ang、uang、iang 与 an、uan、ian 发音辨正训练：

1. 词语训练

帮忙 bāngmáng　船舱 chuáncāng　厂房 chǎngfáng　广场 guǎngchǎng
站岗 zhàngǎng　盲肠 mángcháng　换防 huànfáng　爽朗 shuǎnglǎng
闯荡 chuǎngdàng　党纲 dǎnggāng　专长 zhuāncháng　相仿 xiāngfǎng
演讲 yǎnjiǎng　现象 xiànxiàng　坚强 jiānqiáng　绵羊 miányáng
商行 shānghǎng　担当 dāndāng　双杠 shuānggàng　矿藏 kuàngcáng
上访 shàngfǎng　苍茫 cāngmáng　伴唱 bànchàng　香港 xiānggǎng
枉然 wǎngrán　转让 zhuǎnràng　荒唐 huāngtáng　奖章 jiǎngzhāng

2. 对比训练

扳手 bānshǒu—帮手 bāngshǒu　女篮 nǚlán—女郎 nǚláng
反问 fǎnwèn—访问 fǎngwèn　担心 dānxīn—当心 dāngxīn
唐宋 tángsòng—弹送 tánsòng　水干 shuǐgān—水缸 shuǐgāng
看家 kānjiā—康佳 kāngjiā　战防 zhànfáng—账房 zhàngfáng
赏光 shǎngguāng—闪光 shǎnguāng　冉冉 rǎnrǎn—攘攘 rǎngrǎng
土壤 tǔrǎng—涂染 túrǎn　张贴 zhāngtiē—粘贴 zhāntiē

3. 绕口令训练

（1）长扁担，短扁担，长扁担比短扁担长半扁担。长扁担捆在短板凳上，短扁担捆在长板凳上。长板凳不能捆比短扁担长半扁担的长扁担，短板凳也不能捆比长扁担短半扁担的短扁担。

（2）床身长，船身长，床身船身不一样长。

（3）长城长，城墙长，长长长城长城墙，城墙长长城长长。

4. 句子练习

十年生死两茫茫，不思量，自难忘。千里孤坟，无处话凄凉。纵使相逢应不识，尘满面，鬓如霜。

夜来幽梦忽还乡。小轩窗，正梳妆。相顾无言，惟有泪千行。料得年年肠断处，明月夜，短松冈。（苏轼《江城子》）

英国威尔斯有个谷口村，村外有座小山。山下有一家酒店、两家快餐店、两个咖啡馆和一个书店。由于风吹雨打日晒，小山不时落下石块，威胁着顾客和村民的安全。一天，村民集合在小山下，看到它摇摇欲坠的样子，担心它总会有一天要倾倒下来，把村庄压碎。于是经过商量，他们锻造了一条巨大的粗铁链，把整座小山锁起来。后来，人们称之为“锁山艺术”。

六、韵母 an、ian、üan、uen 与韵母 ün

一些方言区，没有韵母 ian 和 üan。普通话是 ian 或 üan 韵母的字音，这些地区普遍念成 ie 与 üe 作韵母，如“片面”（piànmiàn）念作 pièmiè，“前线”（qiánxiàn）念作 qiéxiè，“圆圈”（yuánquān）念作 yuéquē；有些方言区，则念成 in 与 ün 作韵母，如“盐”（yán）念作“银”（yín），“元宵”（yuánxiāo）念作“云霄”（yúnxiāo）。

还有一些方言区，没有韵母 uen，普通话是 uen 韵母的字音，声母是 d、t、l 或 z、c、s 的，如四川话的一般读音，普遍念成前鼻音 en 作韵母，如“炖、吞、论、尊、村、孙”；

声母是舌面后音 g、k、h 或 zh、ch、sh、r 的，此类地区普遍念成 ong 作韵母，如“昆”（kūn）念 kōng，“春”（chūn）念 cōng。由 uen 构成的零声母音节，也念作 ong，如“温”（wēn）念 ōng；还有一些方言区，没有韵母 ün，普通话是 ün 韵母的字音念成 iong 作韵母，如“群”（qún）念“穷”（qióng），“寻”（xún）念“雄”（xióng）。

以上方言情况说明，这些地区不仅要掌握 an、ian、üan、uen、ün 韵母的准确发音，还要分清由这些韵母构成的字音。

韵母 an、ian、üan、uen、ün 发音辨正训练

1. 词语训练：

引言 yǐnyán	切点 qiēdiǎn	眼睑 yǎnjiǎn	严谨 yánjǐn
民间 mínjiān	晋见 jìnjiàn	亲眼 qīnyǎn	垫肩 diànjiān
元件 yuānjiàn	演变 yánbiàn	勤俭 qínjiǎn	借鉴 jièjiàn
昏君 hūnjūn	囫囵 húlún	元勋 yuánxūn	加仑 jiālún
连接 liánjiē	谦逊 qiānxùn	昆仑 kūnlún	冶炼 yěliàn
原棉 yuánmián	吨位 dūnwèi	议论 yìlùn	群雄 qúnxióng
全面 quánmiàn	桥墩 qiáodūn	温存 wēncún	趸船 dǔnchuán
方寸 fāngcùn	心弦 xīnxián	浅显 qiánxiǎn	后盾 hòudùn
演员 yǎnyuán	莴笋 wōsǔn	血缘 xuèyuán	整顿 zhěngdùn
臀部 túnbù	越权 yuèquán	沉沦 chénlún	通顺 tōngshùn

2. 对比训练：

建议 jiànyì—倦意 juànyì　　前线 qiánxiàn—权限 quánxiàn

当前 dāngqián—当权 dāngquán　　前程 qiánchéng—全程 quánchéng

庄严 zhuāngyán—庄园 zhuāngyuán　　方言 fāngyán—方圆 fāngyuán

3. 绕口令训练：

（1）甜甜给燕燕钱买线，燕燕以为甜甜要买盐，燕燕拿盐给甜甜，甜甜还燕燕盐换燕燕的线，燕燕拿回甜甜的盐换给甜甜线。

（2）画圆圈，圈圆圈，娟娟画圆圈连圈，元元画圆圈套圈。圈圈圆圈圈连圈，圆连圆圈圈圈圈圆。

（3）阎眼远和阎眼圆，两人看来有渊源，阎眼圆比阎眼远眼圆，阎眼远比阎眼圆看得远。

（4）张康当董事长，詹丹当厂长，张康帮助詹丹，詹丹帮助张康。

（5）那边划来一艘船，这边漂去一张床，船床河中互相撞，不知船撞床，还是床撞船。

（6）大帆船，小帆船，竖起桅杆撑起船。风吹帆，帆引船，帆船顺风转海湾。

（7）城隍庙里有两个判官，一个判官姓潘，一个判官姓关。潘判官不管关判官，关判官不管潘判官。

（8）南盘山，北盘山，南北盘山难登攀。南山山顶顶青天，北山山颠藏云间。藏云间，顶青天，你说哪座盘山更难攀？

（9）天蓝蓝，海蓝蓝，月弯弯，船弯弯。弯弯小船天上月，弯弯月儿海中船。

4. 句子练习

小学的时候，有一次我们去海边远足，妈妈没有做便饭，给了我十块钱买午餐。好像走了很久，很久，终于到海边了，大家坐下来便吃饭，荒凉的海边没有商店，我一个人跑到防

风林外面去，班主任老师要大家把吃剩的饭菜分给我一点。有两三个男生留下一点给我，还有一个女生，她的米饭拌了酱油，很香。我吃完的时候，她笑眯眯地看着我，短头发，脸圆圆的。她的名字叫翁香玉。

岸边山崖上刀斧痕犹存的崎岖小道，高低凹凸，虽没有“难于上青天”的险恶，却也有踏空了滚到拒马河洗澡的风险。狭窄处只能手扶岩石贴壁而行。当“东坡草堂”几个红漆大字赫然出现在前方岩壁时，一座镶嵌在岩崖间的石砌茅草屋同时跃进眼底。

七、韵母 er 自成音节的字音

有少数方言区，在念“而、儿、耳、二”等字音时，舌头不往上卷，因而念不准 er 韵母自成音节的字音，将卷舌韵母 er 念成了接近于舌面、央、中的不圆唇元音。要矫正这样的读音并不难，只要在念“而、儿”等字音时，注意在发音的同时舌尖轻轻往上卷，舌位在央、中位置，开口度在半开与半闭之间，唇形不圆，就是韵母 er 了。注意经常地、反复地练习，使可将原来的读音习惯改变过来。

韵母 er 自成音节的发音训练：

宠儿 chóng’ér	而已 éryǐ	耳语 ěryǔ	孤儿 gū’ér
反而 fǎn’ér	二话 èrhuà	偶尔 ǒu’ěr	二胡 èrhú
儿歌 érgē	尔后 ěrhòu	遐迩 xiá’ěr	儿戏 érxì
悦耳 yuè’ěr	诱饵 yòu’ěr	儿女 érnǚ	耳机 ěrjī

读句子：二大娘家的二儿子从云南洱海湖归来，带了二十二斤好木耳。

项目小结

普通话有 39 个韵母。根据韵母结构成分的特点可以分为三类：单韵母、复韵母和鼻韵母；根据韵母开头元音的口形特点，可以将韵母分成开口呼、齐齿呼、合口呼、撮口呼四类，简称“四呼”。单韵母的发音特点是：发音时舌位、唇形及开口度按发音要求维持发音状态，始终不变，没有动程。复韵母的发音特点是：发复韵母要有口形变化，保持主要元音开口度，舌位滑动的过程明显。鼻韵母的发音特点是：复韵母是发音器官由元音状态向鼻音的发音状态逐渐变化，最后完全变为鼻音的过程，虽然有元音往鼻音发音的过渡，但开始发元音时不能鼻化。

方言区的人要掌握普通话的韵母，应当了解方言与普通话韵母的对应关系，掌握韵母的正确发音方法，多做韵母辨正练习。

（彭涛）

项目综合练习

一、正确判断下列词语的韵母并认真认读各词语，注意避免出现语音错误或语音缺陷

薄弱　诚恳　电量　儿歌　反抗　活佛　观望

季节　姿势　冷冻　愉悦　稳重　月球　月夜
做梦　民兵　老翁　蜂拥　眩晕　厕所　沉沦
尽情　举例　寄居　轮训　憎恨　勇猛　元件
用功　确切　荒谬　恪守　烙印　花蕊　参差
禀赋　秉公　槟榔　鼎盛　净土　竞技　晶体
粳米　灵活　另外　凝固　奸佞　乒乓　亲家
水泵　迸发　称赞　撑腰　驰骋　承担　等待
丰腴　封闭　凤凰　耕耘　耿直　恒星　横亘
铿锵　冷却　发愣　棱角　梦幻　抨击　碰撞
渔翁　蓊郁　蕹菜　易于　鸳鸯　疆域　羽翼
雀跃　绝缘　安放　暗藏　长衫　担当　胆囊
商贩　狂欢　现象　两边　观望　赞赏　岩浆

二、念准韵母不同的多音字字音

认读下列词语，其中一些字，字形相同，但读音未必相同，看看你能分清读音的有多少？

阿姨　阿谀　称颂　相称　大致　大夫　全都
都市　风度　揣度　还是　归还　会议　会计
干劲　劲旅　咱俩　伎俩　暴露　泄露　蔓延
瓜蔓儿　模范　模仿　模样　模板　亲友　亲家
大厦　厦门　杉木　冷杉　熟　熟练　开拓
拓片　般切　般红　魔爪　爪子　仔细　牛仔裤

三、认读下列词语，并注出加有着重符号字音的韵母

模拟　效率　喘气　沙漠　率先　猫头鹰　寂寞
白昼　足迹　佛教　北方　执着　仿佛　百货
着急　煤核儿　拍照　着落　考核　大伯　熔岩
堆砌　漂泊　绿卡　披肩　陌生　沮丧　譬如
漆黑　蹩脚　土坯　鲜艳　蕴含　砒霜　倾慕
轶事　免疫　车轴　惊骇　战役　删除　酿制
束缚　疝气　发胖　规律　秘密　荨麻　绿卡
遂心　荨麻疹　酗酒　阿谀　商埠　阿胶

四、给下面的谚语注出韵母

1. 蜜蜂爱恋花朵，人民热爱祖国。
2. 养兵千日，用兵一时。
3. 书山有路勤为径，学海无涯苦作舟。
4. 马美在奔跑，人美在德高。
5. 返老还童求仙丹，不如早上跑三圈。

6. 天怕乌云地怕荒，人怕疾病物怕伤。
7. 聪明的人有长的耳朵和短的舌头。
8. 重复是学习之母。
9. 当你还不能对自己说今天学到了什么东西时，你就不要去睡觉。
10. 好问的人，只做了五分钟的愚人；耻于发问的人，终身为愚人。
11. 求学的三个条件是：多观察、多吃苦、多研究。
12. 人天天都学到一点东西，而往往所学到的是发现昨日学到的是错的。
13. 我的努力求学没有得到别的好处，只不过是愈来愈发觉自己的无知。
14. 学到很多东西的诀窍，就是一下子不要学很多。
15. 学问是异常珍贵的东西，从任何源泉吸收都不可耻。
16. 学习是劳动，是充满思想的劳动。
17. 游手好闲的学习并不比学习游手好闲好。
18. 有教养的头脑的第一个标志就是善于提问。
19. 世事洞明皆学问，人情练达即文章。
20. 茂盛的禾苗需要水分，成长的少年需要学习。

五、诗词、短文朗读练习

认准每个字音的声母、韵母。韵母的发音，如果不是正常音变，要特别注意几点：

① 单韵母的发音要保持发音器官个部位的稳定，不要中途变动。

② 复韵母和鼻韵母的发音，都要注意动程，即怎样从前一个音素的形位自然过渡到后一个音素的形位；唇形圆还是不圆，从前音到后音该有何种变动；开口度是大是小，从前音到后音开度是否相同，这些都应准确把握。

③ 鼻韵母的韵尾，不论是 n 还是 ng，发音都必须落实。

西塞山前白鹭飞，桃花流水鳜鱼肥。青箬笠，绿蓑衣，斜风细雨不须归。

（张志和《渔歌子》）

昨夜雨疏风骤，浓睡不消残酒。试问卷帘人，却道海棠依旧。知否，知否？应是绿肥红瘦。

（李清照《如梦令》）

箫声咽，秦娥梦断秦楼月。秦楼月，年年柳色，灞陵伤别。乐游原上清秋节，咸阳古道音尘绝。音尘绝，西风残照，汉家陵阙。

（李白《忆秦娥》）

江南好，风景旧曾谙。日出江花红胜火，春来江水绿如蓝，能不忆江南？

（白居易《忆江南》）

故园东望路漫漫，双袖龙钟泪不干。马上相逢无纸笔，凭君传语报平安。

（岑参《逢入京使》）

山明水净夜来霜，数树深红出浅黄。试上高楼清入骨，岂知春色嗾人狂。

（刘禹锡《秋词二首》其二）

莫笑农家腊酒浑，丰年留客足鸡豚。山重水复疑无路，柳暗花明又一村。箫鼓追随春社近，衣冠简朴古风存。从今若许闲乘月，拄杖无时夜叩门。

（陆游《游山西村》）

杨柳青青江水平，闻郎江上唱歌声。东边日出西边雨，道是无晴却有晴。

（刘禹锡《竹枝词二首》其一）

辛苦遭逢起一经，干戈寥落四周星。山河破碎风飘絮，身世浮沉雨打萍。惶恐滩头说惶恐，零丁洋里叹零丁。人生自古谁无死？留取丹心照汗青。

（文天祥《过零丁洋》）

泰山极顶看日出历来被描绘成十分壮观的奇景。有人说：登泰山而看不到日出，就像一出大戏没有戏眼，味儿终究有点寡淡。

我去爬山那天，正赶上个难得的好天，万里长空，云彩丝儿都不见，素常烟雾腾腾的山头，显得眉目分明。同伴们都喜的说："明儿早晨准可以看见日出了。"我也是抱着这种想头，爬上山去。

一路上从山脚往上爬，细看山景，我觉得挂在眼前的不是五岳独尊的泰山，却像一幅规模惊人的青绿山水画，从下面倒展开来。在画卷中最先露出的是山根底那座明朝建筑岱宗坊，慢慢地便现出王母池、斗母宫、经石峪。山是一层比一层深，一叠比一叠奇，层层叠叠，不知还会有多深多奇。万山丛中，时而点染着极其工细的人物。王母池旁边的吕祖殿里有不少尊明塑，塑着吕洞宾等一些人，姿态神情是那样有生气，你看了，不禁会脱口赞叹说："活啦。"

画卷继续展开，绿荫森森的柏洞露面不太久，便来到对松山。两面奇峰对峙着，满山峰都是奇形怪状的老松，年纪怕都有上千岁了，颜色竟那么浓，浓得好象要流下来似的。来到这儿，你不妨权当一次画里的写意人物，坐在路旁的对松亭里，看看山色，听听流//水和松涛。

一时间，我又觉得自己不仅是在看画卷，却又像是在零零乱乱翻着一卷历史稿本。

（摘自杨朔《泰山极顶》）

一个大问题一直盘踞在我脑袋里：

世界杯怎么会有如此巨大的吸引力？除去足球本身的魅力之外，还有什么超乎其上而更伟大的东西？

近来观看世界杯，忽然从中得到了答案：是由于一种无上崇高的精神情感——国家荣誉感！

地球上的人都会有国家的概念，但未必时时都有国家的感情。往往人到异国，思念家乡，心怀故国，这国家概念就变得有血有肉，爱国之情来得非常具体。而现代社会，科技昌达，信息快捷，事事上网，世界真是太小太小，国家的界限似乎也不那么清晰了。再说足球正在快速世界化，平日里各国球员频繁转会，往来随意，致使越来越多的国家联赛都具有国际的因素。球员们不论国籍，只效力于自己的俱乐部，他们比赛时的激情中完全没有爱国主义的因子。

然而，到了世界杯大赛，天下大变。各国球员都回国效力，穿上与光荣的国旗同样色彩的服装。在每一场比赛前，还高唱国歌以宣誓对自己祖国的挚爱与忠诚。一种血缘情感开始在全身的血管里燃烧起来，而且立刻热血沸腾。

在历史时代，国家间经常发生对抗，好男儿戎装卫国。国家的荣誉往往需要以自己的生命去//换取。但在和平时代，唯有这种国家之间大规模对抗性的大赛，才可以唤起那种遥远而神圣的情感，那就是：为祖国而战！

（节选自冯骥才《国家荣誉感》）

附录：

韵母容易读错的例词

A

白皑皑（ái）	谙（ān）熟		

B

掰（bāi）开	柏（bǎi）油	大伯（bǎi）子	胳臂（bei）
剥（bāo）皮	薄（báo）纸	迸（bèng）发	陛（bì）下
婢（bì）女			

C

参差（cēncī）	差（chāi）遣	谄（chǎn）媚	匀称（chèn）
称（chèn）职	对称（chèn）	称（chèn）心如意	整饬（chì）
炽（chì）热	气喘（chuǎn）	皴（cūn）裂	存（cún）在

D

呆（dāi）板	大（dài）夫	追悼（dào）	句读（dòu）
踱（duó）步	敦（dūn）促	墩（dūn）子	迟钝（dùn）
盾（dùn）牌	停顿（dùn）		

E

阿（ē）谀	婀（ē）娜		

F

沸（fèi）点	仿佛（fú）	凫（fú）水	否（fǒu）定

G

脖颈（gěng）	提供（gōng）	佝（gōu）偻	商贾（gǔ）
呱呱（gū）	坠地皈（guī）依	刽（guì）子手	靓（jìng）妆

H

巷（hàng）道	呵（hē）欠	豢（huàn）养	和（huó）面
道行（héng）			

J

夹（jiā）道	夹（jiá）袄	戛（jiá）然而止	粳（jīng）米
隽（juàn）永	角（jué）色	口角（jué）	角（jué）逐
咀嚼（jué）	龟（jūn）裂	给（jǐ）予	

K

窠（kē）白	恪（kè）守	财会（kuài）	

L

落（lào）枕	落色（làoshǎi）	奶酪（lào）	烙（lào）印
落（lào）不是	罹（lí）难	怜（lián）悯	泄露（lòu）
论（lùn）证	伦（lún）理	车轮（lún）	沦（lún）陷
傀儡（lěi）			

M

抹（mā）布	埋（mán）怨	耄耋（màodié）	贸（mào）易
茂（mào）盛	联袂（mèi）	静谧（mì）	分娩（miǎn）
荒谬（miù）	蓦（mò）然	牟（móu）取	谋（móu）杀
某（mǒu）地	明眸（móu）	模（mú）样	模（mú）具
田亩（mǔ）			

N

老衲（nà）	羞赧（nǎn）	哪吒（nézhā）	木讷（nè）
气馁（něi）	执拗（niù）		

P

迫（pǎi）击炮	胚（pēi）胎	钢坯（pī）	扁（piān）舟
饿殍（piǎo）	一瞥（piē）	解剖（pōu）	曝（pù）晒
心广体胖（pán）	譬（pì）如		

Q

关卡（qiǎ）	悭（qiān）吝	掮（qián）客	地壳（qiào）
胆怯（qiè）	惬（qiè）意	衾（qīn）枕	倾（qīng）慕
亲（qìng）家	黢（qū）黑	龋（qǔ）齿	债券（quàn）
商榷（què）			

R

荏苒（rěn rǎn）	稔（rěn）知	烹饪（rèn）	妊娠（rènshēn）
仍（réng）然			

S

缫（sāo）丝	稼穑（sè）	堵塞（sè）	损（sǔn）害
竹笋（sǔn）	大厦（shà）	讪（shàn）笑	删（shān）改
疝（shàn）气	折（shé）本	游说（shuì）	

T

趿（tā）拉	丝绦（tāo）	倜傥（tìtǎng）	悲恸（tòng）
馄饨（húntun）	吞（tūn）并	臀（tún）部	

W

龌龊（wòchuò）	斡（wò）旋	剜（wān）肉补疮	瓜蔓（wàn）儿

X

狡黠（xiá）	弓弦（xián）	舷（xián）窗	鲜（xiǎn）有
籼（xiān）米	纸屑（xiè）	机械（xiè）	省（xǐng）亲
铜臭（xiù）	星宿（xiù）	体恤（xù）	穴（xué）位
噱（xué）头	戏谑（xuè）		

Y

倾轧（yà）	殷（yān）红	俨（yǎn）然	吊唁（yàn）
赝（yàn）品	佯（yáng）装	揶揄（yéyú）	哽咽（yè）
笑靥（yè）	拜谒（yè）	迤逦（yǐlǐ）	后裔（yì）

游弋（yì）	造诣（yì）	肄（yì）业	荫（yìn）蔽
黝（yǒu）黑	伛偻（yúlǚ）	囹圄（língyǔ）	驾驭（yù）
熨（yù）帖	艺苑（yuàn）	愠（yūn）色	孕（yùn）妇
蕴（yùn）含	鹬（yù）蚌相争	游泳（yǒng）	

Z

臧否（zāngpǐ）	宝藏（zàng）	确凿（záo）	谮（zèn）言
憎（zēng）恨	咋（zé）舌	尊（zūn）称	遵（zūn）照
轧（zhá）钢	择（zhái）菜	着（zháo）凉	棋高一着（zhāo）
肇（zhào）事	蛰（zhé）伏	贬谪（zhé）	砧（zhēn）板
甄（zhēn）别	箴（zhēn）言	对峙（zhì）	压轴（zhòu）
谆（zhūn）谆	笨拙（zhuō）		

项目五 正确运用声调

【目标任务】

1. 了解普通话声调的作用及调值调类等概念，掌握普通话各调类的发音特点；
2. 能正确发好普通话的四个声调，掌握方言同普通话的声调的对应规律。

试着读一读

君不见，黄河之水天上来，奔流到海不复回！君不见，高堂明镜悲白发，朝如青丝暮成雪！人生得意须尽欢，莫使金樽空对月。天生我材必有用，千金散尽还复来。烹羊宰牛且为乐，会须一饮三百杯。岑夫子，丹丘生，将进酒，杯莫停。与君歌一曲，请君为我倾耳听。钟鼓馔玉不足贵，但愿长醉不复醒。古来圣贤皆寂寞，惟有饮者留其名。陈王昔时宴平乐，斗酒十千恣欢谑。主人何为言少钱，径须沽取对君酌。五花马，千金裘，呼尔将出换美酒，与尔同消万古愁！

如果你能将李白的这首千古绝唱《将进酒》的每个音节的声母、韵母、声调都发得准确到位，听起来必然振聋发聩、荡气回肠！

普通话声调是音节的高低升降形式，它主要是由音高决定的。调值是指声调的实际读法，也就是声调高低升降的具体变化。调类是声调的类别，即把调值相同的音节归在一起所建立起来的类别。也就是说，调类是一种语言或方言中，根据能够区别意义的不同声调调值建立起来的声调类别。调类是由调值决定的。普通话有阴平、阳平、上（shǎng）声、去声四个调类。

任务一 掌握声调基础知识

一、声调及其作用

（一）什么是声调

声调是指音节发音时具有区别功能的音高变化形式。声调同声母、韵母一样，具有区别意义的作用。

声调主要决定于音高，同一个人的不同的音高变化是由控制声带的松紧决定的。声带越紧，声调越高；声带越松，声调越低。在发音过程中，声带是可以随时调整的，这样就造成种种不同音高变化，形成了不同的声调。

在汉语里，绝大多数情况下一个音节就是一个汉字，所以声调也叫字调。

（二）声调的作用

1. 声调是音节结构中不可缺少的组成部分，担负着重要的辨义作用。比如："官吏

（guān lì）—管理（guǎn lǐ）”、“买烟（mǎi yān）—卖盐（mài yán）”、“支援（zhī yuán）—志愿（zhì yuàn）”、“点灯（diǎn dēng）—电灯（diàn dēng）”、“通知（tōng zhī）—同志（tóng zhì）—统治（tǒng zhì）”、“鼓励（gǔ lì）—孤立（gū lì）—故里”等词，它们的声母、韵母相同，而它们的意义的不同是通过发音时音高的变化来体现的。普通话中，声母、韵母相同的情况很多，按 3 500 个常用汉字统计，每个基本音节的同音字平均就有 35 个之多，要想区别意义，就全靠声调了。

有学者认为，在普通话语音系统中，声调居于主导地位，起着关键作用，是区分方言和普通话的重要标尺，是普通话最显著和最基本的特征。声调决定着一个人讲话的语音性质，这一观点，值得注意。

2. 普通话的四个声调是普通话特有的一种语音现象，正因为普通话有了四个声调，所以普通话具有了抑扬顿挫的音调美。虽然这从某种程度上增加了普通话学习的难度，但是却使普通话成为了世界上最具音乐感、最华美的语言。

二、普通话声调的调值和调类

声调可以用调值和调类两个概念来描述。

调值：调值指音节高低升降曲直长短的变化形式，即声调的实际读法。音高分成相对音高和绝对音高。绝对音高是指没有区别意义的音高，比如“妈”这个音节，用高音和低音去读，意义都不会发生变化，还是“妈。”但是对声调调值构成起决定作用的是“相对音高”。“相对音高”则具有区别意义的重要作用，但前提是要绝对音高相同。例如：“妈、嘛、马、骂”四个音节，声母相同，韵母相同，在绝对音高相同的前提下，我们还是能感受到其音高的高低曲直的变化，并由此决定了其意义的不同。普通话的全部字音分属四种基本调值，称“四声”。它们的高低升降变化情况一般采用赵元任创制的“五度标记法”来标记。

所谓“五度标记法”，就是用五度竖标来标记调值相对音高的一种方法。具体做法是用一条竖线做标尺、自上而下分为高、半高、中、半低、低等五度，然后分别用横线、斜线、折线按声调的实际读法标明它们的升降起止度数。

如下图所示：

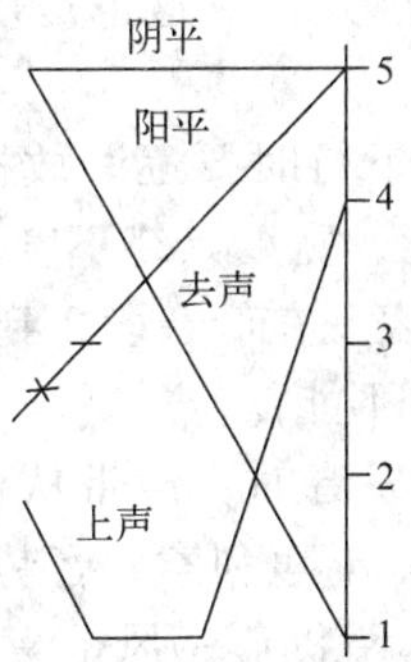

调类：调类是声调的种类，就是把调值相同的字归纳在一起所建立的类。同一种方言中，有几种基本调值就可归纳成几种调类。不同的方言往往就有各自不同的调值和调类。

按照传统的汉语音韵学分析方法，我们把普通话声调的四种调值归纳为阴平、阳平、上声、去声四种调类（统称“四声”），教学上人们常常分别称之为第一声、第二声、第三声和第四声。

阴平（第一声）——调值55，发音从5度到5度；整个发音过程中声带绷得最紧，始终无明显变化，保持音高。声音高而平，基本上没有升降的变化。例如：“春天花开（chūn tiān huā kāi）”、“青春光辉（qīng chūn guāng huī）”、“公司通知（gōng sī tōng zhī）”。

阳平（第二声）——调值35，发音从3度到5度；起音比阴平稍低，然后升到高；声带从不松不紧开始，逐步绷紧，直到最紧，声音从不低不高到最高，因此又叫高升调。例如：“人民银行（rén mín yín háng）”、“ 连年和平（lián nián hé píng）”、“ 农民犁田（nóng mín lí tián）”。

上声（第三声）——调值214，发音从2度降到1度再升到4度；起音半低，先降后升；声带从略微有些紧张开始，立刻松弛下来，稍稍延长，然后迅速绷紧，但没有绷到最紧。这是个先降后升的调子，所以上声又叫降升调。例如：“彼此理解（bǐ cǐ lǐ jiě）”、“ 理想美满（lǐ xiǎng měi mǎn）”、“ 永远友好（yǒng yuǎn yǒu hǎo）”。

去声（第四声）——调值51，发音从5度降到1度；起音高，接着往下滑，声带从紧开始到完全松弛为止，声音从高到低，音长是最短的。例如：“世界教育（shì jiè jiàoyù）报告胜利”（bàogào shènglì）、“ 创造利润（chuàngzào lìrùn）”。

《汉语拼音方案》规定这四种调类的标准符号为 ˉ（阴平）、ˊ（阳平）、ˇ（上声）、ˋ（去声），这些标准符号称为调号，它们的形状是五度标记法的缩影。在书写音节时，调号应标在主要元音（韵腹）上。例如 bā（巴）、chuī（吹）zhóu（轴）zhèng（挣）等。

三、普通话声调的发音特点

普通话有四个基本调值，相应的有四个基本调类。

阴平（即第一声）——高平调：发音时，声带要稍微绷得紧一点，因为声调最高，要保持音高不能下滑。

阳平（即第二声）——高升调：发音时，声带从不松不紧开始，逐渐绷紧，声音由不低不高升到最高。阳平（调值35）练的时候像走一个斜坡逐渐的平缓的，和阴平一样，千万不能拐弯，要不就有点像上声（三声）了。这也是普通话“味道不正”的一个重要原因。阴平阳平的音势要“平而柔”。

上声（即第三声）——降升调：下行时要逐渐放松，上行时应由松渐紧，音势“厉而强”。声音如同在同一直径的管中行走，宽度始终不变。上声容易出现下行下不去，上行上不来的毛病。发音过程中，声音主要表现在低音段2到1度之间，这是上声的基本特征。上声的上行14音高一定要准确不能高也不能低。

去声（即第四声）——全降调：发音时，声带从稍紧张开始，到完全松弛为止，练的时候，一定要做到从5度到1度，收尾干净利索，音势“清而远”。去声音节作重音时声音容易“发劈”，如“四海翻腾云水怒，五洲震荡风雷激”中“震荡”二字，“劈”的原因在于气息的放松完全脱离了控制，使声带来不及配合。去声字的发音虽然有放松过程，但下来时气还得“托”着点儿。

普通话声调的四个调类的发音特点可简单归结为一句话：一平二升三曲四降。如下表所示。

普通话声调的四个调类的发音特点

调类	调形描述	调值	调号	调值描写	例字
阴平	高平	55	ˉ	起音高高一路平	山
阳平	中升	35	ˊ	由中到高往上升	明
上声	降升	214	ˇ	先降后升曲折起	水
去声	高降	51	ˋ	高起猛降到底层	秀

普通话的四种调值具有不易混淆、高音成分多、音调柔和高扬和有音乐美等特点。

（1）四个声调的调型有明显的区别，一平、二升、三曲、四降。除阴平外，其他三个声调升降的幅度都比较大，所以普通话听起来抑扬交错，音乐性很强。

（2）高音成分多，阴、阳、去声都有最高度5，上声末尾也到4，所以普通话语音显得比较高昂。

（3）四个声调的长度有一定的比例，上声最长，阳平次长，去声最短，阴平次短，在词语中形成和谐的节奏。

四、声调训练

普通话声调练习，要找到规律，在四声准确的基础上，根据内容有感受地发出每个音节。

反复大量练习单音节、双音节、四音节、诗、段子、绕口令等等。练习时注意高音不挤、低音不散，声音由小到大，由弱到强，刚柔结合，控制适度。

（一）同声韵四声音节练习

本节既练习声调，也练习声母、韵母的发音。注意四声要准确，出字要有力，咬住字头，拉开字腹，收住字尾；声音连贯，气息控制自如。

1. 唇音

bā bá bǎ bà　pō pó pǒ pò　māo máo mǎo mào
巴 拔 把 罢　坡 婆 叵 破　猫 毛 卯 帽

2. 唇齿音

fāng fáng fǎng fàng
方 房 仿 放

3. 舌尖中音

dī dí dǐ dì　tōng tóng tǒng tòng　niū niú niǔ niù
低 敌 底 弟　通 同 统 痛　妞 牛 扭 拗

liāo liáo liǎo liào
撩 聊 了 料

4. 舌根音

gū　gǔ gù　kē ké kě kè　hān hán hǎn hàn
姑 △ 古 顾　科 咳 可 刻　酣 含 喊 汉

5. 舌面音

jū jú jǔ jù　qīng qíng qǐng qìng　xiāng jiàng xiǎng xiàng
居 局 举 据　青 情 请 庆　香 降 想 象

6. 翘舌音

zhī zhí zhǐ zhì　chēng chéng chěng chèng　shēn shén shěn shèn
知 职 止 至　称 成 逞 秤　申 神 沈 甚

rú rǔ rù
△ 如 乳 入

7. 平舌音

zuō zuó zuǒ zuò　cāi cái cǎi cài　suī suí suǐ suì
作 昨 左 做　猜 才 采 菜　虽 随 髓 岁

8. 开口音

bāi bái bǎi bài　pāo páo pǎo bào　fēi féi fěi fèi　lōu lóu lǒu lòu
掰 白 摆 败　抛 刨 跑 抱　飞 肥 匪 费　瞜 楼 篓 漏

9. 齐齿音

jiā jiá jiǎ jià　qīn qín qǐn qìn　xiē xié xiě xiè　lián liǎn liàn
家 夹 甲 架　亲 勤 寝 沁　些 斜 写 泻　△ 联 脸 炼

10. 合口音

chuāng chuáng chuǎng chuàng　wā wá wǎ wà　huān hái huǎn huàn
窗 床 闯 创　蛙 娃 瓦 袜　欢 还 缓 幻

guāi guǎi guài
乖 △ 拐 怪

11. 撮口音

xuē xué xuě xué　yūn yún yǔn yùn　quān quán quǎn quàn
薛 学 雪 穴　晕 云 允 运　圈 全 犬 劝

（二）两字词声调练习

这个练习要结合气息一块儿练，尤其是夸张的上声练习。对于体会气息运动是个好方法。要求阴平平稳、气势平均不紧张；阳平用气弱起逐渐强；上声降时气稳扬时强；去声强起到弱气通畅。

1. 阴阴

xī ān　bō yīn　gōng bīng　yōng jūn　fēng shōu　xiāng jiāo
西安　播音　工兵　拥军　丰收　香蕉

jiāng shān　kā fēi　bān chē　dān yī　fā shēng
江山　咖啡　班车　单一　发声

2. 阴阳

zī yuán　jiān jué　xiān míng　piāo yáng　xīn wén　biān pái
资源　坚决　鲜明　飘扬　新闻　编排

fā yán　jiā qiáng　xīng qiú　zhōng guó　qiān míng　ān quán
发言　加强　星球　中国　签名　安全

3. 阴上

pī zhǔn　fā zhǎn　bān zhǎng　tīng jiǎng　dēng tǎ　shēng chǎn
批准　发展　班长　听讲　灯塔　生产

jiān kǔ　gē wǔ　gōng kuǎn　qiān shǔ　gēn běn　fāng fǎ
艰苦　歌舞　公款　签署　根本　方法

4. 阴去

zhuāng zhòng　bō sòng　yīn yuè　guī fàn　tōng xìn　fēi kuài
庄重　播送　音乐　规范　通信　飞快

dān wèi　xī wàng　huān lè　zhōng wài　shī shì　jiā kuài
单位　希望　欢乐　中外　失事　加快

5. 阳阴

guó gē　lián huān　gé xīn　nán fāng　qún jū　nóng cūn
国歌　联欢　革新　南方　群居　农村

cháng jiāng　háng kōng　wéi jīn　yíng sī　yuán fēng　tú shū
长江　航空　围巾　营私　原封　图书

6. 阳阳

zhí dá　huá xiáng　ér tóng　tuán jié　rén mín　mó xíng
直达　滑翔　儿童　团结　人民　模型

lián hé　chí míng　lín shí　jí yàng　líng huó　háo huá
联合　驰名　临时　吉祥　灵活　豪华

7. 阳上

huá běi　huáng hǎi　yáo yuǎn　quán shuǐ　qín kěn　mín zhǔ
华北　黄海　遥远　泉水　勤恳　民主

qíng gǎn　miáo xiě　nán miǎn　mí wǎng　píng tǎn　xuán zhuǎn
情感　描写　难免　迷惘　平坦　旋转

8. 阳去

háo mài　liáo kuò　mó fàn　lín yè　pán jù　jú shì
豪迈　辽阔　模范　林业　盘踞　局势

gé mìng　tóng zhì　xióng hòu　xíng zhèng　qiú sài
革命　同志　雄厚　行政　球赛

9. 上阴

zhǐ biāo　tǒng yī　zhuǎn bō　běi jīng　fǎng zhī　zhěng zhuāng
指标　统一　转播　北京　纺织　整装

zhǎng shēng　fǎ yī　yǎn chū　guǎng bō　jiǎng shī　qǔ xiāo
掌声　法医　演出　广播　讲师　取消

10. 上阳

zhǐ nán　pǔ jí　fǎn cháng　qiǎn zé　jiǎng wán　lǎng dú
指南　普及　反常　谴责　讲完　朗读

kǎo chá　lǐ chéng　qǐ háng　ruǎn xí　lǐng xián　dǎng yuán
考察　里程　起航　软席　领衔　党员

11. 上上

gǔ diǎn 古典　běi hǎi 北海　lǐng dǎo 领导　gǔ zhǎng 鼓掌　guǎng chǎng 广场　zhǎn lǎn 展览

yǒu hǎo 友好　dǎo yǎn 导演　shǒu zhǎng 首长　zǒng lǐ 总理　gǎn xiǎng 感想　lǐ xiǎng 理想

12. 上去

gǎi zào 改造　wǔ jù 舞剧　zhǔ yào 主要　fǎng wèn 访问　kǎo shì 考试　xiǎng xiàng 想象

tǔ dì 土地　guǎng dà 广大　xiě zuò 写作　diǎn fàn 典范　xuǎn pài 选派　jiǎng kè 讲课

13. 去阴

xià xiāng 下乡　kuàng gōng 矿工　xiàng zhēng 象征　dì fāng 地方　guì bīn 贵宾　liè chē 列车

wèi xīng 卫星　rèn zhēn 认真　jiàng dī 降低　tè zhēng 特征　yìn shuā 印刷　qì wēn 气温

14. 去阳

zì rán 自然　huà xué 化学　cuò cí 措辞　tè bié 特别　diàn tái 电台　huì tán 会谈

zhèng quán 政权　pèi hé 配合　wèi lái 未来　yào wén 要闻　diào chá 调查　biàn bié 辨别

15. 去上

nài jiǔ 耐久　jù běn 剧本　tiào sǎn 跳伞　xià yǔ 下雨　yùn zhuǎn 运转　wài yǔ 外语

bàn fǎ 办法　xìn yǎng 信仰　xì qǔ 戏曲　diàn yǐng 电影　lì shǐ 历史　tàn xiǎn 探险

16. 去去

rì yuè 日月　dà shà 大厦　pò lì 破例　qìng hè 庆贺　yàn huì 宴会　huà xiàng 画像

shì fàn 示范　dà huì 大会　kuài bào 快报　zhì yì 致意　jiàn zào 建造　gàn bù 干部

（三）四字词声调练习

通过这个练习，可以锻炼灵活运用四声正音的技巧。读的时候，气息要控制好，放开声一口气很通畅地发出来。

1. 按四声顺序排列

zhōng guó wěi dà 中国伟大　shān hé měi lì 山河美丽　tiān rán bǎo zàng 天然宝藏　zī yuán mǎn dì 资源满地

jiē jí yǒu ài 阶级友爱　zhōng liú dǐ zhù 中流砥柱　gōng nóng zǐ dì 工农子弟　qiān chuí bǎi liàn 千锤百炼

shēn qiáng tǐ jiàn 身强体健　jīng shén bǎi bèi 精神百倍　xīn míng yǎn liàng 心明眼亮　guāng míng lěi luò 光明磊落

shān míng shuǐ xiù 山明水秀　huā hóng liǔ lǜ 花红柳绿　kāi qú yǐn guàn 开渠引灌　fēng tiáo yǔ shùn 风调雨顺

yīn yáng shàng qù　fēi cháng hǎo jì　gāo yáng zhuǎn jiàng　qū bié qǐ luò
阴 阳 上 去　非 常 好 记　高 扬 转 降　区 别 起 落

2. 按声母顺序排列

bǎi liàn chéng gāng　bō lán zhuàng kuò　bào fēng zhòu yǔ　bì lěi sēn yán
b 百 炼 成 钢　波 澜 壮 阔　暴 风 骤 雨　壁 垒 森 严

pái shān dǎo hǎi　pēn bó yù chū　péng chéng wàn lǐ　pǔ tiān tóng qìng
P 排 山 倒 海　喷 薄 欲 出　鹏 程 万 里　普 天 同 庆

mǎn yuán chūn sè　míng bù xū chuán　mǎn qiāng rè qíng　mù bù zhuǎn jīng
m 满 园 春 色　名 不 虚 传　满 腔 热 情　目 不 转 睛

fā fèn tú qiáng　fān jiāng dǎo hǎi　fēng gōng wěi jì　fù tāng dǎo huǒ
f 发 愤 图 强　翻 江 倒 海　丰 功 伟 绩　赴 汤 蹈 火

dà kuài rén xīn　dāng jī lì duàn　diān pū bú pò　dòu zhì áng yáng
d 大 快 人 心　当 机 立 断　颠 扑 不 破　斗 志 昂 扬

tán xiào fēng shēng　tāo tāo bù jué　tiān yī wú fèng　tuī chén chū xīn
t 谈 笑 风 生　滔 滔 不 绝　天 衣 无 缝　推 陈 出 新

niǎo yǔ huā xiāng　nì shuǐ xíng zhōu　néng zhě duō láo　nìng sǐ bù qū
n 鸟 语 花 香　逆 水 行 舟　能 者 多 劳　宁 死 不 屈

lǎo dāng yì zhuàng　léi lì fēng xíng　lì wǎn kuáng lán　lóng fēi fèng wǔ
l 老 当 益 壮　雷 厉 风 行　力 挽 狂 澜　龙 飞 凤 舞

gài shì wú shuāng　gāo zhān yuǎn zhǔ　gōng wú bú kè　guāng cǎi duó mù
g 盖 世 无 双　高 瞻 远 瞩　攻 无 不 克　光 彩 夺 目

kāi juàn yǒu yì　kāng kǎi jī áng　kè dí zhì shèng　kuài mǎ jiā biān
k 开 卷 有 益　慷 慨 激 昂　克 敌 制 胜　快 马 加 鞭

háo yán zhuàng yǔ　hé fēng xì yǔ　héng sǎo qiān jūn　hū fēng huàn yǔ
h 豪 言 壮 语　和 风 细 雨　横 扫 千 军　呼 风 唤 雨

jiān kǔ fèn dòu　jǐn xiù hé shān　jì wǎng kāi lái　jǔ shì wú shuāng
j 艰 苦 奋 斗　锦 绣 河 山　继 往 开 来　举 世 无 双

qiān jūn wàn mǎ　qì zhuàng shān hé　qíng tiān pī lì　qún wēi qún dǎn
q 千 军 万 马　气 壮 山 河　晴 天 霹 雳　群 威 群 胆

xǐ xiào yán kāi　xiǎng chè yún xiāo　xīn cháo péng pài　xǔ xǔ rú shēng
x 喜 笑 颜 开　响 彻 云 霄　心 潮 澎 湃　栩 栩 如 生

zhǎn zhuǎn fǎn cè　zhāo qì péng bó　zhǐ chǐ tiān yá　zhuān xīn zhì zhì
zh 辗 转 反 侧　朝 气 蓬 勃　咫 尺 天 涯　专 心 致 志

chāo qún jué lún　chèn xīn rú yì　chì zǐ zhī xīn　chū qí zhì shèng
ch 超 群 绝 伦　称 心 如 意　赤 子 之 心　出 奇 制 胜

shān shuǐ xiāng lián　shě shēng wàng sǐ　shēn qíng hòu yì　shēng lóng huó hǔ
sh 山 水 相 连　舍 生 忘 死　深 情 厚 意　生 龙 活 虎

ráo yǒu fēng qù　rén cái bèi chū　rì xīn yuè yì　rú huǒ rú tú
r 饶 有 风 趣　人 才 辈 出　日 新 月 异　如 火 如 荼

zàn bù jué kǒu　zé wú páng dài　zài jiē zài lì　zì zhī zhī míng
z 赞 不 绝 口　责 无 旁 贷　再 接 再 厉　自 知 之 明

cāng hǎi yí sù　céng chū bù qióng　càn làn guāng míng　cóng róng jiù yì
c 沧 海 一 粟　层 出 不 穷　灿 烂 光 明　从 容 就 义

sān sī ér xíng　suǒ xiàng pī mǐ　sì hǎi wéi jiā　sù rán qǐ jìng
s　三思而行　所向披靡　四海为家　肃然起敬

3. 夸张四声练习，训练时结合用气

体会气息在运动，尤其是用夸张的“上声”体会气息下沉较为明显。“阴平”练习时注意平稳；“阳平”上升时气要拉住，这时口腔要立起，力度要加强，避免高音窄、挤；“去声”下降时，气要托住，口腔要有控制、避免衰弱。

（1）四声气息控制练习

bā bá bǎ bà dī dá dǐ dà
巴拔把罢低答底大

这个练习反复练习多次，可用快吸气来练，也可用慢吸气来练，字音要清楚准确，也可逐渐改变声音的高低、强弱、快慢并调节好气息。

（2）上声练习

hǎo měi mǎn　xiǎng yǎng chǎng　qǐng pǎo zǒu
好美满　想仰场　请跑走

（3）四声综合练习

bǎi liàn chéng gāng　huā hóng liǔ lǜ
百炼成钢　花红柳绿

练习时，注意用气，四声正确，声音连贯。

4. 四音节词组变换

阴阳上去不管变位在哪里，都要求准确。练时注意不要字字停顿，应该有强弱、虚实的表现。

（1）阴阳上去

qiān chuí bǎi liàn　shān míng shuǐ xiù　yīng míng guǒ duàn
千锤百炼　山明水秀　英明果断

shān méng hǎi shì　fēng tiáo yǔ shùn　sī qián xiǎng hòu　diān lái dǎo qù
山盟海誓　风调雨顺　思前想后　颠来倒去

（2）去上阳阴

nì shuǐ xíng zhōu　bèi jǐng lí xiāng　zhì yǒng wú shuāng
逆水行舟　背井离乡　智勇无双

rè huǒ cháo tiān　xìn yǐ wéi zhēn　wàn gǔ liú fāng　hòu gǔ bó jīn
热火朝天　信以为真　万古流芳　厚古薄今

（3）四声变位

guāng huī càn làn　jiù dì chóng yóu　qì guàn cháng hóng
光辉灿烂　旧地重游　气贯长虹

fāng xīng wèi ài　gè bēn qián chéng　fù guì róng huá
方兴未艾　各奔前程　富贵荣华

xīn huā nù fàng　yuǎn zǒu gāo fēi　zhuàng liè xī shēng　huān xīn gǔ wǔ
心花怒放　远走高飞　壮烈牺牲　欢欣鼓舞

（四）相同声调的音节在一起时的练习

在练习时注意咬住字头，出字有力，拉开字腹，收住字尾。字神（指声调）准确。用气均匀连贯，用声刚柔相济。注意声传情、情带声、情运气、气生情，最后达到情、气完美结合，协调一致。具体而言，阴、阳、上、去四声在做发音练习时又各有其特点：

1. 阴平声练习

阴平声一开始是5度，然后维持不变，保持一条横线。如果是两个阴平声连在一起，念时稍把前一个降一点，后边的不变，保持5度。例如：

zhōng yāng kōng jūn　dān xīn chī chuān　zī jīn shū chū　shān dōng shān xī　zhōu sān kāi gōng
中央空军　担心吃穿　资金输出　山东山西　周三开工

chōu gēn xiāng yān　tiān tiān chā yāng　xiān huā gē shēng　sū zhōu zhēn sī　sān xīng gōng sī
抽根香烟　天天插秧　鲜花歌声　苏州真丝　三星公司

2. 阳平声练习

阳平声开始在3度，滑动直线上移，如果两个阳平声相连要注意前边一个不能弯曲。例如：

liú xíng hán liú　nóng mín xué xí　yún nán shí yóu　táo hóng qí páo　zhé xué cái néng
流行寒流　农民学习　云南石油　桃红旗袍　哲学才能

qián nián wán chéng　yóu tián lái rén　héng liáng cái néng　móu qiú jié méng　chén zhuó tán qín
前年完成　油田来人　衡量才能　谋求结盟　沉着弹琴

3. 上声练习

上声开始是2度，向下滑动到1度，接看从1度折转滑向4度。它是个降升调。念时注意首先要下到底，然后折转直升到4度。如果两个上声相接，按上声变调处理。例如：

zhǎn lǎn chǎng guǎn　xǐ xǐ xiǎo liǎn　měi hǎo lǐ xiǎng　lǎo shǔ lǎo hǔ　měng zhǔ mǎ dù
展览场馆　洗洗小脸　美好理想　老鼠老虎　猛煮马肚

fǎ yǔ yǔ fǎ　zhěng kuǎ nǐ wǒ　dǎn gǎn zhǎ yǎn　měng gǔ hǎo jiǔ　yǐng xiǎng hěn xiǎo
法语语法　整垮你我　胆敢眨眼　蒙古好酒　影响很小

4. 去声练习

去声一开始5度，然后下滑降到最低1度。普通话里叫全降调。如果两个去声相连，前边一个去声可以不降到1度，但后边一个必须到1度。例如：

jì huà shè huì　shù liàng biàn huà　zài cì kàng rì　rì yè zuò mèng　zhù yì xiàn zài
计划社会　数量变化　再次抗日　日夜做梦　注意现在

fàn cài zhì liàng　lì jiè huì yì　jiào yù yùn dòng　zhòng yào huì yì　diàn shì rèn wu
饭菜质量　历届会议　教育运动　重要会议　电视任务

专项训练

1. 双音节词语声调训练

bō yīn　bān chē　fā shēng　xīn wén　fā yán　zhōng guó　tīng jiǎng　gē wǔ　fāng fǎ
播音　班车　发声　新闻　发言　中国　听讲　歌舞　方法

bō sòng　yīn yuè　huān lè　guó gē　lián huān　nán fāng　ér tóng　rén mín　jí xiáng
播送　音乐　欢乐　国歌　联欢　南方　儿童　人民　吉祥

huáng hǎi　quán shuǐ　mín zhǔ　háo mài　liáo kuò　qiú sài　běi jīng　zhǎng shēng　guǎng bō
黄海　泉水　民主　豪迈　辽阔　球赛　北京　掌声　广播

yǔ yán lǎng dú qǐ háng gǔ diǎn běi hǎi guǎng gào fǎng wèn xiě zuò jiǎng kè
语言 朗读 启航 古典 北海 广告 访问 写作 讲课

xiàng zhēng guì bīn wèi xīng diàn tái yào wén diào chá jù běn wài yǔ lì shǐ zhù yuàn
象征 贵宾 卫星 电台 要闻 调查 剧本 外语 历史 祝愿

pèi yuè zài jiàn fēn gōng zhāo shēng lún liú yán xíng zhuǎn bō pá shān xiàng zhēng
配乐 再见 分工 招生 轮流 言行 转播 爬山 象征

wài guān tǎn bái kǒu cái fǎng wèn huàn xiǎng lán tiān zuǒ yòu zhī chí lái bīn tǒng chóu
外观 坦白 口才 访问 幻想 蓝天 左右 支持 来宾 统筹

fǎn cháng zhù yì pī píng tóng xiāng tè zhēng jià shǐ huān yíng mǐn jié gǎn shòu gòu
反常 注意 批评 同乡 特征 驾驶 欢迎 敏捷 感受 购

mǎi pǔ tōng zhǐ nán gòu sī zì fā wèn tí zhǐ biāo jǐn jí shí guāng háng kōng chǎng
买 普通 指南 构思 自发 问题 指标 紧急 时光 航空 场

miàn diào chá chuàng jǔ xuān chuán jì zhě lù yīn chuán tǒng gǎo jiàn lǐng huì měi
面 调查 创举 宣传 记者 录音 传统 稿件 领会 每

tiān guǎng xī bìng qiě jiě shuō hàn yǔ fēi jī tǒng zhì yán gé chōng fēng fēng shōu
天 广西 并且 解说 汉语 飞机 统治 严格 冲锋 丰收

qún zhòng tóng zhì lǐ xiǎng chún jié bīng chuān tōng zhī rén mín wén zì fán róng bái cài
群众 同志理想 纯洁 冰川 通知 人民 文字 繁荣 白菜

jí tǐ
集体

xué shù wǔ dǎo chǔ lǐ yǐng xiǎng qìng zhù bàn zòu shēn yuǎn guāng cǎi xiāo sǎ
学术 舞蹈 处理 影响 庆祝 伴奏 深远 光彩 潇洒

shāng diàn jī zhì biān cè cháng jiāng lán huā yán jiū wán zhěng máo bǐ chuán tǒng
商店 机智 鞭策 长江 兰花 研究 完整 毛笔 传统

xuán lǜ chéng shì píng jià měi guān qǐ fā shǎn guāng bǎo chí pǐn dé dǎn shí fǎng wèn
旋律 城市 评价 美观 启发 闪光 保持 品德 胆识 访问

jiǎng zuò fěi cuì gòu xiǎng wèi shēng là jiāo xù yán xiào róng rè qíng jì zhě jià shǐ
讲座 翡翠 构想 卫生 辣椒 序言 笑容 热情 记者 驾驶

hàn yǔ shī zhuān tīng shuō shū zhuō zēng jiā xīn wén qīng nián fēi cháng kē xué
汉语 师专 听说 书桌 增加 新闻 青年 非常 科学

zhēng qǔ gāo kǎo gāng tiě shī fàn zhuān yè zhēn zhèng nián qīng lái bīn cháng jiāng
争取 高考 钢铁 师范 专业 真正 年轻 来宾 长江

guó jiā rén cái tóng xué pái qiú shí xí sú yǔ máo bǐ yuán zǐ
国家 人才 同学 排球 实习 俗语 毛笔 原子

2. 四音节词组声调训练

fēng yún yǔ lù shān hé měi lì tiān rán bǎo zàng zī yuán mǎn dì xīn wén jiǎn bào
风云雨露 山河美丽 天然宝藏 资源满地 新闻简报

zhōng liú dǐ zhù gōng nóng zǐ dì qiān chuí bǎi liàn shēn qiáng tǐ jiàn jīng shén bǎi bèi
中流砥柱 工农子弟 千锤百炼 身强体健 精神百倍

xīn míng yǎn liàng guāng míng lěi luò shān míng shuǐ xiù huā hóng liǔ lǜ kāi qú yǐn guàn
心明眼亮 光明磊落 山明水秀 花红柳绿 开渠引灌

fēng tiáo yǔ shùn yīn yáng shàng qù fēi cháng hǎo jì gāo yáng zhuǎn jiàng qū bié qǐ luò
风调雨顺 阴阳上去 非常好记 高扬转降 区别起落

bǎi liàn chéng gāng　pái shān dǎo hǎi　mǎn yuán chūn sè　fā fèn tú qiáng　dà kuài rén xīn
百 炼 成 钢　排 山 倒 海　满 园 春 色　发 愤 图 强　大 快 人 心

tán xiào fēng shēng　niǎo yǔ huā xiāng　lǎo dāng yì zhuàng　gài shì wú shuāng　kāi juàn yǒu yì
谈 笑 风 生　鸟 语 花 香　老 当 益 壮　盖 世 无 双　开 卷 有 益

háo yán zhuàng yǔ　jiān kǔ fèn dòu　qiān jūn wàn mǎ　xǐ xiào yán kāi　zhǎn zhuǎn fǎn cè　chāo qún jué lún
豪 言 壮 语　艰 苦 奋 斗　千 军 万 马　喜 笑 颜 开　辗 转 反 侧　超 群 绝 伦

shān shuǐ xiāng lián　ráo yǒu xìng qù　zàn bù jué kǒu　cāng hǎi yí sù　xīn zhí kǒu kuài　fēi qín zǒu shòu
山 水 相 连　饶 有 兴 趣　赞 不 绝 口　沧 海 一 粟　心 直 口 快　飞 禽 走 兽

shēn móu yuǎn lǜ　zhōng chéng yǒu ài　jū ān sī wēi　ér tóng wén xué　wěn tuǒ chǔ lǐ
深 谋 远 虑　忠 诚 友 爱　居 安 思 危　儿 童 文 学　稳 妥 处 理

biàn huàn mò cè　sì hǎi wéi jiā　jīng shén shuǎng kuài
变 幻 莫 测　四 海 为 家　精 神 爽 快

3. 课后完成下列声调对比练习题

① 阴平与阳平对比练习：

欺 qī 人—旗 qí 人　呼 hū 喊—胡 hú 喊　知 zhī 道—直 zhí 道
掰 bāi 开—白 bái 开　包 bāo 子—雹 báo 子　大锅 guō—大国 guó
拍 pāi 球—排 pái 球　窗 chuāng 帘—床 chuáng 帘　大哥 gē—大格 gé
抽 chōu 丝—愁 chóu 思　小蛙 wā—小娃 wá　大川 chuān—大船 chuán
放青 qīng—放晴 qíng　开初 chū—开除 chú
抹 mā 布—麻 má 布　猎枪 qiāng—列强 qiáng

② 阳平与上声对比练习：

好麻 má—好马 mǎ　土肥 féi—土匪 fěi　战国 guó—战果 guǒ
小乔 qiáo—小巧 qiǎo　返回 huí—反悔 huǐ　老胡 hú—老虎 hǔ
牧童 tóng—木桶 tǒng　大学 xué—大雪 xuě　菊 jú 花—举 jǔ 花
直 zhí 绳—纸 zhǐ 绳　白 bái 色—百 bǎi 色　洋 yáng 油—仰 yǎng 游
琴 qín 室—寝 qǐn 室　情 qíng 调—请 qǐng 调
骑 qí 马—起 qǐ 码　油 yóu 井—有 yǒu 井

③ 阳平与去声对比练习：

大麻 má—大骂 mà　小格 gé—小个 gè　正直 zhí—政治 zhì
发愁 chóu—发臭 chòu　布娃 wá—布袜 wà　斗奇 qí—斗气 qì
同情 qíng—同庆 qìng　荆棘 jí—经纪 jì　瓷 cí 碗—次 cì 碗
白 bái 军—败 bài 军　肥 féi 料—废 fèi 料　协 xié 议—谢 xiè 意
凡 fán 人—犯 fàn 人　钱 qián 款—欠 qiàn 款
糖 táng 酒—烫 tàng 酒　壶 hú 口—户 hù 口

4. 诗歌朗读训练

（1）

tí jú huā　huáng cháo
题菊花（黄　巢）

sà sà xī fēng mǎn yuàn zāi　ruǐ hán xiāng lěng dié nán lái
飒飒西风满院栽，蕊寒香冷蝶难来。

tā nián wǒ ruò wéi qīng dì　bào yǔ táo huā yí chù kāi
他年我若为青帝，报与桃花一处开。

（2） wàng lú shān pù bù lǐ bái
望庐山瀑布（李白）

rì zhào xiāng lú shēng zǐ yān yáo kàn pù bù guà qián chuān
日照香炉生紫烟，遥看瀑布挂前川。
fēi liú zhí xià sān qiān chǐ yí shì yín hé luò jiǔ tiān
飞流直下三千尺，疑是银河落九天。

（3） bái yún fēi
白云飞

bái yún fēi bái yún piāo piāo shàng huáng shān jiǔ chóng xiāo shān yuè gāo lái jǐng yuè měi zuì gāo fēng
白云飞，白云飘。飘上黄山九重霄，山越高来景越美，最高峰
shàng shuí zài xiào ā huáng shān de yún ā nǐ nà yàng jié bái nà yàng chóng gāo
上谁在笑。啊！黄山的云啊！你那样洁白，那样崇高。
bái yún fēi bái yún piāo piāo shàng xuán yá sōng shù shāo yá yuè dǒu lái sōng yuè qiào zuì dǒu de
白云飞，白云飘，飘上悬崖松树梢，崖越陡来松越俏，最陡的
yá shàng shuí zài xiào ā huáng shān de yún ā nǐ nà yàng měi lì nà yàng jiāo ào
崖上谁在笑。啊！黄山的云啊！你那样美丽，那样骄傲。

（4） dēng guàn què lóu wáng zhī huàn
登鹳雀楼（王之涣）

bái rì yī shān jìn huáng hé rù hǎi liú
白日依山尽，黄河入海流。
yù qióng qiān lǐ mù gèng shàng yī céng lóu
欲穷千里目，更上一层楼。

（5） huáng hè lóu sòng mèng hào rán zhī guǎng líng lǐ bái
黄鹤楼送孟浩然之广陵（李白）

gù rén xī cí huáng hè lóu yān huā sān yuè xià yáng zhōu
故人西辞黄鹤楼，烟花三月下扬州。
gū fān yuǎn yǐng bì kōng jìn wéi jiàn cháng jiāng tiān jì liú
孤帆远影碧空尽，惟见长江天际流。

（6） lāo chū yí gè fēng shōu nián mín gē
捞出一个丰收年（民歌）

táo huā liú shuǐ sān yuè tiān mǎn hé yú gē shēng shēng tián
桃花流水三月天，满河渔歌声声甜。
yíng fēng sǎ xià jīn sī wǎng lāo chū yí gè fēng shōu guàn
迎风撒下金丝网，捞出一个丰收罐。

(7)

chūn xiǎo mèng hào rán
春晓（孟浩然）

chūn mián bù jué xiǎo chù chù wén tí niǎo
春眠不觉晓，处处闻啼鸟。

yè lái fēng yǔ shēng huā luò zhī duō shǎo
夜来风雨声，花落知多少。

(8)

fēng shōu mín gē
丰收（民歌）

jīn chán cāo qín hú dié wǔ qīng wā guō guo qiāo luó gǔ
金蝉操琴蝴蝶舞，青蛙蝈蝈敲锣鼓，

nóng cūn bā yuè duō huān lè mǎn chǎng mǎn yuàn duī wǔ gǔ
农村八月多欢乐，满场满院堆五谷。

(9)

xìng fú zài nǎ li mín gē
幸福在哪里（民歌）

xìng fú zài nǎ li péng yǒu ā gàosu nǐ tā bù zài liǔ yīn xià yě bù zài wēn shì lǐ tā zài xīn
幸福在哪里？朋友啊，告诉你。她不在柳荫下，也不在温室里。她在辛

qín de gōng zuò zhōng tā zài jiān kǔ de láo dòng lǐ ā xìng fú jiù zài nǐ jīng yíng de hàn shuǐ lǐ
勤的工作中，她在艰苦的劳动里。啊！幸福就在你晶莹的汗水里。

xìng fú zài nǎ li péng yǒu ā gào su nǐ tā bù zài yuè guāng xià yě bù zài shuì mèng lǐ tā
幸福在哪里？朋友啊，告诉你。她不在月光下，也不在睡梦里。她

zài jīng xīn de gēng yún zhōng tā zài zhī shi de bǎo kù lǐ ā xìng fú jiù zài nǐ shǎn guāng de zhì huì lǐ
在精心的耕耘中，她在知识的宝库里。啊！幸福就在你闪光的智慧里。

(10)

rú mèng lìng yuán dàn máo zé dōng
如梦令·元旦（毛泽东）

níng huà qīng liú guī huà lù ài lín shēn tái huá jīn rì xiàng hé fāng zhí zhǐ wǔ yí shān xià
宁化、清流、归化，路隘林深苔滑，今日向何方？直指武夷山下。

shān xia shān xia fēng zhǎn hóng qí rú huà
山下山下，风展红旗如画。

(11)

xiào yuán zǎo chén gē cí
校园早晨（歌词）

yán zhe xiào yuán shú xī de xiǎo lù qīng chén lái dào shù xia dú shū chū shēng de tài yáng zhào zài
沿着校园熟悉的小路，清晨来到树下读书，初升的太阳照在

liǎn shang yě zhào zhe shēn páng zhè kē xiǎo shù qīn ài de huǒ bàn qīn ài de xiǎo shù hé wǒ gòng
脸上，也照着身旁这棵小树。亲爱的伙伴，亲爱的小树，和我共

xiǎng yáng guāng yǔ lù qǐng wǒ men jì zhù zhè měi hǎo shí guā zhí dào zhǎng chéng cān tiān dà shù
享阳光雨露，请我们记住这美好时光，直到长成参天大树。

（12）

jìng yè sī　lǐ bái
静夜思（李白）

chuáng qián míng yuè guāng　yí shì dì shàng shuāng
床前明月光，疑是地上霜。
jǔ tóu wàng míng yuè　dī tóu sī gù xiāng
举头望明月，低头思故乡。

（13）

sì shēng gē
四声歌

xué hǎo shēng yùn biàn sì shēng　yīn yáng shàng qù yào fēn míng
学好声韵辩四声，阴阳上去要分明。
bù wèi fāng fǎ yào zhǎo zhǔn　kāi qí hé cuō shǔ kǒu xíng
部位方法要找准，开齐合撮属口形。
shuāng chún bān bào bì bǎi bō　shé miàn jī jié jiào jiān jīng
双唇班报必百波，舌面积结教坚精。
qiào shé zhǔ zhèng zhēn zhī dào　píng shé zī zé zǎo zài zēng
翘舌主争真知道，平舌资则早在增。
cā yīn fā fān fēi fēn fù　sòng qì chá chái chǎn chè chēng
擦音发翻飞分复，送气查柴产彻称。
hé kǒu hū wǔ kū hú gǔ　kāi kǒu hū pō gē ān kāng
合口呼午枯胡古，开口呼坡歌安康。
cuō kǒu xū xué xún xú jù　qí chǐ yī yōu yáo yè yīng
撮口虚学寻徐剧，齐齿衣优摇业英。
qián bí ēn yīn yān wān wěn　hòu bí áng yíng zhōng yōng shēng
前鼻恩因烟弯稳，后鼻昂迎中拥生。
yǎo jǐn zì tóu guī zì wěi　yīn yáng shǎng qù jì biàn shēng
咬紧字头归字尾，阴阳上去记变声。
xún xù jiàn jìn jiān chí liàn　bú nán dá dào chún hé qīng
循序渐进坚持练，不难达到纯和清

任务二　声调辨正

一、普通话的声调辨析

普通话五度制标调是根据听觉的感知来标写的，数值之间是等分的，但如果正好处在两度之间，这时只能参考其他调类的调值情况和感知印象确定应该是5度还是4度。五度制本来就是根据感知划分的相对标度，是不可能有绝对的数值分界线的。

在声调语言中，声调的数目都比元音和辅音少得多，声调的数目自然也比声母和韵母少得多，声调在语音结构中的负担自然也就重得多。例如，普通话有22个声母，可是只有四个声调，如果某一个声母读得不正确，并不一定很快就被听得人觉察出来，因为另外还有

21 个声母也在话语中不断出现，各声母的出现率都不会很高。但是如果某一个声调读不准，很快就会被人听出来，因为平均每四个音节就要出现一次这个声调，出现率非常高，自然容易被人觉察。声调可以说是语音结构中最为敏感的成分。因此，辨析声调，要比辨析元音和辅音复杂。

（一）普通话声调辨析主要依据的是普通话声调各调类基本频率的变化

声调的调域是相对的，不只每个人调域的频率范围不同，就是同一个人，说话时的调域也是有时宽，有时窄，有时高，有时低。要求一个人永远用同样宽窄和高低的调域说话是不可能的。每一个调类的调值在一定的调域范围内也并不是很稳定的。但是我们辨正声调时，却要求有能力把各种高低宽窄都不相同的调域统一起来。做到这点也不难，因为普通话声调的各调类都有自己的频率范围（即基本频率）。例如，阳平［35］是升调，阴平［55］是平调，区别很明显，但在［35］和［55］之间，从［35］到［45］再到［55］，中间可以包括许多频率变化，逐步从升调变为平调。在变为［55］平调之前，虽然都是升调，但我们不会把这些升调都听成阳平，也不会觉得是由阳平逐渐转变成阴平，而是把接近于［55］的升调听成阴平，接近于［35］的升调听成阳平。大致在［45］附近，是阴平和阳平的分界线，这条分界线把阴平和阳平分成两个声调范畴，这种声调范畴是我们在学习普通话阴平和阳平调类区别时逐步建立起来的感知范畴，是辨析声调的基础。

（二）耳语时产生的噪音信息也帮助辨析声调

声调辨析主要依据基本频率的变化，但基本频率并不是辨认声调的唯一信息。在耳语时，气流从气声门擦出，形成一种噪音，这时声带并不振动，自然也不会产生基频。但是，只要能听见耳语所形成的这种噪音，就能理解耳语说的是什么，不但能辨认耳语中的元音和辅音，同样能分清不同的声调，否则用耳语交流思想就将成为不可能的事。甚至用耳语单独读普通话的四个声调，辨认率也可以在一半以上。可见除基本频率外，还有一些信息能够帮助我们辨析声调。耳语时声带虽然没有振动，但只是声带最后面的气声门打开，大部分声带仍时并合的，声门基本上仍处于关闭状态。在耳语时使声带紧张和松弛因而产生音高变化的肌肉活动并没有因声带不振动而停止活动，可能对耳语所形成的噪音频谱产生影响，故能起到辨析声调的作用。

（三）声调音高的变化，对音长和音强都可能产生影响

普通话的四个声调，在单说时，往往是去声最短、最强，上声最长、最弱，阴平和阳平居中，阳平又往往比阴平略长一些。当基频起作用时，这些都只是一些可有可无的辅助信息；当基频不起作用时，这些辅助信息都有可能成为我们辨析声调的依据。

二、普通话同方言的声调对应规律

普通话和方言在声调上的差异，主要表现在调类和调值两个方面：

（一）调类数目不同

根据调类数目的不同，我们大体可以把汉语方言的声调分为北方方言声调和南方方言声调两个类型。

北方方言声调的数目比较少，最少可以只有三个，最多为五个，一般是四个，大多数方言点没有入声，同类的调值相差很大。

南方方言的声调数目比较多，最少是五个，最多有十个，一般是六到八个声调，大多数南方方言有入声。

（二）调类相同，但是调值不同。

例如：

	阳平	上声
普通话	35	214
上海话	34	14
杭州话	213	53
广州话	11	35、13
例字：	时、平	古、老

普通话声调与方言声调的对应规律如下表所示。

普通话声调与方言声调的对应规律

方言区	古调类	平声		上声			去声		入声				声调数
	例字	天	平	古	老	瑾	放	大	急	各	六	杂	
	地名	调值和调类											
北方方言区	普通话（北京）	阴平 55	阳平 35	上声 214		去声 51			入声分别归阴、阳、上、去				4
	沈阳	阴平 44	阳平 35	上声 213		去声 41			入声分别归阴、阳、去				4
	济南	阴平 21	阳平 42	上声 55		去声 31			同上				4
	滦县	平声 11		上声 213		去声 55			入声分别归平、上、去				3
	烟台	平声 31		上声 214		去声 55			同上				3
	徐州	阴平 313	阳平 55	上声 35		去声 51			入声分别归阴、阳				4
	南京	阴平 31	阳平 13	上声 22		去声 44			入声 5				4
	成都	阴平 44	阳平 41	上声 52		去声 13			入声分别归平				4
吴方言区	苏州	阴平 44	阳平 13	上声 52	归阳去	阴去 412		阳去 31	24 阴入 5		阳入 2		7
	无锡	阴平 55	阳平 14	阴上 324	阳上 33	阴去 35		阳去 213	阴入 5		阳入 2		8
	上海	阴平 54	阳平 24	上声 33		归上声		归阳平	阴入 5		阳入 2		5
湘方言区	长沙	阴平 33	阳平 13	上声 41		阴去 55		阳去 11	入声 24				6
赣方言区	南昌	阴平 43	阳平 24	上声 213		阳去 55		阴去 31	入声 5				6
客家方言区	梅县	阴平 44	阳平 11	上声 31		去声 42			阴入 21		阳入 4		6
闽方言区	福州	阴平 44	阳平 52	上声 31		阳去 242	阴去 213	阳去 242	阴入 23		阳入 4		7
	厦门	阴平 55	阳平 24	上声 51		阳去 33	阴去 11	阳去 33	阴入 32		阳入 5		7
粤方言区	广州	阴 55 平 53	阳 21 平 11	阴上 35	阳上 13		阴去 33	阳去 22	上阴入 55	上阴入 33	阳入 22		9
	玉林	阴平 54	阳平 32	阴上 33	阴上 23	阴去 52		阳去 21	上阴入 55	上阴入 33	上阳入 12	下阳入 11	10

三、识别古入声字

普通话的调类和各方言的调类都是从古汉语的调类中发展而来的，阴平、阳平、上声、去声这些调类称谓也是沿用古代的调类名称。而在我国南朝齐梁之间，声调就分为平声、上声、去声和入声四种。随着时代的发展，逐渐出现了平分阴阳、入派四声，入声在普通话中已经不见了。

虽然古入声在现代普通话里已经消失，但是在吴方言、湘方言、赣方言、客家方言、闽方言、粤方言里都保存着入声。粤方言所保存的3种入声（-g、-d、-b）最为完整。客家话和闽南话虽也保存着上述3个入声，但是已不十分完整。闽东话入声已经只有韵尾[㕁]。赣方言和客家话比较接近，但是入声3个系统比客家话分得清楚。吴方言的入声不能分为3种韵尾，而是一律收音于［㕁]。北方方言中也有些地区保存着入声，如山西省的大部分，内蒙古自治区呼和浩特市和卓资县一带，河北省北部的宣化一带和南部的武安、磁县一带，河南省北部的安阳地区和博爱县一带。四川省个别地方也有入声。湘方言的入声字塞音韵尾失落，已经没有短促的特点，只不过在舒声中自成一类。

声调受浊声母的影响分化为阴阳两类。古代的4声演变到现代，可以变为8声，即阴平、阳平、阴上、阳上、阴去、阳去、阴入、阳入。浙江大部分地区都能按清浊系统区别8声。有些地区超过了8声，如广州话有9个声调，入声分为3类，阴入分化为两类。吴方言多数只有7声，阳上并入阳去。客家话只在平入两声分阴阳，所以总共只有6声。长沙话文言有5个声调，即阴平、阳平、上声、去声、入声；白话有6个声调，去声也分阴阳。北方方言如果是有入声的，就有5个声调，如安阳话；如果没有入声，如北京话，只有4个声调。

中古汉语的平、上、去、入四声与现代汉语的阴、阳、上、去四声不同，通过把古今声调进行比较，可以发现声调有这样一些变化规律，即平分阴阳、浊上变去、入派三声

（一）平分阴阳

指平声分成阴平和阳平两类。其条件是声母的清浊，清声母（包括全清、次清）的平声字归阴平，浊声母（包括全浊、次浊）的平声字归阳平。即

清声母平声——阴平；

浊声母平声——阳平。

（二）浊上变去

指全浊上声归去声。全浊指浊的塞音、塞擦音和擦音。而次浊和清声母的上声字依然读上声。即

全浊上声——去声；

清和次浊上声——上声。

（三）入派三声

指入声消失，归入平、上、去三声（就现在讲，是阴平、阳平、上声、去声四声）。其中，全浊入声归阳平，次浊入声归去声，而清声母的入声字则比较混乱，分散在阴平、阳平、上声、去声中。即

全浊入声——阳平；

次浊入声——去声；

清入——阴、阳、上、去。

入声字的问题，一方面是个声调问题，另一方面又是一个韵母问题。就是说，入声字与其他声调之间，除了在读音的音高（还有音长）上有区别以外，韵母也不同。中古汉语（广韵系统）的入声有［-p-t-k］三个韵尾。现代汉语中，入声在各方言中的表现不一，大致有四种情况：

1. 完全消失，如普通话；
2. 韵尾失落但保留入声类，如山西一些方言；
3. 入声尾合流为一个，如吴方言；
4. 保留中古韵尾［-p-t-k］，如粤方言。

在入声消失的方言中，与普通话的区别，一方面是韵母可能不同，另一方面是声调不同，这就需要在改读韵母使之与普通话一致的基础上，将原来的入声字按照普通话的声调进行重新归类，再改读普通话的调值即可。而保留入声字的方言，则需要去掉其入声韵尾，延长发音的音长，将韵母改为与普通话相同，然后再将其声调按普通话重新进行归类。北方方言区的同学，要想了解哪些字古代是入声，可参考《辨入声字口诀》，再经常翻阅《入声字表》。

辨入声字口诀：

"资雌司耳"与 uei 韵，同于鼻尾无入声。

入声独占 fɑ 与 fo，d3 母 z3 母拼 e 是促音。

卷舌 uo 韵来于入，再加不送气阳平。

bd 七母拼 ie 韵，"爹咩乜"而外无舒声。

"嗟瘸靴"外全 üe 韵，"北得黑给"是入声。

四、普通话四种声调发音辨正

（一）阴平的辨正

阴平调值是 55，发音时声带始终是拉紧，声音又高又平，阴平有为其他三个声调定高低的作用，如果阴平调值掌握不好，会影响其他声调的发音。

有些人阴平读得过低或过高，造成去声降不下来，阳平高不上去的毛病。

练习阴平，可先用单韵母读出高、中、低三种不同的平调，体会发高音时声带拉紧，发低音时声带放松的不同感觉。

这种练习不但可以比较出阴平的高平调值，而且可以训练控制声带松紧的技能，为掌握好复杂的升、降、曲三种声调打下基础。

阴平调容易出现的发音缺陷是音高不够高或不够平。要注意起音较高，声带自始至终都要绷紧，尾音稳住不下降。

以阳引阴：

国歌　　联欢　　农村　　皮衣　职称　　爬山　　茶杯　　来宾

（二）阳平的辨正

阳平调值是 35，发音时声带由不松不紧，逐渐拉紧，声音由不高不低升到最高。

多数人读不好这个调值是高音升不上去或中途有拐弯，主要原因是起点太高，声带已相当紧了，无法再紧，音高也就不能再升。

纠正的方法是设法把声带放松，然后再拉紧。注意中度起音，直线上扬，尾音较高，音长稍短。可以先读一个去声，把声带放松，紧接着读一个升调，这样可以读出接近阳平的调值。

多读去声和阳平相连的词语，有助于练好阳平。

以去引阳：

富强 善良 热情 汽油 地图 教材 事实 特长

（三）上声的辨正

上声调值是214，发音时声带由较送慢慢到最松，再很快地拉紧。声音由较低慢慢到最低，再快速升高。

在朗读和谈话中，上声的基本调值出现的机会很少，经常出现的是变化之后的调值。但是基本调值是变化的基础，掌握了基本调值才能掌握它的变化，所以首先应读准上声的本调。

读上声时主要的问题是起点高，降不下来，给人的感觉是拐弯不够大，也有的人虽有拐弯，但前面下降的部分太短，后面上升的部分太长。更多的情况是只降不升，读成半上，即把214读成211。

练习上声时，首先应设法把声带放松，使声调的起点降低，并尽量把低音部分拖长，音长较长，曲折明显。可以先读一个去声，以帮助放松声带和增加前半段的长度，气流不中断，紧接着念个短促的升调，就能读出较正确的上声了。

以去引上：

办法 字典 报纸 聘请 跳舞 率领 呐喊 战友

（四）去声的辨正

去声调值是51，发音时声带先拉紧，后放松，声音从最高降到最低。

多数人读去声时不感到困难，少数人降不下去。要注意起音较高，再直线下落到最低音，音长较短的特点。可用阴平带去声的方法来练习，即先发一个阴平，使声带拉紧，再在阴平的高度上尽量把声带放松，就能读出全降调的去声了。多读阴平和去声相连的词语，有助于读好去声。

以阴引去：

歌颂 帮助 开会 鲜艳 欢乐 工作 观众 松树

另外要注意的是，声调发生错误的情况通常有：入声归错调类。如“法 fǎ”读为 fá，“腹 ù”错读为 fú，“骨 gǔ”错读为 gú 等；受形声字声旁的影响读错声调．如“辆 liàng”读成 liǎng，“浙 zhè”读成 zhé，“桦 huà”读成 huá 等；受异读词不规范读音的影响读错声调，如“绕 rào”读成 ráo，“匹 pǐ”读成 pí，“脊 jǐ”读成 jí 等。所以我们应该掌握入声字在普通话中的不同归属，并且平时要注意积累，掌握普通话异读词的规范读音。

项目小结

汉语普通话是世界上最美妙的语言之一。普通话具有音乐美，而这种美主要体现在普通话声调上。声调是音节的高低升降变化，它主要是由音高决定的；声调的音高是相对音高而非绝对音高。在汉语中，声调具有区别意义的作用。调值就是普通话声调高低升降的变化，也就是声调的实际读法。调值的描写，一般采用五度标记法。调类就是按调值来分的声调的类别。普通话有四个调类，即阴平、阳平、上声、去声，简称四声；四声的特点可概括为

“一平”“二升”“三曲”“四降”。

本项目着重体验了声调在普通话中的重要性，结合阴平、阳平、上声、去声等各声调的发音特征，进行了声调辨正，探讨了声调常见的发音错误和缺陷，并针对这些语音问题，介绍了一些易于操作和模仿的发音训练方法。并以列表形式总结了普通话方言与在声调上的对应规律及古入声字在普通话中的归类规律，目的是帮助方言区的普通话学习者更好地掌握普通话的声调。

项目综合练习

1. 按普通话四声的调值念下面的音节

一 姨 乙 艺 yī yí yǐ yì

辉 回 毁 惠 huī huí huǐ huì

风 冯 讽 奉 fēng féng fěng fèng

飞 肥 匪 费 fēi féi fěi fèi

通 同 桶 痛 tōng tóng tǒng tòng

迂 于 雨 遇 yū yú yǔ yù

2. 按阴阳上去的顺序念语句

中华有志 zhōng huá yǒu zhì

坚持改进 jiān chí gǎi jìn

中华伟大 zhōng huá wěi dà

千锤百炼 qiān chuí bǎi liàn

光明磊落 guāng míng lěi luò

花红柳绿 huā hóng liǔ lǜ

3. 按去上阳阴的顺序念语句（上声按变调念半上）

破釜沉舟 pò fǔ chén zhōu

调虎离山 diào hǔ lí shān

弄巧成拙 nòng qiǎo chéng zhuō

信以为真 xìn yǐ wéi zhēn

妙手回春 miào shǒu huí chūn

异口同声 yì kǒu tóng shēng

4. 双音节词语声调训练

(1) 同调相连：

	jīntiān	shātān	fēnzhōng	dōngfēng	āishāng	bīngchuān	tīngshuō
阴+阴	今天	沙滩	分钟	东风	哀伤	冰川	听说
	léitíng	yánshí	értóng	xuéxí	cáinéng	réngrán	cóngróng
阳+阳	雷霆	岩石	儿童	学习	才能	仍然	从容
	bàogào	xiàndài	mùlù	zàijiàn	xùnliàn	pànduàn	rèliè
去+去	报告	现代	目录	再见	训练	判断	热烈

(2) 异调相连：

上声后字，注意不要将后部分读残缺，即将214度成211。

阴＋阳	guānchá 观察	zhōngguó 中国	tiāntáng 天堂	shānyá 山崖	shōucáng 收藏	fāyán 发言	jiāqiáng 加强
阴＋上	shūfǎ 书法	shāngǔ 山谷	qiāngǔ 千古	jiānkǔ 艰苦	shāngchǎng 商场	zhōngdiǎn 终点	sīxiǎng 思想
阴＋去	tīngzhòng 听众	xīgài 膝盖	jiārù 加入	zhēnzhèng 真正	shīfàn 师范	zhuānyè 专业	huānlè 欢乐
阳＋阴	níshā 泥沙	xióngzī 雄姿	yángguāng 阳光	huángshān 黄山	kuánghuān 狂欢	huádōng 华东	chángjiāng 长江
阳＋上	méiyǒu 没有	jíshǐ 即使	bíkǒng 鼻孔	mínzhǔ 民主	hóngwěi 宏伟	yóulǎn 游览	yányǔ 言语
阳＋去	yóulì 游历	yúshì 于是	nándào 难道	shíjì 实际	páiliàn 排练	qíngyuàn 情愿	juédìng 决定
去＋阴	qìchē 汽车	dàyuē 大约	lèguān 乐观	jiànkāng 健康	xìngkuī 幸亏	chuàngkān 创刊	àixī 爱惜
去＋阳	cèliáng 测量	shìhé 适合	shùxué 数学	zànshí 暂时	bùnéng 不能	zhàojí 召集	lèyuán 乐园
去＋上	chègǔ 彻骨	hànyǔ 汉语	zànměi 赞美	zuòpǐn 作品	fùmǔ 父母	kuàngchǎn 矿产	dàkuǎn 大款

(3) 四声对比训练：

注意在对比中，把握声调的特点，纠正方音。

第一组：

dàshī　dàshí　dàshǐ　dàshì
大师—大石—大使—大事

shīshì　shíshī　shǐshī　shìshí
失势—实施—史诗—事实

zhīshi　zhíshì　zhǐshì　zhìshì
知识—直视—指示—制式

chǎngfāng　chǎngfáng　chángfǎng　chángfàng
厂方—厂房—常访—常放

yīwù　yíwù　yìwù
医务—贻误—义务

gūlì　gǔlì　gùlǐ
孤立—鼓励—故里

jiānjù　jiǎnjǔ　jiānjù
艰巨—检举—间距

jìnqū　jìnqǔ　jìnqù
禁区—进取—进去

第二组：

shāndiān　shānyá　shāngǔ　shāndòng
山颠—山崖—山谷—山洞

tóngxiāng　tóngxué　tóngděng　tóngzhì
同乡—同学—同等—同志

huāxīn　huālán　huāruǐ　huābàn
花心—花篮—花蕊—花瓣

guójiā　guófáng　guótǔ　guókù
国家—国防—国土—国库

diàndēng　diànshí　diànyǐng　diànshì
电灯—电石—电影—电视

yuèguāng　yuèqiú　yuèdǐ　yuèsè
月光—月球—月底—月色

rénjiā　rénwéi　rénkǒu　rénshì
人家—人为—人口—人事

zhǔguān　zhǔrén　zhǔguǎn　zhǔyì
主观—主人—主管—主义

(4) 根据声调区别词义：

tí cái　tǐ cái	chéng fǎ　chéng fá	tiān cái　tián cài	sī jī　sì jì
题材——体裁	乘法——惩罚	天才——甜菜	司机——四季
shí jié　shǐ jié	jiān jù　jiǎn jǔ	wú yí　wǔ yì	zhǔ lì　zhù lǐ
时节——使节	艰巨——检举	无疑——武艺	主力——助理

5. 四音节词语声调训练

(1) 四声同调训练：

jū ān sī wēi	jiāng shān duō jiāo	chūn tiān huā kāi	zhēn xī guāng yīn	xī xī xiāng guān
居安思危	江山多娇	春天花开	珍惜光阴	息息相关
wén míng quán qiú	tí qián wán chéng	lún chuán háng xíng	hé píng fán róng	quán yuán tuán jié
闻名全球	提前完成	轮船航行	和平繁荣	全员团结
míng cún shí wáng	ài hù bèi zhì	biàn huàn mò cè	yì qì yòng shì	chuàng zào jì lù
名存实亡	爱护备至	变幻莫测	意气用事	创造记录

(2) 四声顺序训练：

fēng tiáo yǔ shùn	gāo péng mǎn zuò	yīng xióng hǎo hàn	guāng míng lěi luò	shēn móu yuǎn lǜ
风调雨顺	高朋满座	英雄好汉	光明磊落	深谋远虑
qiān chuí bǎi liàn	huā tuán jǐn cù	xīn míng yǎn liàng	ān qián mǎ hòu	yōu róu guǎ duàn
千锤百炼	花团锦簇	心明眼亮	鞍前马后	优柔寡断
shān míng shuǐ xiù	suān tián kǔ là	fēng tiáo yǔ shùn	bīng qiáng mǎ zhuàng	shān hé jǐn xiù
山明水秀	酸甜苦辣	风调雨顺	兵强马壮	山河锦绣

(3) 四声逆序训练：

xiù shǒu páng guān	nì shuǐ xíng zhōu	diào hǔ lí shān	miào shǒu huí chūn	fèn qǐ zhí zhuī
袖手旁观	逆水行舟	调虎离山	妙手回春	奋起直追
kè gǔ míng xīn	qù wěi cún zhēn	wàn gǔ cháng qīng	pò fǔ chén zhōu	mù gǔ chén zhōng
刻骨铭心	去伪存真	万古长青	破釜沉舟	暮鼓晨钟
wò shǒu yán huān	bèi jǐng lí xiāng	mò shǒu chéng guī	nòng qiǎo chéng zhuō	tòng gǎi qián fēi
握手言欢	背井离乡	墨守成规	弄巧成拙	痛改前非

(4) 四声混合练习：

xū huái ruò gǔ	qīng miáo dàn xiě	xìn kǒu kāi hé	dé xīn yìng shǒu	wǔ guāng shí sè
虚怀若谷	轻描淡写	信口开河	得心应手	五光十色
bān mén nòng fǔ	chū chū máo lú	yōu xīn rú fén	bēi huān lí hé	lái lóng qù mài
班门弄斧	初出茅庐	忧心如焚	悲欢离合	来龙去脉
dòu zhì áng yáng	xīn xǐ ruò kuáng	bèi jǐng lí xiāng	miào shǒu huí chūn	sì hǎi wéi jiā
斗志昂扬	欣喜若狂	背井离乡	妙手回春	四海为家

6. 与声调辨析有关的绕口令练习

dà māo máo duǎn　xiǎo māo máo cháng　dà māo máo bǐ xiǎo māo máo duǎn　xiǎo māo máo bǐ dà māo máo cháng

(1) 大猫毛短，小猫毛长，大猫毛比小猫毛短，小猫毛比大猫毛长。

wáng jiā yǒu zhī huáng máo māo　tōu chī wāng jiā guàn tāng bāo　wāng jiā dǎ sǐ wáng jiā de
(2) 王家有只黄毛猫，偷吃汪家灌汤包，汪家打死王家的
huáng máo māo　wáng jiā yào wāng jiā péi wáng jiā de huáng má māo　wāng jiā yào wáng jiā péi wāng jiā de
黄毛猫，王家要汪家赔王家的黄毛猫，汪家要王家赔汪家的
guàn tāng bāo
灌汤包。

nǐ shuō yī　wǒ duì yī　yí gè ā yí bān zhuō yǐ　yí gè xiǎo hái bú zhù yì　bàn yī gēn dou
(3) 你说一，我对一，一个阿姨搬桌椅，一个小孩不注意，绊一跟斗，
kěn yī zuǐ ní
啃一嘴泥。

jīng jù jiào jīng jù　jǐng jù jiào jǐng jù　jīng jù bù néng jiào jǐng jù　jǐng jù bù néng jiào jīng jù
(4) 京剧叫京剧，警句叫警句，京剧不能叫警句，警句不能叫京剧。

zhēn zhen xiù jǐn zhěn　xiàng zhěn yòng jīn zhēn　jīn zhēn xiàng dié zhěn shàng fēi　zhēn zhen xiù
(5) 珍珍绣锦枕，乡枕用金针，金针乡蝶枕上飞，珍珍绣
zhěn zèng qīn rén
枕赠亲人。

māma jǐ yǔ sì shí sì gè qián　pǎo yǐ shī jiā sī diàn lǐ mǎi sī xiàn　huā le sì gè qián　mǎi
(6) 妈妈给予四十四个钱，跑以施家丝店里买丝线。花了四个钱，买
le sì gēn bái sè xì sī xiàn　huā le sì shí gè qián　mǎi le shí sì gēn hóng sè xì sī xiàn
了四根白色细丝线，花了四十个钱，买了十四根红色细丝线。

lù dōng zhù zhe liú xiǎo liǔ　lù nán zhù zhe niú xiǎo niū　liú xiǎo liǔ ná zhe dà pí qiú　niú xiǎo
(7) 路东住着刘小柳，路南住着牛小妞，刘小柳拿着大皮球，牛小
niū bào zhe dà shí liu　liú xiǎo liǔ bǎ pí qiú sòng gěi niú xiǎo niū　niú xiǎo niū bǎ shí liu sòng gěi liú xiǎo liǔ
妞抱着大石榴，刘小柳把皮球送给牛小妞，牛小妞把石榴送给刘小柳。

sì yí qù mǎi yí zi　qī yí qù xǐ yī fu　mǎi yí zi de sì yí xǐ yī fu　xǐ yī fu de qī yí mǎi
(8) 四姨去买胰子，七姨去洗衣服。买胰子的四姨洗衣服，洗衣服的七姨买
yí zi　sì yí hé qī yí　yì qí mǎi yí zi　yì qǐ mǎi yí zi
胰子。四姨和七姨，一齐买胰子，一起买胰子。(注：胰子——肥皂)

māma qí mǎ　mǎ màn　māma mà mǎ　jiù jiu bān jiū　jiū fēi　jiù jiu jiū jiū　lǎo lao hē lào
(9) 妈妈骑马，马慢，妈妈骂马。舅舅搬鸠，鸠飞，舅舅揪鸠。姥姥喝酪，
lào lào　lǎo lao lāo lào　niū niu hǒng niú　niú nìng　niū niu nǐng niú
酪落，姥姥捞酪。妞妞哄牛，牛拧，妞妞拧牛。

lán yī bù lǚ liú lán liǔ　bù lǚ lán yī liǔ lán liú　lán liǔ lā lí lái lí dì　lán liú bō zhǒng lái lā lóu
(10) 蓝衣布履刘兰柳，布履蓝衣柳兰刘，兰柳拉犁来犁地，兰刘播种来拉耧。

rèn mìng shì rèn mìng　rén míng shì rén míng　rèn mìng bú shì rén mìng　rén míng bú shì rèn
(11) 任命是任命，人名是人名，任命不是人命，人名不是任
mìng　rén míng bù néng rèn mìng　rén shì rén　rèn shì rèn　míng shì míng　mìng shì mìng　rén　rèn
命，人名不能任命。人是人，任是任，名是名，命是命，人、任，
míng　mìng　yào fēn qīng
名、命，要分清。

hú jiā cūn lǐ shí wǔ hù　shí wǔ hù zǔ zhī le hù zhù zǔ　hù zhù zǔ zhǎng shì hú lǎo wǔ　lǎo wǔ
(12) 胡家村里十五户，十五户组织了互助组。互助组长是胡老五，老五

lǐng dǎo hù zhù bù hán hu shí wǔ hù hù hù lái hù zhù hú hù bāng luó hù luó hù bāng mǎ hù gū yī gū
领导互助不含糊。十五户户户来互助，胡户帮罗户，罗户帮马户。估一估，
liáng shi zēng chǎn yī chéng wǔ hù dōu biàn chéng yú liáng hù luó hù mǎ hù hú lǎo wǔ zǔ zhī hé
粮食增产一成五，户都变成余粮户。罗户、马户、胡老五，组织合
zuò mài dà bù
作迈大步。

shí shì shì shì shí shì shí yào zhēn shí shí shí yào zhēn shí shí jì shì shì shí zì zì yào shí
(13) 时事是事实，事实要真实，时时要真实，实际是事实，字字要实
jì shì shì yào zhēn shí
际，事事要真实。

liáng mù jiang hé liáng wǎ jiang liǎng liáng yǒu shì cháng shāng liá liáng mù jiang tiān liàng
(14) 梁木匠和梁瓦匠，俩梁有事常商量。梁木匠天亮
liàng yī shang liáng wǎ jiang tiān hēi liàng gāo li liáng mù jiang liàng yī shang shòu le liáng liáng wǎ
晾衣裳，梁瓦匠天黑量高粱。梁木匠晾衣裳受了凉，梁瓦
jiang liàng gāo liáng shǎo le liáng liáng wǎ jiang sī liang liang mù jiang shòu le liáng liáng mùjiang
匠量高粱少了粮。梁瓦匠思量梁木匠受了凉，梁木匠
tǐ liáng liang wǎ jià
体凉梁瓦匠少了粮。

bú pà bú huì jiù pà bú xué yī huí bú huì zài lái yī huí jué bù hòu huǐ zhí dào xué huì
(15) 不怕不会，就怕不学，一回不会，再来一回，决不后悔，直到学会。

lǎo luó lā le yī chē lí lǎo lǐ lā le yī chē lì lǎo luó rén chēng dà lì luó lǎo lǐ rén chēng
(16) 老罗拉了一车梨，老李拉了一车栗。老罗人称大力罗，老李人称
lǐ dà lì lǎo luó lā lí zuò lí jiǔ lǎo lǐ lā lì qù huàn lí
李大力。老罗拉梨做梨酒，老李拉栗去换梨。

mò fáng mó mò mò mǒ mò fáng yī mó mò xiǎo māo mō méi méi fēi xiǎo māo yī máo méi
(17) 磨房磨墨，墨抹磨房一磨墨；小猫摸煤，煤飞小猫一毛煤。

lǎo shī lǎo shì jiào lǎo shǐ qù lāo shí lǎo shǐ lǎo shì méi yǒu qù lāo shí lǎo shǐ lǎo shì piàn lǎo shī
(18) 老师老是叫老史去捞石，老史老是没有去捞石，老史老是骗老师，
lǎo shī lǎo shuō lǎo shǐ bú lǎo shí
老师老说老史不老实。

shǐ lǎo shī jiǎng shí shì cháng xué shí shì zhǎng zhī shi
(19) 史老师讲时事，常学时事长知识。

shí shì shī shì shī shǐ shì shī shì shí shí shī shì shí shí shì shì shì shì shí shī shì shǐ shì
(20) 石室诗士施史，嗜狮，誓食十狮，氏时时适市，氏视十狮，恃矢势，
shǐ shì shí shī shì shì shì shí shì shí shī shī shì shí shì shí shì shī shì shǐ shì shì shì shí shì shì shì shǐ
使是十狮逝世，氏拾是十狮尸，适石室，石室湿，氏使侍拭室，石室拭，氏始
shì shí shí shī shī shí shí shǐ shí shī shī shí shì shí shí shī sh shì shì shì shì shí
试食十狮尸，食时，始识狮尸实是十石狮尸，试释是事实。

yī èr sān sān èr yī yī èr sān sì wǔ liù qī qī liù wǔ sì sān èr yī yí gè gū niang lái
(21) 一二三，三二一，一二三四五六七，七六五四三二一。一个姑娘来
zhāi lǐ yí gè xiǎo huǒ lái zhāi lí yí gè xiǎo hái r lái jiǎn lì sān rén yì qǐ chū dà lì zhāi wán lǐ
摘李，一个小伙来摘梨，一个小孩儿来拣栗。三人一起出大力。摘完李

zi lì zi lí　lā dào shì shàng qù gǎn jí
子栗子梨，拉到市上去赶集。

hé biān yī kē liǔ　liǔ xià yì tóu niú　niú yào qù dǐng liǔ　liǔ zhī chán zhù tóu　niú dǐng liǔ
(22) 河边一棵柳，柳下一头牛。牛要去顶柳，柳枝缠住头。牛顶柳，
liǔ chán niú　niú dǐng fān le liǔ　liǔ chán zhù le niú de tóu
柳缠牛，牛顶翻了柳，柳缠住了牛的头。

yǒu yóu hé yóu yǒu　xué xiě mǒu hé móu　yǒu yóu xué mǒu　yóu yǒu xué móu　yǒu yóu xué huì
(23) 友油和油友，学写某和谋。友油学某，油友学谋。友油学会
le mǒu rén de mǒu　yóu yǒu xué huì le jì móu de móu
了某人的某，油友学会了计谋的谋。

wū lǐ yǒu gè wǔ lǎo shī jiǎng wù lǐ　wū wài yǒu rén shuō tā jiǎng de wú lǐ　jiū jìng shì wù lǐ hái
(24) 屋里有个武老师讲物理，屋外有人说他讲的无理。究竟是物理还
shì wú lǐ　bǎ zì yīn rèn cuò cái shì zhēn zhèng de wú lǐ
是无理，把字音认错才是真正的无理。

zhèng zhèng pěng zhe zhǎn tái dēng　péng péng káng zhe jià píng fēng　péng péng ràng zhèng
(25) 郑政捧着盏台灯，彭澎扛着架屏风，彭澎让郑
zhèng káng píng fēng　zhèng zhèng ràng péng péng pěng tái dēng
政扛屏风，郑政让彭澎捧台灯。

dōu lǐ zhuāng dòu　dòu zhuāng mǎn dōu　dōu pò lòu dòu　dǎo chū dòu　bǔ pò dōu　bǔ hǎo
(26) 兜里装豆，豆装满兜，兜破漏豆。倒出豆，补破兜，补好
dōu　yòu zhuāng dòu　zhuāng mǎn dōu　bú lòu dòu
兜，又装豆，装满兜，不漏豆。

táng duān dàn tāng　tà dèng dēng bǎo tǎ　zhī yīn dèng tài huá　tāng sǎ tāng tàng tǎ
(27) 唐端蛋汤，踏凳登宝塔，只因凳太滑，汤洒汤烫塔。

qiáng shàng yí gè chuāng　chuāng shàng yī zhī qiāng　chuāng xià yī luó kāng　qiāng luò jìn
(28) 墙上一个窗，窗上一支枪，窗下一箩糠。枪落进
le kāng　kāng mái zhù le qiāng　chuāng yào kāng ràng qiāng　kāng yào qiāng shàng qiáng　qiáng yào
了糠，糠埋住了枪。窗要糠让枪，糠要枪上墙，墙要
qiāng shàng chuāng　hù xiāng bú tuì ràng　kāng gǎn bù zǒu qiāng　qiāng yě shàng bù liǎo chuāng hé qiáng
枪上窗。互相不退让，糠赶不走枪，枪也上不了窗和墙。

shān qián yǒu sì shí sì gè xiǎo shī zi　shān hòu bian yǒu sì shí sì kē zǐ sè shì zi shù　shān qián
(29) 山前有四十四个小狮子，山后边有四十四棵紫色柿子树，山前
sì shí sì gè xiǎo shī zi chī le shān hòu bian sì shí sì kē zǐ sè shì zi shù de sè shì zi　shān qián sì shí sì gè
四十四个小狮子吃了山后边四十四棵紫色柿子树的涩柿子，山前四十四个
xiǎo shī zi ràng shān hòu bian sì shí sì kē zǐ sè shì zi shù de sè shì zi gěi sè sǐ le
小狮子让山后边四十四棵紫色柿子树的涩柿子给涩死了。

7. 我国语言大师赵元任用一个“shi”音节写成了一则妙趣横生的小故事，巧妙体现了汉字声调区别意义的作用：

石室诗士施氏，嗜狮，誓食十狮。十时，适十狮适市。是时，适施氏适市。氏视十狮，恃矢势，使十狮逝世。氏拾是十狮尸，适石室。石室湿，氏使侍拭石室。石室拭，氏始试食十狮。食时，始识是十尸实十石狮尸。

试释是事。

8. 给下面这篇短文注上拼音：

生命在海洋里诞生绝不是偶然的，海洋的物理和化学性质，使它成为孕育原始生命的摇篮。

我们知道，水是生物的重要组成部分，许多动物组织的含水量在百分之八十以上，而一些海洋生物的含水量高达百分之九十五。水是新陈代谢的重要媒介，没有它，体内的一系列生理和生物化学反应就无法进行，生命也就停止。因此，在短时期内动物缺水要比缺少食物更加危险。水对今天的生命是如此重要，它对脆弱的原始生命，更是举足轻重了。生命在海洋里诞生，就不会有缺水之忧。

水是一种良好的溶剂。海洋中含有许多生命所必需的无机盐，如氯化钠、氯化钾、碳酸盐、磷酸盐，还有溶解氧，原始生命可以毫不费力地从中汲取它所需要的元素。

水具有很高的热容量，加之海洋浩大，任凭夏季烈日曝晒，冬季寒风扫荡，它的温度变化却比较小。因此，巨大的海洋就像是天然的“温箱”。是孕育原始生命的温床。

阳光虽然为生命所必需，但是阳光中的紫外线却有扼杀原始生命的危险。水能有效地吸收紫外线，因而又为原始生命提供了天然的“屏障”。

这一切都是原始生命得以产生和发展的必要条件。// （节选自童裳亮《海洋与生命》）

附录一：

古入声字普通话读音表

古入声字普通话读音表（一）

声调	阴平	阳平	上声	去声
ba	八 捌	拔 跋		
ma	抹（抹布）			
fa	发	伐 阀 筏 罚 乏	法 砝	发（理发）
da	搭 答（答应）	答（答复）瘩 达		
ta	塌 踏（踏实）		塔	沓 踏（踏步） 榻 拓 （拓碑）
na				呐纳钠捺
la	垃 邋			
ka	喀			
ha			哈（哈达）	
zha	扎（扎针）	铡 扎（挣扎）札 轧（轧钢）	眨	栅
cha	插	察		刹（古刹）
sha	杀 刹（刹车）			霎
za	扎（包扎） 匝 砸	砸 杂		
ca	擦			
sa				萨 卅
bo	饽 拨 剥（剥削） 钵泊 （湖泊）	伯 泊 箔 舶 勃 渤 脖 博 膊 薄（薄弱） 驳 钹 帛		薄（薄荷）
po	泼			迫（强迫） 珀 粕 魄（气魄）
mo	摸	膜	抹	末 沫 抹（抹灰） 茉 陌 莫 寞 漠 默 墨 没 殁

古入声字普通话读音表（二）

声调	阴平	阳平	上声	去声
f		佛		
de		得 德		
te				特 忒 忐
ne				讷
le	肋			乐 勒（勒令）
ge	搁 胳 疙 割 鸽	格 阁 蛤（蛤蚧） 革 膈 隔 葛（葛布） 骼（骨骼）	葛	各（各个） 铬

续表

声调	阴平	阳平	上声	去声
ke	磕 瞌	咳 壳	渴	克 刻 客 恪
he	喝	核 貉（一丘之貉）涸 盒 劾（弹劾）阂		赫 褐 鹤 吓（恐吓）喝（喝彩）
zhe		折 哲 蜇 辙 辄 磔 谪	褶	浙
che				彻 撤 澈 掣
she		舌折		设 涉 摄 慑
re				热
ze		则 择 泽 责		仄
ce				侧 厕 测 恻 策 册
se				塞 涩 色 铯 瑟 啬 穑
e		额	恶（恶心）	恶（恶劣） 噩 遏 厄 扼 轭 鄂 腭 鳄
bi	逼	鼻 荸	笔	壁 璧 必 毕 碧 辟（复辟） 避 愎
pi	劈 霹		匹 劈（劈柴）癖	辟 僻

古入声字普通话读音表（三）

声调	阴平	阳平	上声	去声
mi				密 蜜 觅 幂 汨
di	滴	狄 涤 迪 笛 敌 的（的确） 嫡		的（目的）
ti	剔 踢			惕
ni				匿 溺 逆
li				立 粒 笠 栗 砾 力 历 沥 雳
ji	激 击 唧 积 缉（通缉） 圾	及 级 极 汲 吉 急 棘 即 集 籍 辑 亟 疾 嫉	给（供给） 脊	鲫 寂 绩 迹
qi	七 柒 漆 缉（缉鞋口） 戚		乞	泣 讫 迄
xi	吸 膝 悉 蟋 息 熄 析 淅 晰 蜥 昔 惜 夕 汐 锡	习 席 媳 袭 檄		
yi	一 壹 揖		乙	易 蜴 亦 邑 役 疫 益 溢 翼 逸 译 驿 亿 忆 屹 抑 轶 翌

续表

声调	阴平	阳平	上声	去声
zhi	织 汁 只（只身）	直 值 植 殖 执 侄 职		挚 帜 秩 掷（投掷） 质 窒 蛭 炙
chi	吃		尺	炽 斥 赤 叱 饬
shi	施 虱 湿 失	十 什 拾 石 识 食 蚀 实		室 释 适 饰 式 拭 弑
ri				日
bu	晡		卜	不
pu	扑	仆	朴（朴素） 蹼	暴（一曝十寒） 瀑（瀑布） 曝
mu				幕 木 沐 睦 目 苜 穆 牧
fu		匐 弗 佛（仿佛） 拂 伏 袱 茯 服 幅 福 辅		缚 复 腹 蝮 鳆 馥 覆
du	督	读 犊 牍 独 毒		

古入声字普通话读音表（四）

声调	阴平	阳平	上声	去声
tu	秃 突 凸			
lu				赂 鹿 漉 辘 麓 录 绿（绿林） 禄 碌 陆 戮
gu	骨（骨朵）		骨（骨髓） 谷	梏
ku	窟哭			酷
h	忽 惚	斛 囫 鹄（鹄立）		
zhu		竹 烛 逐 竺 术（白术）	嘱 瞩	祝 筑
chu	出			触 畜（畜生） 矗 绌 黜 怵
shu	叔淑	赎 塾 孰 熟	属 蜀	术 述 束
ru			辱	入 褥
zu		足 族 卒 镞		
cu				促 簇 蹴
su		俗		塑 肃 速 宿 粟 夙
wu				雾 勿 物
lü				律 率（效率） 绿 氯
ju	鞠 疽 锔	局 菊 桔		
qu	曲 屈		曲 （歌曲）	
xu				续 畜（畜牧） 蓄 恤 旭 煦
yu				育 域 浴 欲 玉 狱 郁 毓

古入声字普通话读音表（五）

声调	阴平	阳平	上声	去声
bai		白	百 柏	
pai	拍			
mai				麦 脉
zhai	摘	宅 翟	窄	
chai	拆			
shai			色（掉色）	
sai	塞（瓶塞儿）			
bei			北	
mei		没（没有）		
dei			得（我得去）	
lei	勒（勒紧）			
gei			给	
hei	黑			
zei		贼		
bao		雹 薄（薄纸）		
lao				烙 酪
zhao	着（高着儿）	着（烧着了）		
shao		勺 芍		

古入声字普通话读音表（六）

声调	阴平	阳平	上声	去声
zhou	粥	轴 妯（妯娌）		
jia	夹（夹子）	夹 荚 铗 颊	甲 钾 胛 岬	
qia	掐			恰 洽
xia	瞎 呷	狭 侠 峡 狎 匣 辖		
ya	押 鸭 压			轧 揠
bie	鳖 憋	别 蹩	瘪	别（别扭）
pie	瞥 撇（撇开）		撇 苤（苤蓝）	
mie				灭 蔑
die	爹 跌	迭 叠 谍 堞		
tie	贴 帖		铁 帖（帖子）	帖（字帖）
nie	捏			聂 镊 蹑 镍 孽 蘖 涅
lie			咧（咧嘴）	列 冽 烈 裂 猎 劣
jie	秸 揭 接 疖	诘 洁 结 劫 杰 孑 节 竭 睫 捷 截		
qie	切（切开）			怯 切（密切） 窃 妾 挈 锲
xie	歇 蝎 楔	协 胁 挟		泄 屑 亵 燮
ye				液 掖 腋 叶 页 业 谒 咽（呜咽）
gua	刮			
hua		滑 猾		划 画

古入声字普通话读音表（七）

	阴　平	阳　平	上　声	去　声
zhua	抓			
shua	刷			刷（刷白）
wa	挖			袜
duo	咄　掇	夺　度（猜度）踱　铎		
tuo	托脱			柝　拓（开拓）
nuo				诺
luo	捋			烙　洛　落　络　骆
guo	郭　蝈　聒	国　帼		
kuo				扩　廓
huo	豁（豁口）	活		或　惑　获　霍　豁（豁亮）
zhuo	桌　捉　拙　涿	茁　灼　酌　浊　镯　着（着落）啄　诼　琢　擢　浞　卓		
chuo	戳			绰　啜　辍　龊
shuo	说			硕　烁　铄　妁　朔　搠　槊　蒴
ruo				若　弱
zuo	作（作坊）	昨　琢（琢磨）		作　柞　酢
cuo	撮			错
suo	缩		索	
wo	喔			沃　斡　幄　握　龌

古入声字普通话读音表（八）

	阴　平	阳　平	上　声	去　声
nüe				虐　疟
lüe				略　掠
jue	撅	决　诀　抉　觉　珏　绝　倔　掘　崛　厥　橛　蹶　攫　爵　嚼（咀嚼）		
que	缺	瘸		却　确　鹊　雀　阕　阙
xue	薛　削（剥削）	学　穴　噱（噱头）	雪	血（血压）谑
yue	约　曰		哕	悦　阅　越　粤　月　钺　钥（锁钥）跃　乐（音乐）岳
miao			渺	
jiao		嚼（嚼碎）	脚　角	
qiao				壳
yao				药　钥　鹞
liu		镏（镏金）		镏（镏子）六
jiu			九	
xiu	休			
guai	乖			
shuai				率（率领）蟀

附录二：

容易读错的声调例词

声调易错词语：

A

挨（āi）近　挨（ái）饿　白皑皑（ái）　狭隘（ài）　谙（ān）熟
熬（āo）菜　拗（ǎo）断

B

同胞（bāo）　炮（bāo）羊肉　蓓（bèi）蕾　奔（bēn）波　卑鄙（bǐ）
包庇（bì）　蝙（biān）蝠　预卜（bǔ）　复辟（bì）　匕（bǐ）首
针砭（biān）　屏（bǐng）退　把（bǎ）握　刀把（bà）儿　背（bēi）负
背（bèi）后　绷（bēng）带　绷（běng）脸　奔（bēn）跑　投奔（bèn）
颠簸（bǒ）　簸（bò）箕

C

搽（chá）粉　嘈（cáo）杂　参（cēn）　差（cī）
差（chā）错　偏差（chā）　啜（chuò）泣　踌（chóu）
躇（chú）　不啻（chì）　谄媚（chǎn）　驰骋（chíchěng）
叱（chì）咤　憧（chōng）憬　忖（cǔn）度　鞭笞（chī）
挫折（cuò）　伺（cì）候　烟囱（cōng）　从（cóng）容
处（chǔ）暑　处（chǔ）境　处（chǔ）女　处（chǔ）世为人
处（chǔ）于　淙（cóng）流水　揣（chuāi）着书　揣（chuǎi）测
叉（chǎ）开　劈叉（chà）　提倡（chàng）　一场（cháng）雨
一场（cháng）大战　三场（chǎng）比赛　跳场（chǎng）舞　创新（chuàng）
创伤（chuāng）

D

胴（dòng）体　装订（dìng）　恫（dòng）吓　逮（dài）捕
档（dàng）案　句读（dòu）　安步当（dàng）车　担负（dān）
担（dàn）子　订正（dìng）　咄咄（duō）逼人　倒（dào）影
倒（dǎo）霉　烟斗（dǒu）　斗争（dòu）　兜肚（dù）
猪肚（dǔ）　打（dǎ）拳　一打（dá）　逮（dài）捕
逮（dǎi）住　当（dāng）年　当（dāng）日
当（dāng）初——表示从前　当（dàng）年
当（dàng）日——表示在同一时间

E

阿（ē）谀　婀（ē）娜　讹（é）诈　扼（è）要

F

蜚（fēi）声　菲（fěi）薄　果脯（fǔ）　芳菲（fēi）
氛（fēn）围　肤（fū）浅　仿佛（fú）　区分（qū）

充分（fèn）　凫（fú）水　篇幅（fú）　拂（fú）晓
佛（fú）然　帆（fān）船　藩（fān）镇　缝（féng）合
裂缝（fèng）

G

准噶（gá）尔　大动干戈（gē）　枸杞（gǒuqǐ）　勾当（gòu）
粗犷（guǎng）　脖颈（gěng）　鳜（guì）鱼　呱呱（gū）坠地
刽(guì)子手　供(gōng)给　供(gòng)认　力能扛(gāng)鼎
口供（gòng）　佝（gōu）偻　桎梏（gù）　骨（gǔ）气
蛊（gǔ）惑　商贾（gǔ）　聒（guō）噪　干（gàn）部
干脆（gān）　勾结（gōu）　勾（gòu）当　观（guān）察
道观（guàn）　皇冠（guān）　冠（guàn）军　杆（gān）子
笔杆（gǎn）儿

H

哈（hǎ）达　哈密瓜（hā）　巷（hàng）道　横（hèng）财
飞来横（hèng）祸　蛮横（hèng）　横（héng）行　晃（huàng）动
晃(huǎng)眼　一晃(huǎng)　一哄(hòng)而散　哄(hōng)堂大笑
哄（hǒng）骗　骨骸（hái）　薅（hāo）草　白桦（huà）树
馄饨（húntun）　和（huó）泥　和（huó）面　搅和（huò）
和（huò）稀泥　囫囵（húlún）吞枣　溃（huì）脓　豢（huàn）养
污秽（huì）　干涸（hé）　上颌（hé）　负荷（hè）
附和（hè）　计划（huà）　划船（huá）　好（hào）奇
好（hǎo）比　中华（huá）　华（huà）山　混（hùn）淆
混（hún）蛋

J

觊（jì）觎　缄（jiān）默　发酵（jiào）　粳（jīng）米
镌（juān）刻　诡谲（jué）　给（jǐ）予　狙（jū）击
隽（juàn）永　痉（jìng）挛　渐（jiān）染　眼睑（jiǎn）
虐疾（jí）　离间（jiàn）　僭（jiàn）越　龟（jūn）裂
龃（jǔ）龉　颈（jǐng）项　通缉（jī）　编辑（jí）
窗明几（jī）净　嫉（jí）妒　忌（jì）妒　人才济济（jǐ）
救济（jì）　脊背（jǐ）　脊梁（jǐ）　脊柱（jǐ）
脊髓（jǐsuǐ）　里脊（ji，本音 jǐ）　成绩（jì）　渐（jiān）染
东渐（jiān）入海　矫（jiǎo）枉过正　缴（jiǎo）纳　缴费（jiǎo）
绢花（juàn）　配角儿（jué）　角（jué）色　解（jiè）送
押解（jiè）　解（jiě）决　根茎（jīng）叶　循规蹈矩（jǔ）
矩形(jǔ)　前倨(jù)后恭　汗流浃(jiā)背　以儆(jǐng)效尤
睛（jīng）纶　放假（jià）　真假（jiǎ）　夹（jiā）击
夹（jiā）子　夹杂（jiā）　夹（jiā）袄　夹（gā）肢窝
时间（jiān）　间（jiàn）隔　将（jiàng）士　将（jiāng）是

教（jiào）学　教（jiāo）书　卷（juàn）子　烟卷（juǎn）
几（jǐ）个　几（jī）乎　禁（jìn）锢　不禁（jīn）
尽（jìn）力　尽（jǐn）量　尽（jǐn）早　尽（jǐn）快
病菌（jūn）　猴头菌（jùn）

K

顑（kǎn）颔　鸟瞰（kàn）　窠（kē）臼　眼眶（kuàng）
魁梧（kuí）　内窥（kuī）镜　傀（kuǐ）儡　倥偬（kǒngzǒng）
感喟（kuì）　空（kōng）间　空（kòng）白　更（gēng）换
更（gèng）加　观看（kàn）　看守（kān）

L

仓廪（lǐn）　羸（léi）弱　罹（lí）难　车辆（liàng）
诛戮（lù）　书声琅琅（láng）　唠（láo）叨　唠（lào）家常
落（lào）不是　量（liáng）杯　思量（liáng）　衡量（liáng）
量（liàng）体裁衣　含量（liàng）　连篇累（lěi）牍　劳累（lèi）
累次（lěi）　连累（lěi）　果实累累（léiléi）　伤痕累累（lěilěi）
罪行累累（lěilěi）　浙江丽（lí）水　淋（lìn）病
佝偻（lóu）　绿（lù）林好汉　棕榈（lǘ）　笼（lǒng）罩
笼（lóng）子　燎（liáo）原　火烧火燎（liǎo）　撩（liāo）开
撩（liáo）人

M

披靡（mǐ）　阴霾（mái）　蓦（mò）然　耄（mào）耋（dié）
联袂（mèi）　扪（mén）心自问　腼腆（miǎntiǎn）　酩酊（mǐngdǐng）
抹（mò）墙　模（mú）样　模（mó）型　抚摩（mó）
拼鳗（mán）　蔑（miè）视　磨（mó）损　磨（mò）面
蒙（méng）受　蒙（měng）古族　蒙（mēng）骗　烦闷（mèn）
闷（mēn）热

N

羞赧（nǎn）　木讷（nè）　泥（nì）古　拘泥（nì）
拧（nǐng）螺丝　拧（níng）绳子　泥泞（nìng）　忸怩（niǔ ní）
驽（nú）马　气（něi）馁

O

呕（ǒu）吐

P

迫（pǎi）击炮　坯（pī）胎　扁（piān）舟　饿殍（piǎo）
湖泊（pō）　炮（páo）制　炮烙（páoluò）　大炮（pào）
水泡（pào）　泡桐（pāo）　胚（pēi）胎　喷（pèn）香
媲美（pì）　抨（pēng）击　喷香（pèn）　喷洒（pēn）
土坯（Pī）　坯胎（Pī）　铺设（pū）　店铺（pù）
胚胎（pēitāi）　癖（pǐ）好　洁癖（pǐ）　马匹（pǐ）

睥睨（pìnì）　剽（piāo）窃　剽（piāo）悍　媲美（pì）
心广体胖（pán）　大腹便便（pián）　缥缈（piāomiǎo）
滂（pāng）沱　纰（pī）漏　骠（piào）勇　娉婷（pīngtíng）
砒（pī）霜　撇（piē）开　湖泊（pō）　漂泊（bó）
开封繁（pó）塔　姓氏繁（pó）　一曝（pù）十寒　曝（pù）晒
曝（bào）光　漂（piāo）浮　漂（piǎo）白　漂（piào）亮

Q

绮（qǐ）丽　衾（qīn）枕　惬（qiè）意　龟兹（qiūcí）
颀（qí）长　岐（qí）途　麇集（qún）　修葺（qì）
休憩（qì）　掮（qián）客　悭吝（qiān）　戕（qiāng）害
黢黑（qū）　缱绻（qiǎnquǎn）　悄悄（qiāo）　悄（qiǎo）然
呛（qiàng）人　呛（qiāng）着了　强（qiáng）调　强（qiǎng）迫
勉强（qiǎng）　倔强（jiàng）　襁（qiǎng）褓　镪（qiāng）水
翘（qiáo）楚　翘（qiáo）首　翘（qiào）舌　讥诮（qiào）
地壳（qiào）　胆怯（qiè）　绮（qǐ）丽　哨卡（qiǎ）
蹊跷（qīqiāo）　牵强（qiǎng）附会　金蝉脱壳（qiào）　甲壳（qiào）
地壳（qiào）　贝壳（ké）　鸡蛋壳（ké）　脑壳（ké）
请柬（jiǎn）　蜷（quán）缩　休戚（qī）　曲（qū）解
戏曲（qǔ）

R

稔（rěn）知　攘（rǎng）除　荏苒（rěnrǎn）　绕（rào）

S

搭讪（shàn）　讪（shàn）笑　稼穑（sè）　芟（shān）除
倏（shū）忽　教室（shì）　办公室（shì）　狩（shòu）猎
精髓（suǐ）　遂（suì）心　半身不遂（suí）　数（shù）字
数（shǔ）九　少（shǎo）数　少（shào）年　扫（sǎo）地
扫（sào）把　解散（sàn）　散（sǎn）射　撒（sā）手
丧（sàng）失　丧（sāng）事

T

趿（tā）拉　拓（tà）本　悲恸（tòng）　朝暾（tūn）
浙江天台（tāi）山　台（tāi）州　体已（tīji）　轻佻（tiāo）
请帖（tiě）　字帖（tiè）　妥帖（tiē）　吞吐（tǔ）
吐（tù）血　呕吐（tù）　俨然（yǎnrán）　挑（tiāo）选
挑（tiǎo）战　乱打一通（tòng）　通（tōng）知

W

逶迤（wēiyí）　违（wéi）反　崔嵬（wéi）　桅（wéi）杆
圩（wéi）田　推诿（wěi）　猥（wěi）琐　龌龊（wòchuò）
斡（wò）旋　海参崴（wǎi）　崴嵬（wēiwéi）　侮辱（wǔrǔ）
“为”的读音：

1. 去声：①帮助，卫护，“为刘氏者左袒”；②介词：行为对象，“为你服务”；③介词：目的，为爱情干杯，为人民服务；④对，向，“为外人道”；⑤因为，为何、为虎作伥、为了、为什么、为渊驱鱼、为丛驱雀、为着、为你庆幸。

2. 阳平：①做，“大有可为”；②充当，“选他为”；③变成，“一分为二”；④是，“十寸为一尺”；⑤介词：与“所”合用，“为群众所喜闻乐见”；⑥助词：跟“何”相应，“何以家为”；⑦副词后：如广为、极为、为非作歹、为富不仁、为害、为力、为难、为人、为期、为首、为止、为所欲为、为伍。

X

狡黠（xiá）	霰（xiàn）弹	叶（xié）韵	浑身解（xiè）术
籼（xiān）米	颉颃（xiéháng）	巢穴（xué）	纤维（xiānwéi）
嫌（xián）弃	鲜（xiǎn）见	相（xiàng）机行事	徇（xùn）私
鲜（xiān）亮	鲜（xiǎn）有	相（xiāng）同	长相（xiàng）
骁（xiāo）勇	骁（xiāo）将	眩晕（xuànyùn）	肖（xiào）像
姓肖（xiāo）	兴（xīng）奋	高兴（xìng）	漩（xuán）涡
旋（xuàn）风			

Y

殷（yān）红	园囿（yòu）	囹圄（língyǔ）	佯装（yáng）
衍（yǎn）变	梦魇（yǎn）	俨（yǎn）然	吊唁（yàn）
赝（yàn）品	筵（yán）席	衣（yì）锦还乡	荫（yìn）凉
梦魇（yǎn）	窈窕（yǎotiǎo）	应（yīng）届	应（yīng）允
应（yìng）邀	佣（yōng）工	佣（yòng）金	良莠（yǒu）不分
迂（yū）回	迂（yū）腐	年逾（yú）古稀	晕（yùn）车
晕（yùn）船	晕（yùn）机	晕（yùn）针	头晕（yūn）
晕（yūn）厥	荫（yìn）庇	提要（yào）	要（yāo）求
咽（yān）喉	吞（yàn）咽	呜咽（yè）	

Z

臧否（zāngpǐ）	谮（zèn）言	箴（zhēn）言	踯躅（zhízhú）
压轴（zhòu）	恣（zì）意	箭镞（zú）	帝祚（zuò）
哪吒（nézhā）	症（zhēng）结	拒载（zài）	载（zài）人
千载（zǎi）难逢	转载（zǎi）	登载（zǎi）	载（zài）重
载（zài）体	载（zài）运	怨声载（zài）道	载（zài）歌载舞
水藻（zǎo）	辞藻（zǎo）	占（zhān）卜	占（zhān）星术
召（zhào）开	号召（zhào）	症（zhēng）结	病症（zhèng）
脂（zhī）肪	笨拙（zhuō）	卓（zhuó）越	趾甲（zhǐjiǎ）
中（zhòng）肯	莺啼鸟啭（zhuàn）	涿（zhuō）州	端正（zhèng）
正（zhēng）月	中（zhòng）毒	中（zhōng）间	种子（zhǒng）
种（zhòng）植			

项目六 适应普通话音变

【目标任务】

掌握普通话音变规律，流畅自然地说好普通话。

试着读一读

啊，船长！我的船长！我们的艰苦航程已经终结；这只船渡过了一切风险，我们争取的胜利已经获得；港口在望，我听见钟声在响，人们都在欢呼，千万只眼睛都在望这只稳定的船，它显得威严而英武；但是，呵，心啊！心啊！心啊！呵，鲜红的血液长淌；甲板上躺着我们的船长。倒下来了，冷了，死了。

呵，船长，我们的船长！起来，听听钟声；起来，旗帜正为你飘扬，军号正为你发出颤音；为你，送来了这些花束和花环，为你，岸上的人们在拥挤；这熙熙攘攘的人群，他们为你欢呼，他们热忱的脸转朝着你；这里，船长！亲爱的父亲！我这只手臂把你的头支起；在甲板上像是在一场梦里，你倒下来了，冷了，死了！

我的船长不回答，他的嘴唇苍白而静寂；我的父亲感觉不到我的手臂，他已经没有知觉，也没有脉息；这只船安安稳稳下了锚，已经结束了他的航程；这只胜利的船从艰苦的旅程归来，大功已经告成；欢呼吧，呵，海岸！响吧，呵，钟！可是，我踏着悲哀的步子，在我的船长躺着的甲板上走来走去，他倒下了，冷了，死了。

让我们用标准、规范的声母、韵母、声调的发音，再注意准确地把握好语流中的音变，诵读这首美国诗人惠特曼的《啊，船长，我的船长》，以纪念我们伟大的船长，亲爱的父亲——林肯！

语流音变是普通话语音中的一个重要现象，能不能准确掌握普通话语流音变是评判普通话是否标准、是否纯正的一个重要方面。有些人在学习普通话的过程中，在单个音节和词语的发音方面下了很大的功夫，也取得了不错的效果，但是一开口说话，总觉得有点不对味儿，很大程度上是因为音变不规范、不自然造成的。所以，在掌握字词基本发音的基础上，强化普通话音变的练习，掌握音变规律，是说好普通话的一个不可或缺的条件。

音变现象是在交际时所使用的语流中自然发生的，所以在了解普通话音变规律的同时，要注意在说话时做到自然、流畅，不可因为音变问题使得语流显得生硬、僵化。总之，一方面，要针对自身存在的问题，有的放矢地进行一些专项练习；另一方面，要把音变训练渗透在日常说话的过程中，逐渐形成良好的发音习惯。

任务一　音变概说

一、什么是音变

音变是指语音变化，音变一般分为历史音变和语流音变。我们主要讲的是语流音变。我们在朗读和说话时，一般不是孤立地发出一个个的音节，而是把一连串语音单位组织起来，说出一个个句子，一段段话，形成连续的语流。在语流中，相连的音节或音素之间会互相影响，为了更加符合情感表达的需要，就会产生语音方面的种种变化，这就是语流音变。

二、普通话中常见音变类型

普通话的语流音变主要包括变调、轻声、儿化和语气词“啊”的音变。音变规律掌握得如何，口语中运用得怎样，直接影响一个人的普通话水平，因此我们必须下工夫练好普通话的音变。

任务二　适应变调

普通话的四个声调是单念一个个字时的声调，所以又叫做“字调”。在词语和句子中，有些音节的声调会发生一定的变化而与原调值有所不同，这种声调发生变化的现象叫做“变调”。普通话的变调主要有三类：上声的变调、“一”“不”的变调和形容词重叠形式的变调。其中上声的变调和“一”“不”的变调是受后一音节声调的影响而发生的，形容词重叠式的变调是受前一音节的影响而发生的。

（一）上声变调

普通话上声音节在音节连读时受后一音节声调的影响常常产生明显的变调。只有当上声音节单念或处在词语、句子的末尾以及在句中语音停顿位置时，没有后续音节的影响，才有可能读原调214。学习上声变调要弄清变调的环境和变调后的读法。

上声变调的基本规律和读法如下：

1. 上声+非上——21+非上

上声音节在阴平、阳平、去声的前面时，上声变为“半上”，即只读下降的前一半（21），丢失了低平上升的后一半（14），调值由214变为21。

（1）上声+阴平——21+55

首都　眼睛　火车　短期　感激　把关　老师　北京
打针　领先　取消　可惜　反思　广播　纺织　省心
手工　表彰　主编　武装　捕捞　紧张　语音　补充

（2）上声+阳平——21+35

企求　祖国　可能　典型　改革　赌博　品尝　语言
海洋　场合　导游　举行　旅行　美德　古人　品格
理由　水泥　反常　解答　表达　狠毒　准绳　走神

(3) 上声 + 去声——21 + 51

鼓励	巩固	反对	小麦	法院	采购	岗哨	本质
保护	考试	可爱	暖气	朗诵	马路	美丽	呕吐
省略	讨论	北部	眼泪	友爱	稿件	狡辩	准确

2. 上声 + 上声——35 + 214

两个上声相连时，前一个上声的调值由 214 变为 35。

保险	党委	尽管	老板	本领	引导	古老	岛屿
敏感	鼓舞	产品	永远	语法	小鸟	口语	保姆
远景	感慨	简短	懒散	水井	辅导	饱满	褴褛

3. 上声 + 轻声

(1) 上声在轻声前一般读半上即 21：

奶奶	姥姥	嫂嫂	马虎	打扮	本钱	耳朵	里面
点心	暖和	影子	讲究	骨头	点缀	脑袋	本事
喜欢	老婆	老爷	伙计	老实	枕头	早晨	爽快

(2) 上声在某些由原调为上声变来的轻声音节前读 35：

手里	嘴里	桶里	想起	举起	想想	跑跑	走走
管管	等等	晌午	打手	打点	找补	小姐	醒醒
把手							

4. 三个上声相连的变调

三个上声音节相连，如果后面没有其他音节，末尾的上声音节不变调，前面两个上声音节的调值也就是 35 和 21 两种。具体该变读 35 还是 21，得看词语的结构形式。三个上声相连的词语有“2 + 1”和“1 + 2”两种结构形式。

(1) 词语结构为“2 + 1”式：(上声 + 上声) + 上声——35 + 35 + 214

演讲稿	跑马场	展览馆	管理组	蒙古语	手写体
选取法	古典舞	虎骨酒	洗脸水	往北走	体检表

(2) 词语结构为“1 + 2”式：上声 + (上声 + 上声)——21 + 35 + 214

史小姐	党小组	好小伙	跑百米	纸老虎	李厂长
小两口	冷处理	很友好	有理想	省体委	铁脚板

5. 三个以上的上声相连的变调

三个以上的上声相连，要根据词语内部结构划分出多个单字组、二字组或三字组，再依据上声变调的规律进行变调。例如：

岂有 / 此理——35 + 21 + 35 + 214

党小 / 组长——35 + 21 + 35 + 214

种马场 / 养有 / 五百匹 / 好母马——35 + 35 + 21 + 35 + 21 + 35 + 35 + 21 + 21 + 35 + 214

朗读下列文字，体会上声的读法：

森林，是地球生态系统的主体，是大自然的总调度室，是地球的绿色之肺。森林维护地球生态环境的这种“能吞能吐”的特殊功能是其他任何物体都不能取代的。然而，由于地球上的燃烧物增多，二氧化碳的排放量急剧增加，使得地球生态环境急剧恶化，主要表现为全球气候变暖，水分蒸发加快，改变了气流的循环，使气候变化加剧，从而引发热浪、飓风、暴雨、洪涝及干旱。

节选自《"能吞能吐"的森林》

(二)"一"和"不"的变调

1."一""不"的本调

"一"本调为 yī,单念、在词语句子末尾、表序数以及在一连串的数字中都念本调。如:

yī	tǒng yī	cháng duǎn bù yī	sān qī èr shí yī
一	统一	长短不一	三七二十一
dì yī	shí yī	èr líng yī sān nián	biǎo lǐ rú yī
第一	十一	二〇一三年	表里如一

"不"本调为 bù,单念、在词语句子末尾、在非去声前。都念本调。如:

bù	yào bù	jué bù	qù bù	piān bù
不	要不	绝不	去不	偏不
bù shuō	bù lái	bù hǎo	bù kě	bù xíng
不说	不来	不好	不可	不行

2."一"、"不"的变调

(1)在去声前,变读阳平调(35)。

在去声前,"一""不"有共同的变调规律,都读阳平,"一"读 yí,"不"读 bú。"一""不"的读音下面全标变调。如:

yí gài	yí gòng	yí yuè	yí dào	yí chàng yí hè
一概	一共	一月	一道	一唱一和
bú duàn	bú cuò	bú pà	bú liào	bú shàng bú xià
不断	不错	不怕	不料	不上不下

(2)"一"在非去声前,变读去声,读 yì,"不"仍读本调。例如:

在阴平前:

yì piē	yì xīn	yì jiā	yì shēng	yì zhāo yì xī
一瞥	一心	一家	一声	一朝一夕

在阳平前:

yì qún	yì huí	yì nián	yì lián	yì yán yì xíng
一群	一回	一年	一连	一言一行

在上声前:

yì zǎo	yì lǎn	yì jǔ	yì lǚ	yì bǎn yì yǎn
一早	一览	一举	一缕	一板一眼

(3)"一"嵌在重叠式的动词之间,"不"夹在动词或形容词之间,夹在动词和补语之间,都轻读,属于"次轻音"。

zǒu yì zǒu	xiě yì xiě	xiǎng yì xiǎng	liù yí liù
走一走	写一写	想一想	遛一遛
qù bú qù	yào bú yào	huì bú huì	měi bù měi
去不去	要不要	会不会	美不美
hǎo bù hǎo	chī bú xià	zǒu bú dòng	shū bù qǐ
好不好	吃不下	走不动	输不起

(4)“一”“不”的变调练习

一般　一拍　一方　一边　一刀　一吨　一根　一锅

不必　不等　不管　不良　不忍　不朽　不啻　不懈

不露声色　不可一世　不明不白　不偏不倚　不大不小

不痛不痒　不计其数　不打自招　不置可否　不即不离

一起一落　一去不返　一字不漏　一丝不苟　一帆风顺

一股脑儿　一条藤儿　一丁点儿　一本万利　一笔勾销

一臂之力　一成不变　一触即发　一刀两断　一发千钧

一鼓作气　一箭双雕　一来二去　一了百了　一差二错

干什么工作都要一心一意，表里如一，言行一致，埋头苦干；情绪不能一高一低，一好一坏，一落千丈，一蹶不振。

喜悦，它是一种带有形而上色彩的修养和境界。与其说它是一种情绪，不如说它是一种智慧、一种超拔、一种悲天悯人的宽容和理解，一种饱经沧桑的充实和自信，一种光明的理性，一种坚定的成熟，一种战胜了烦恼和庸俗的清明澄澈。它是一潭清水，它是一抹朝霞，它是无变动平原，它是沉默的地平线。多一点儿、再多一点儿喜悦吧，它是翅膀，也是归巢。它是一杯美酒，也是一朵永远开不败的莲花。

他没有婆娑的姿态，没有屈曲盘旋的虬枝，也许你要说它不美丽——如果美是专指“婆娑”或“横斜逸出”之类而言，那么，白杨树算不得树中的好女子；但是它却是伟岸，正直，朴质，严肃，也不缺乏温和，更不用提他的坚强不屈与挺拔，它是树中的伟丈夫！

它位于希腊亚各斯古城的海滨。由于濒临大海，大涨潮时，汹涌的海水便会排山倒海般涌入洞中，形成一股湍湍的急流。据测，每天流入洞内的海水量达三万多吨。奇怪的是，如此大量的海水灌入洞中，却从来没有把洞灌满。曾有人怀疑，这个“无底洞”会不会像石灰岩地区的漏斗、竖井、落水洞一类的地形。然而从二十世纪三十年代以来，人们就做出了多种努力企图寻找它的出口，却都枉费心机。

一帆一桨一渔舟，一个渔翁一钓钩。

一附一仰一场笑，一江明月一江秋。

一颗豆，一粒米，一颗一粒要爱惜。

一点油，一滴水，一点一滴都珍贵。

一枝花，一棵树，一草一木要爱护，

一分钟，一秒钟，一分一秒不放松。

不怕不会，就怕不学。一会学不会，再来学一回，咱就不怕学不会。

(三)形容词重叠式的变调

形容词重叠形式有三种，即 AA 式、ABB 式、和 AABB 式，这些形式的形容词在口语中后面的音节常常会发生变调，学习时把握常见的重叠式形容词即可。

1. AA 式

这是单音节形容词的重叠式，后一音节若不儿化则不变调；后一音节若儿化，这个儿化音节需变读为阴平。如：

长长 chángcháng→长长的 chángchāngr

长长的辫子　长长儿的辫子

好好 hǎohǎo→好好儿 hǎohāor

好好学习　　好好儿学习

早早 zǎozǎo→早早儿 zǎozāor

早早起床　　早早儿起床

暖暖 nuǎnnuǎn→暖暖儿 nuǎnnuānr

暖暖的天气　　暖暖儿的天气

慢慢 Mànmàn →慢慢儿 mànmānr

慢慢地走　　慢慢儿地走

大大 dàdà→大大儿 dàdār

眼睛大大的　　眼睛大大儿的

2. ABB 式

这种形式的形容词里的两个重叠音节，有些要变读为阴平调，有些却不变，仍读原调。如果叠音后缀本来就读阴平，不存在变调的问题，其他声调的叠音后缀，应该变还是不变，很难分辨，参照《现代汉语词典》第 6 版的注音，分为变调、两读、不变三种情况。

变调的词语：

hēi hū hū　hēi yā yā　hóng tōng tōng　huáng dēng dēng　nào rāng rāng
黑糊糊　黑压压　红彤彤　黄澄澄　闹嚷嚷

gū lū lū　xiě hū hū　xiu dā dā　xiào mī mī　wén zhōu zhōu
骨碌碌　血糊糊　羞答答　笑眯眯　文绉绉

两读的词语：下面的词语在口语中发生变调，BB 两个音节需读阴平。

	原词读音	口语读音
沉甸甸	chéndiàndiàn	chéndiāndiān
绿油油	lǜyóuyóu	lǜyōuyōu
慢腾腾	mànténgténg	màntēngtēng
亮堂堂	liàngtángtáng	liàngtāngtāng
血淋淋	xiělínlín	xiělīnlīn
直瞪瞪	zhídèngdèng	zhídēngdēng
黑黝黝	hēiyǒuyǒu	hēiyōuyōu
乱蓬蓬	luànpéngpéng	luanpēngpēng
乱腾腾	luànténgténg	luàntēngtēng
湿淋淋	shīlínlín	shīlīnlīn
湿漉漉	shīlùlù	shīlūlū
水淋淋	shuǐlínlín	shuǐlīnlīn
乌油油	wūyóuyóu	wūyōuyōu
黑洞洞	hēidòngdòng	hēidōngdōng

不变的词语：

Bái huǎng huǎng　bái méng méng　chì luǒ luǒ　è hěn hěn　huǒ là là
白晃晃　白蒙蒙　赤裸裸　恶狠狠　火辣辣

Hóng yàn yàn　huáng càn càn　jīn shǎn shǎn　kōng dàng dàng　kōng luò luò
红艳艳　黄灿灿　金闪闪　空荡荡　空落落

Lán yíng yíng　lǎn yáng yáng　lè táo táo　lèi lián lián　lǜ yíng yíng
蓝盈盈　懒洋洋　乐淘淘　泪涟涟　绿莹莹

Lǜ róng róng　máo róng róng　míng huǎng huǎng　qì gǔ gǔ　rè là là
绿茸茸　毛茸茸　明晃晃　气鼓鼓　热辣辣

Ruǎn mián mián　wù chén chén　xiāng fù fù　xiào yín yín　zhí tǐng tǐng
软绵绵　雾沉沉　香馥馥　笑吟吟　直挺挺

3. AABB 式

这类形容词的读音也有变调与不变调的情况。一种口语色彩较浓的词语用于日常口语中常常变成这样：第二音节变为轻声，第三、四音节变为阴平。而另一种书面语色彩较强的词语，就不能变调。

变调的词语：

piào piao liāng liāng　dà da liē liē　rè re nāo nāo　shū shu fū fū
漂漂亮亮　大大咧咧　热热闹闹　舒舒服服

zhěng zheng qī qī　guī gui jū jū　jiē jie shī shī　duō duo suō suō
整整齐齐　规规矩矩　结结实实　哆哆嗦嗦

gǔ gu nāng nāng　kè ke qī qī　hán han hū hū　shén shen dāo dāo
鼓鼓囊囊　客客气气　含含糊糊　神神道道

tòng tong kuāi kuāi　mà ma liē liē　láo lao shī shī　mí mi hū hū
痛痛快快　骂骂咧咧　老老实实　迷迷糊糊

liàng liang tāng tāng　dà da fāng fāng　yán yan shī shī　zhā zha shī shī
亮亮堂堂　大大方方　严严实实　扎扎实实

不变调的词语：

fèi fèi yáng yáng　hún hún è è　qī qī ai ai　liǎo liǎo cǎo cǎo
沸沸扬扬　浑浑噩噩　期期艾艾　了了草草

yǐng yǐng chuò chuò　píng píng ān ān　gāo gāo xìng xìng　ān ān jìng jìng
影影绰绰　平平安安　高高兴兴　安安静静

wéi wéi nuò nuò　suí suí biàn biàn　xíng xíng sè sè　wāi wāi niǔ niǔ
唯唯诺诺　随随便便　形形色色　歪歪扭扭

任务三　轻　声

一、轻声的含义

轻声是语流音变中的一种现象，它是指一些音节在词语或句子中由于受前一个音节的影响，丢失原来的调值，变成一种又轻又短的调子。一般来说，任何一种声调的字，在一定条件下，都可以失去原来的调值，变成轻声。如：“子”在“黑子、莲子、中子”等词里可以保持上声的原调，但在“珠子、竹子‘鸭子、包子”等词里却读得又轻又短，这里的“子”就是轻声。通常把这些读成轻声的字叫轻声字，把含有轻声音节的词叫轻声词。由于轻声读音的弱化，调值明显发生了变化，音长变短，音强变弱。尽管如此，轻声不是一个独立的调类，而只是一种特殊的变调。

二、轻声的读法

尽管轻声不是独立的调类，但它也有自身的调值。轻声的调值取决于它前一个音节的调值。如果前一个音节是阴平、阳平、去声，轻声的调值是短促的低降调，可以描写为31；如果前一个音节是上声，轻声的调值是短促的半高平调，可以描写为44.

1. 非上声＋轻声

（1）阴平＋轻声

窗户 chuānghu　　玻璃 bōli　　生意 shēngyi　　包涵 bāohan

（2）阳平＋轻声

粮食 liángshi　　核桃 hétao　　柴火 cháihuo　　馒头 mántou

（3）去声＋轻声

别扭 bièniu　　簸箕 bòji　　豆腐 dòufu　　畜生 chùsheng

2. 上声＋轻声

脊梁 jǐliang　　补丁 bǔding　　扁担 biǎndan　　火候 huǒhou

三、轻声的作用

轻声在普通话里有区分词性、区别词义等作用。

1. 区别词义

（1）大爷（dàye）：对伯父的称呼。

大爷（dàyé）：指不好好劳动、傲慢任性的男子。

（2）兄弟（xiōngdi）：对弟弟的称呼。

兄弟（xiōngdì）：指兄和弟。

（3）老子（lǎozi）：指父亲，或骄傲的人自称。

老子（laǎzǐ）：人名，指中国道家创始人李聃。

（4）东西（dōngxi）：泛指各种物体。

东西（dōngxī）：指代方向东方和西方。

2. 区别词性

（1）地道（dìdao）：形容词，指真正的、纯粹的。

地道（dìdào）：名词，指地下挖掘成的交通坑道。

（2）摆设（bǎishe）：名词，指摆放的供观赏的东西及徒有其表无实用价值的东西。

摆设（bǎishè）：动词，把物品按照审美观点安放。

（3）差使（chāishi）：名词，旧时官场中称临时担任的职务。

差使（chāishǐ）：动词，差遣，派遣。

3. 区分词和短语

（1）干事（gànshi）：名词，指专门负责某项工作的人。

干事（gànshì）：动词短语，做事情。

（2）运气（yùnqi）：名词，幸运。

运气（yùnqì）：动词短语，武术等的一种炼身方法。

（3）爱人（àiren）：名词，指相爱男女的一方。

爱人（àirén）：动词短语，用真情爱护别人。

四、轻声的规律

目前，我们在学习轻声中，主要存在以下两方面的问题：一是不能准确识别轻声词，二是不能读准轻声词。为此，我们必须掌握轻声的规律，通过有效方法反复记忆和训练，达到熟练掌握的目的。普通话的轻声词大多带有一定的规律性，书面语色彩很浓的词语以及一些新词、科技术语一般不念轻声。常见的有以下一些：

（1）语气词“吗、呢、吧、啦、啊、嘛”等都读轻声。如：

吃了吗　是你吗　怎么办呢　好着呢　我呢　他呢
回去吧　走吧　快说吧　回来啦　真好啊　看啊
粗心嘛　去嘛　快点嘛　要吗　火光啊　走啦

（2）助词“的、地、得、着、了、过”等读轻声。如：

美丽的风景　我的　你的　拼命地走　渐渐地　努力地学习
漂亮得很　要得　飞得高　看着我　听着　笑着
看了　来了　找到了　看过　去过　吃过亏

（3）词根附加后缀“子、头”构成名词，“子、头”绝大多数读轻声。如：

票子　本子　房子　筷子　辫子　鞋子　鸭子　孩子
罐头　芋头　兆头　年头　对头　拳头　骨头　风头

（4）附加在指人的名词性词语、人称代词后面表示复数的“们”读轻声。如：

你们　我们　她们　咱们　同学们　女士们　先生们　朋友们

（5）重叠式的名词，末尾一个音节念轻声。如：

爷爷　奶奶　婆婆　爸爸　妈妈　哥哥　姐姐　弟弟
妹妹　叔叔　娃娃　娘娘　太太　嫂嫂　星星　猩猩

（6）构成单纯方位词的“上、里”或合成方位词的“边、面、头”通常读成轻声。如：

墙上　路上　社会上　生活上　课堂上　组织上　班上
家里　心里　夜里　暗地里　被窝里　教室里　宿舍里
上边　下边　左边　右边　里边　外边　南边
里面　外面　前面　后面　东面　南面　北面
上头　下头　前头　后头　外头　里头

（7）动词、形容词后面的趋向补语“来、去”读轻声。如：

上来　下来　进来　起来　出去　回去　拿去

（8）重叠的单音节动词读成轻声；当重叠的动词中嵌入“一、不”时，“一、不”读轻声；中心语与趋向补语之间嵌入“得、不”时，“得、不”念成轻声或轻读。如：

想想　看看　听一听　走一走　说不说　要不要
看得出　看不出　说说　去不去　跑一跑

（9）口语色彩强的四音节词，第二音节念轻声。如：

糊里糊涂　黑不溜秋　叽里咕噜　酸不溜秋　土里土气

（10）除了上述规律之外，还有一些轻声词，只要我们留心，注意积累和总结，也可找出一些规律。如：

① 以“气”结尾的双音节名词，“气”多数念轻声或轻读。如：

福气　腥气　秀气　和气　小气　脾气　力气　俗气　阔气　老气

晦气　土气　娇气　士气　丧气　名气　客气　义气　神气　口气

② 以“实”结尾的双音节词语，“实”多数念轻声。如：

壮实　皮实　结实　敦实　严实　老实　密实　厚实　踏实　粗实

③ 以“糊”结尾的双音节词语，“糊”常念轻声。如：

糨糊　黏糊　含糊　模糊　迷糊　烂糊

④ 以“快”结尾的多数双音节词语是轻声词语。如：

爽快　痛快　凉快　勤快　松快

⑤ 以“匠”结尾的双音节名词，“匠”常念轻声。如：

石匠　铁匠　皮匠　鞋匠　瓦匠　锡匠　漆匠　鞋匠　木匠

⑥ 以“得”结尾的词语，“得”多数念轻声。如：

懂得　记得　觉得　懒得　免得　认得　亏得　舍得　省的　值得

了得　落得　显得　使得　晓得　怪不得　巴不得　顾不得　舍不得

使不得　恨不得　不由得

⑦ 以“当”结尾的部分双音节词语是轻声词语，“当”念轻声。如：

妥当　行当　顺当　便当　快当　停当　稳当

⑧ 以“量”结尾的双音节词语，“量”常念轻声或轻读。如：

商量　力量　比量　打量　思量　掂量　分量　衡量　估量　身量

练习：

一、轻声的发音训练

首先要体会轻声音节音长长短的特点。同时注意轻声音节在阴平、阳平、去声后的音高形式是短促的低降调31，而在上声后是短促的半高平调44。

词语练习：

(1) 阴平后面的轻声词

帮手　车子　多么　风筝　胳膊

精神　窟窿　溜达　明白　妮子

铺盖　亲戚　商量　踏实　挖苦

消息　衣服　知识　玻璃　他们

(2) 阳平后面的轻声词

白净　柴火　笛子　儿子　福气

活泼　节气　咳嗽　粮食　麻烦

能耐　朋友　前头　人们　石匠

头发　娃娃　学问　衙门　琢磨

(3) 上声后面的轻声词

比方　场子　打扮　恶心　斧子

寡妇　伙计　姐姐　口袋　老实

免得　暖和　痞子　曲子　使唤

妥当　委屈　喜欢　眼睛　指甲

(4) 去声后面的轻声词

案子　爸爸　刺猬　豆腐　份子

故事　护士　架势　困难　厉害

帽子　念叨　屁股　气氛　认识

算计　跳蚤　为了　下巴　样子

二、词语对比练习

兄弟 xiōngdì —兄弟 xiōngdi

地理 dìlǐ——地里 dìli

利害 lìhài——厉害 lìhai

莲子 liánzǐ——帘子 liánzi

本事 běnshì——本事 běnshi

行礼 xínglǐ——行李 xíngli

主义 zhǔyì——主意 zhǔyi

电子 diànzǐ——垫子 diànzi

虾子 xiāzǐ——瞎子 xiāzi

大爷 dàyé——大爷 dàye

服气 fúqì——福气 fúqi

马头 mǎtóu——码头 mǎtou

近来 jìnlái——进来 jìnlai

大方 dàfāng——大方 dàfang

手势 shǒushì——首饰 shǒushi

服气 fúqì——福气 fúqi

原子 yuánzǐ——园子 yuánzi

近来 jìnlái——进来 jìnlai

三、绕口令练习

小娃娃，真勤快。种庄稼，下功夫；种高粱，有力气；摘棉花，真麻利，今年又是好收成。

小姑娘，好漂亮。弯眉毛，大眼睛；抹胭脂，巧打扮，新衣服，不俗气，这是谁家好闺女？

四、读下面的文章片断，注意轻声音节的发音

(1) 花生的好处很多，有一样最可贵：它的果实埋在地里，不像桃子、石榴、苹果那样，把鲜红嫩绿的果实高高地挂在枝上，使人一见就生爱慕之心。你们看他矮矮地长在地上，等到成熟了，也不能立刻分辨出来它有没有果实，必须挖出来才知道。

(2) 小草偷偷地从土里钻出来，嫩嫩的，绿绿的。园子里，田野里，瞧去，一大片一大片满是的。坐着、躺着，打两个滚，踢几脚球，捉几回迷藏。风轻悄悄的，草软绵绵的。

(3) 朋友新烫了个头，不敢回家见母亲，恐怕惊骇了老人家，却欢天喜地地来见我们，老朋友颇能以一种趣味性的眼光欣赏这个改变。

(4) 也有不甘心落空的，便驻扎在这里继续寻找。彼得．弗雷特就是其中一员。他在河床附近买了一块没人要的土地，一个人默默地工作。他为了找金子，已把所有的钱都押在这块土地上。他埋头苦干了几个月，直到土地全变成坑坑洼洼，他失望了—他翻遍了整块土地，但连一丁点儿金子都没看见。

五、读句子，注意读出轻声音节和非轻声音节的不同意义

(1) 只要你替我报仇，我一定给你你想要的报酬。

（2）他坐在地上的垫子上，津津有味地看着一本电子书。
（3）他身上背着大包小包的行李，临出门还不忘了对我行礼。
（4）我们再来比试比试，看你还敢不敢鄙视我。
（5）你可真厉害，把其中的利害分析得这么透彻。
（6）大家都琢磨琢磨，这个剧本还需要怎样琢磨才更有吸引力。
（7）地铁地道里卖的那些东西，一点也不地道。

任务四　儿　化

一、什么是儿化

儿化指的是后缀“儿”与它前一音节的韵母合成一个音节，并使这个韵母带上卷舌音（er）的一种特殊音变现象。例如普通话读“金鱼儿”时，应读作 jīnyúr，在这里“儿”字不独立成音节，只是儿化的标志，表示在念到“鱼”这个滋阴的末尾时，要同步加上一个卷舌动作，使韵母带上卷舌音“儿”（er）的音色。这种带有卷舌色彩的韵母被称作“儿化韵”。其标志是在韵母后面加上 r，如：一会儿 yíhuìr；雪球儿 xuěqiúr。

通常来讲，出现儿化标志的词语，都应读儿化音，但在诗歌散文等抒情类文体中，“儿”独立为一个音节，读成“ér”。例：女儿、月儿、云儿、蚕儿；抱着花儿，扬着翅儿，向着我微微地笑；鸟儿将巢安在繁华绿叶当中。也有的时候，没有出现儿化标志，如一会、一点、小花、小孩等这些表示微小、可爱的词语时，在口语里则必须加上儿化音。

儿化词并非普通话的特有现象，在我国北方方言区，特别是北京、东北等地大量存在，而南方方言中则较少儿化，因此南方人学习儿化有一定难度。最常见的问题：一是儿化音与前一个韵母音节结合不够紧密，在听觉上不像一个音节；二是加上儿化后的音节，卷舌上翘不到位导致开口度不够，音色扁平。

儿化是普通话里不可缺少的组成部分，正确地识读儿化，念准儿化音能有效提高普通话语言表达的流畅度和圆润度，改善普通话语流语感的生硬毛病。

二、儿化的作用

儿化在普通话中广泛存在，它不但能增强普通话的和谐美、韵律美。而且在表达词汇意义、语法意义和修辞色彩上也有积极的作用。

1. 区别词义。如：

头（脑袋）——头儿（领头的）
眼（眼睛）——眼儿（小孔、小洞）
信（信件）——信儿（消息）
小人（不仁义之人）——小人儿（年纪小的孩子）
拉练（一种锻炼形式）——拉链儿（衣服的拉链）

2. 区别词性。如：

包（动词）——包儿（名词）

盖（动词）——盖儿（名词）
画（动词）——画儿（名词）
个（量词）——个儿（名词）
尖（形容词）——尖儿（名词）
破烂（形容词）——破烂儿（名词）

3. 表示细小、轻微的性质或状态。如：

点儿　花儿　树枝儿　蛋黄儿　铁丝儿
棍儿　小孩儿　月牙儿　花园儿　头发丝儿

4. 表示温和、喜爱、亲切的感情色彩。如：

老头儿　老婆儿　眼珠儿　脸蛋儿　面条儿　药丸儿
小鸟儿　雪人儿　电影儿　知心话儿

5. 表示轻蔑、鄙视的感情色彩。如：

芝麻官儿　小瘪三儿　一个钱儿　小偷儿

三、儿化的音变规律

普通话中除了 er、ê 韵外，其他韵母皆可“儿化”。但儿化时往往不是简单地在韵母后面加上一个卷舌的动作，而是同时伴随着韵母的脱落、增加、更换和同化现象。儿化是否使韵母产生了音变，取决于韵母的最末一个音素发音动作是否与卷舌动作发生冲突（即钱一个动作是否妨碍了后一个动作的发生），若两者发生冲突，妨碍了卷舌动作，则会发生改变，具体音变规律如下：

（1）以 ɑ、o、e、ê、u（包括 ɑo，iɑo 中的 o）作韵尾的韵母作儿化处理时，不改变原韵母结构，直接加卷舌动作，即韵母后加 r 例如：

ɑ—ɑr：	刀把儿 dāobàr	板擦儿 bǎncār
iɑ—iɑr：	豆芽儿 dòuyár	衣架儿 yījiàr
uɑ—uɑr：	脑瓜儿 nǎoguār	牙刷儿 yáshuār
o—or：	山坡儿 shānpōr	酒窝儿 jiǔwōr
ɑo—ɑor：	蜜枣儿 mìzǎor	背包儿 bèibāor
iɑo—iɑor：	鱼漂儿 yúpiāor	麦苗儿 màimiáor
uo—uor：	火锅儿 huǒguōr	邮戳儿 yóuchuōr
e—er	小盒儿 xiǎohér	硬壳儿 yìngkér
ie—ier：	石阶儿 shíjiēr	一截儿 yìjiér
üe—üer：	旦角儿 dànjuér	满月儿 mǎnyuèr
u—ur：	眼珠儿 yǎnzhūr	离谱儿 lípǔr
ou—our：	年头儿 niántóur	路口儿 lùkǒur
iou—iour：	顶牛儿 dǐngniúr	抓阄儿 zhuājiūr

（2）单韵母 i、ü，在韵母后面加 er。如：

i—ier：	玩意儿 wányìr	锅底儿 guōdǐr
ü—üer：	毛驴儿 máolǘr	有趣儿 yóuqǜr

（3）单韵母 i（前）、—i（后）的，儿化后失去原韵母，加 er，韵腹是 e。例如：

—i（前）—er　石子儿 shízǐr　柳丝儿　liǔsīr
—i（后）—er　树枝儿 shùzhīr　办事儿　bànshìr

（4）韵尾是 i 的韵母，丢掉韵尾 i，主要元音卷舌。如：

ai—ar：　名牌儿 míngpáir　壶盖儿 húgàir
uai—uar：　一块儿 yíkuàir　糖块儿 tángkuàir
ei—er：　气味儿 qìwèir　宝贝儿 bǎobèir
uei—uer：　一会儿 yíhuìr　口味儿 kǒuwèir

（5）韵尾音素为 n 的韵母作儿化处理时，因为 n 的发音妨碍了卷舌动作，所以儿化的韵尾 n 音要丢失，在主要元音基础上卷舌。如：

an—ar：　老伴儿 lǎobànr　脸蛋儿 liǎndànr
en—er：　老本儿 lǎoběnr　命根儿 mìnggēnr
ian—iar：　一点儿 yìdiǎnr　照片儿 zhàopiānr
in—ier：　使劲儿 shǐjìnr　脚印儿 jiǎoyìnr
uan—uar：　拐弯儿 guǎiwānr　好玩儿 hǎowánr
üan—üar：　绕远儿 ràoyuǎnr　手绢儿 shǒujuànr
un—uer：　打盹儿 dǎdǔnr　开春儿 kāichūnr
ün—üer：　合群儿 héqúnr　喜讯儿 xǐxùnr

（6）韵尾是 ng 的韵母，脱落韵尾，韵腹加上卷舌动作并带上鼻音色彩使其鼻化。如：

ang—ar：　瓜瓤儿 guārǎngr　药方儿 yàofāngr
iang—iar：　鼻梁儿 bíliángr　唱腔儿 chàngqiāngr
uang—uar：　天窗儿 tiānchuāngr　小床儿 xiǎochuángr
eng—er：　脖颈儿 bógěngr　夹缝儿 jiāfèngr
ueng—uer：　水瓮儿 shuǐwèngr　小瓮儿 xiǎowèngr
ong—or：　酒盅儿 jiǔzhōngr　抽空儿 choūkòngr
iong—ior：　小熊儿 xiǎoxióngr　哭穷儿 kūqióngr
ing—ier：　门铃儿 ménlíngr　眼镜儿 yǎnjìngr

练习：

1. 词语练习

（1）音节末尾是 a、o、e、ê、u

打杂儿　找茬儿　一下儿　人家儿　大褂儿　笑话儿
粉末儿　耳膜儿　邮戳儿　大伙儿　饭盒儿　挨个儿
半截儿　小鞋儿　弯月儿　主角儿　泪珠儿　梨核儿
红包儿　半道儿　开窍儿　跑调儿　小偷儿　门口儿
棉球儿　短袖儿

（2）音节末尾是单韵母 i、ü

垫底儿　小鸡儿　小米儿　和泥儿　凉皮儿　玩意儿
痰盂儿　孙女儿　金鱼儿　小雨儿　小曲儿　打趣儿

（3）音节末尾是单韵母 -i（前）、-i（后）

瓜子儿　认字儿　挑刺儿　没词儿　粉丝儿　小四儿

树枝儿　　小侄儿　　锯齿儿　　羹匙儿　　记事儿　　毛刺儿

（4）音节末尾是 i、n

加塞儿　　小块儿　　摸黑儿　　花瓣儿　　坎肩儿　　好玩儿

人缘儿　　走神儿　　香水儿　　话音儿　　皱纹儿　　围裙儿

（5）音节末尾是 ng

洋房儿　　花样儿　　听响儿　　天窗儿　　眼光儿　　跟风儿

板凳儿　　酒盅儿　　果冻儿　　棕熊儿　　按铃儿　　电影儿

2. 儿化句子练习

（1）小鸟儿在树枝儿上叫出声，小鱼儿在水里边儿吐出泡儿。

（2）菜摊儿上的菜真全，有小葱儿、豆角儿、土豆儿、豆芽儿，还有小白菜儿。

（3）你要是有空儿，到我家里来玩玩儿，咱们俩聊聊天儿。

（4）他叼着烟卷儿直出神儿，不知心里有什么事儿。

3. 绕口令练习

有个女孩儿叫小兰儿，口袋儿里装着几个钱儿，又打醋，又买盐儿，还买了一个小饭碗儿。小饭碗儿，真好玩儿，红花绿叶镶金边儿，中间儿还有个小红点儿。

进了门儿，倒杯水儿，喝了两口运运气儿，顺手儿拿起小唱本儿。唱一曲儿，又一曲儿，练完嗓子练嘴皮儿。绕口令儿，练字音儿，还有单弦儿快板儿大鼓词儿，越说越唱越带劲儿。

4. 普通话水平测试朗读篇目中的儿化音

一阵儿　一会儿　雪球儿　银条儿　雪末儿　青草味儿　赶趟儿　一份儿

刚起头儿　香味儿　老头儿　有点儿　这点儿　山尖儿　银边儿　下点儿

厚点儿　一髻儿　一道儿　水纹儿　一点儿　那点儿　男孩儿　女孩儿

小孩儿　一丁点儿　聊起天儿来　一会儿　日子的影儿　这儿　风儿

点儿　味儿　丝儿　圈儿　口儿

5. 朗读

（1）大雪整整下了一夜。今天早晨，天放晴了，太阳出来了。推开门一看，嗬！好大的雪啊！山川、河流、树木、房屋，全都罩上了一层厚厚的雪，万里江山，变成了粉妆玉砌的世界。落光了叶子的柳树上挂满了毛茸茸亮晶晶的银条；而那些冬夏长青的松树和柏树上，则挂满了蓬松松沉甸甸的雪球儿。一阵风吹来，树枝轻轻地摇晃，美丽的银条儿和雪球儿簌簌地落下来，玉屑似的雪末儿随风飘扬，映着清晨的阳光，显出一道道五光十色的彩虹。

（2）小草偷偷地从土里钻出来，嫩嫩的，绿绿的。园子里，田野里，瞧去，一大片一大片满是的。坐着、躺着，打两个滚，踢几脚球，捉几回迷藏。风轻悄悄的，草软绵绵的。

（3）最妙的是下点小雪呀。看吧，山上的矮松越发的青黑，树尖儿上顶着一髻儿白花，好像日本看护妇。山尖儿全白了，给蓝天镶上一道银边。山坡上，有的地方雪厚点儿，有的地方草色还露着；这样，一道儿白，一道儿暗黄，给山们穿上一件带水纹的花衣；看着看着，这件花衣好像被风儿吹动，叫你希望看见一点更没的山的肌肤。等到快日落的时候，微黄的阳光斜射在山腰上，那点薄雪好像忽然害了羞，微微露出点粉色。就是下小雪吧，济南是受不住大雪的，那些小山太秀气！

任务五　掌握语气词“啊”的音变

一、语气词“啊”的音变

“啊”是个零声母音节，读为“ɑ”。当它作为叹词时，独立于句首，读音没有变化。作为语气词时，它出现于句子末尾或者句中停顿处，其读音就要受前一个音节最后一个音素的影响而发生变化。“啊”的变读规律如下：

（1）读 yɑ

“啊”在 ɑ、o、e、ê、i、ü 之后读 yɑ，通常写作“呀”。如：

别急啊　　来啊　　真黑啊　　原来是他啊　　你快说啊　　姐姐啊

要认真地学啊　　跑得好快啊　　去不去啊　　有鱼啊

（2）读 wɑ

“啊”在 u（ɑo、iɑo）之后读 wɑ，通常写作“哇”。如：

别哭啊　　快走啊　　真巧啊　　好啊　　真好笑啊

（3）读 nɑ

“啊”在 n 之后读“nɑ"，通常写作“哪”。如：

怎么办啊　　真笨啊　　好险啊　　天啊　　算得真准啊

（4）读 ngɑ

“啊”在 ng 之后时，读 ngɑ，仍写作“啊”。如：

唱啊唱　　人和动物都是一样啊　　行啊　　别慌啊　　快讲啊

（5）读 zɑ

“啊”在 -i（前）之后时，读 zɑ，仍写作“啊”。如：

多漂亮的字啊　　人生会有多少个第一次啊　　老四啊

（6）读 rɑ

“啊”在 -i（后）或卷舌韵母 er（包括儿化韵）之后时，读 rɑ，仍写作“啊”。如：

同志啊　　吃啊　　是啊　　节日啊　　儿啊　　真好玩儿啊

二、语气词“啊”的音变训练

1. 句子练习

你呀，为什么不早说呀！

好大的雪呀，可我没有合适是冰鞋呀！

瓜子皮儿可不能乱吐哇！

好哇，你这家伙可真会取巧哇！

这事可难哪，叫人怎么办哪！

多伟大的母亲哪！

你怎么这么荒唐啊！

原来你真不识字啊！

这是第几次啊！

2. 段落练习

啪、啪、啪！

甲：谁呀？

乙：张果老哇！

甲：怎么不进来呀？

乙：怕狗咬哇！

甲：衣兜里兜着什么呀？

乙：大酸枣哇！

甲：怎么不吃啊？

乙：怕牙倒哇！

甲：胳肢窝里夹着什么呀？

乙：破棉袄哇！

甲：怎么不穿上啊？

乙：怕虱子咬哇！

甲：怎么不叫你老伴儿拿拿呀？

乙：老伴儿死了。

甲：你怎么不哭哇？

乙：盒儿啊，罐儿啊，我的老伴儿啊！

项目综合练习

一、词语练习

首都　领先　启发　产生　反思　减轻　眼睛　捕捞　普通

乞求　搞活　狠毒　品尝　简洁　典型　饱和　否则　理由

理发　野兔　恐吓　马路　吸气　可是　狡辩　减负　里外

骨头　暖和　本钱　底下　晚上　点缀　影子　脸面　讲究

小鸟　木马　保姆　引导　永远　鼓舞　北海　辅导　敏感

盘算　特务　怎么　眨巴　琢磨　折腾　凉快　道士　场子

眯缝　累赘　咳嗽　耷拉　性子　似的　吆喝　苍蝇　难为

鱼漂儿　绕远儿　邮戳儿　耳垂儿　蛋黄儿　拈阄儿　肚脐儿

病根儿　衣兜儿　小瓮儿　锅贴儿　口罩儿　开春儿　针眼儿

一锅　一吨　一些　一张　一年　一瓶　一缕　一口　一体

一趟　一辆　一扇　一半　一月　一并　一瞬　一粒　一对

不是　不去　不定　不论　不顾　不料　不怕　不必　不嫁

不秀不朗　不毛之地　不上不下　不共戴天　不伦不类

不卑不亢　不折不扣　不屈不挠　不胫而走　不耻下问

一朝一夕　一丝不挂　一模一样　一唱一和　一前一后

一生一世　一阴一阳　一上一下　一目了然　一心一意
不见得　不晓得　不值钱　不像话　不自量　不等式　不要紧
不锈钢　不过去　不动产　不成器　不成文　上不来　下不去
一把手　一半天　一辈子　一场空　一身胆　一条虫　一窝蜂
一系列　一元论　一口气　一揽子　一年生　一品红　一团糟
一席话　一锅粥　一言堂　一而再　一点儿　一连串　一般人

二、句子练习

1. 现在，无论是这条被悬崖峭壁的阴影笼罩的漆黑的河流，还是那一星明亮的火光都经常浮现在我的脑际，在这以前和在这以后，曾有许多火光，似乎近在咫尺，不只使我一人心驰神往。可是生活之河却仍然在那阴森森的两岸之间流着，而火光也依旧非常遥远。一次必须加劲划来……

2. 请你把美好理想给领导讲讲。

3. 这次演讲比赛，我班一名同学获得了第一名。

4. 不！不要管他，不是我看不起他，他敢跟我说个不字吗?

5. 孩子们欢欢喜喜地放鞭炮，热热闹闹地过大年。

6. 小李做事很实在，把他调到我们办公室来实在太好了。

7. 两个班合计七十多人，大家都合计合计，一定能想出好办法。

8. 火星上是找不到一点火星儿的。

9. 小王是从外省新调来的干部，说话的调儿有点儿特别。

三、绕口令练习

1. 一二三，三二一，一二三四五六七，七六五四三二一。一个姑娘来摘李，一个小孩来摘栗，一个小伙儿来摘梨。三人一齐出大力，收完李子、栗子、梨，一起提到市上去赶集。

2. 屋子里有箱子，箱子里有匣子，匣子里有盒子，盒子里有镯子，镯子外面有盒子，盒子外面有匣子，匣子外面有箱子，箱子外面有屋子。

3. 梁木匠，梁瓦匠，俩梁有事齐商量，梁木匠天亮晾衣裳，梁瓦匠天亮量高粱。梁木匠晾衣裳受了凉，梁瓦匠量高粱少了粮。梁瓦匠思量梁木匠受了凉，梁木匠思量梁瓦匠少了粮。

4. 桃子李子梨子栗子橘子柿子槟子和榛子，栽满院子村子和寨子。刀子斧子锯子凿子锤子刨子尺子，做出桌子椅子和箱子。

四、对话训练

甲：那不是张师傅吗？好久没见了！

乙：哦，是李师傅！我们家搬城外边儿去了。就在羊市口儿东边儿的小梅村儿。

甲：你们家里有花儿吗?

乙：有啊！花园儿里种着茶花儿，花盆儿里养着菊花，花瓶儿里还插着梅花儿！

甲：哟！要是有空儿，能上你们家玩儿玩儿，一边儿赏花儿，一边儿聊天儿，那该多好啊！

乙：非常欢迎！等下了班儿，咱俩一块儿去。先去农贸市场绕个弯儿，我买点小葱儿、豆角儿、土豆儿、豆芽儿，还有小白菜儿什么的，回去好做饭。

甲：别这么麻烦了。咱俩下了班儿，上对门儿小饭馆儿，买一斤锅贴儿，带上点儿爆肚儿、蒜瓣儿。再弄二两白干儿，到你家慢慢儿喝。

乙：行！哦，差点儿忘了，还是买点儿豆瓣儿酱，外加两盒烟卷儿。

五、朗读短文

在朗读一篇文章时，每一个音节都存在于语流中，所以，各类音变都会出现。朗读时，一定要注意“一”、“不”、“啊”、轻声、儿化音以及上声音节在语流中恰当的读音。

1. 第一场雪

这是入冬以来，胶东半岛上第一场雪。雪纷纷扬扬，下得很大。开始还伴着一阵儿小雨，不久就只见大片大片的雪花，从彤云密布的天空中飘落下来。地面上一会儿就白了。冬天的山村，到了夜里就万籁俱寂，只听得雪花簌簌地不断往下落，树木的枯枝被雪压断了，偶尔咯吱一声响。

大雪整整下了一夜。今天早晨，天放晴了，太阳出来了。推开门一看，嗬！好大的雪啊！山川、河流 、树木、房屋，全都罩上了一层厚厚的雪，万里江山，变成了粉妆玉砌的世界。落光了叶子的柳树上挂满了毛茸茸亮晶晶的银条儿；而那些冬夏常青的松树和柏树上，则挂满了蓬松松沉甸甸的雪球儿。一阵风吹来，树枝轻轻地摇晃，美丽的银条儿和雪球儿簌簌地落下来，玉屑似的雪末儿随风飘扬，映着清晨的阳光，显出一道道五光十色的彩虹。大街上的积雪足有一尺多深，人踩上去，脚底下发出咯吱咯吱的响声。一群群孩子在雪地里堆雪人，掷雪球，那欢乐的叫喊声，把树枝上的雪都震落下来了。

俗话说，“瑞雪兆丰年”。这个话有充分的科学根据，并不是一句迷信的成语。寒冬大雪，可以冻死一部分越冬的害虫；融化了的水渗//进土层深处，又能供应庄稼生长的需要。

2. 一个美丽的故事

有个塌鼻子的小男孩儿，因为两岁时得过脑炎，智力受损，学习起来很吃力。打个比方，别人写作文能写二三百字，他却只能写三五行。但即使这样的作文，他同样能写得很动人。

那是一次作文课，题目是《愿望》。他极其认真地想了半天，然后极认真地写，那作文极短。只有三句话：我有两个愿望，第一个是，妈妈天天笑眯眯地看着我说：“你真聪明，”第二个是，老师天天笑眯眯地看着说：“你一点儿也不笨。”

于是，就是这篇作文，深深地打动了他的老师，那位妈妈似的老师不仅给了他最高分，在班上带感情地朗读了这篇作文，还一笔一画地批道：你很聪明，你的作文写得非常感人，请放心，妈妈肯定会格外喜欢你的，老师肯定会格外喜欢你的，大家都会格外喜欢你的。

捧着作文本，他笑了，蹦蹦跳跳地回家了，像只喜鹊。但他并没有把作文本拿给妈妈看，他是在等待，等待着一个美好的时刻。

那个时刻终于到了，是妈妈的生日——一个阳光灿烂的星期天：那天，他起得特别早，那作文本装在一个亲手做的美丽的大信封里，等着妈妈醒来。妈妈刚刚醒来，他就笑眯眯地走到妈妈跟前说：“妈妈，今天是您的生日，我要//送给您一件礼物。”

3. 紫藤萝瀑布

我不由得停住了脚步。

从未见过开得这样盛的藤萝。只见一片辉煌的浅紫色，像一条瀑布，从空中垂下，不见其发端，也不见其终极，只是深深浅浅的紫，仿佛在流动，在欢笑，在不停的生长。紫色的大条幅上，泛着点点银光，就像迸溅的水花。仔细看时，才知那是每一朵紫花中的最浅淡的部分，在和阳光互相挑逗。这里除了光彩，还有淡淡的方向。想起似乎也是浅紫色的，梦幻一般轻轻地笼罩着我。忽然记起十多年前，家门外也曾有过一大株紫藤萝，它依傍一株枯槐爬得很高，但花朵从来都稀落，东一穗西一串伶仃地挂在树梢，好像在察言观色，试探什么。后来索性连那稀零的花串也没有了。园中别的紫藤花架也都拆掉。改种了果树。那时的说法是，花和生活腐化有什么必然关系。我曾遗憾地想：这里再看不见藤萝花了。

过了这么多年。藤萝又开花了，而且开得这样盛，这样密，紫色的瀑布遮住了粗壮的盘虬卧龙般的枝干，不断地流着，流着，流向人的心底。

花和人都会遇到各种各样的不幸，但是生命的长河是无止境的。我抚摸了一下那小小的紫色的花舱，那里满装了生命的酒酿，它张满了帆，在这//闪光的花的河流上航行。

附录一：

普通话水平测试轻声词表

本表根据《普通话水平测试用普通话词语表》编制。

本表供普通话水平测试第二项——读多音节词语（100个音节）测试使用。

本表共收词541条（其中“子”尾词206条），按汉语拼音字母顺序排列。

条目中的非轻声音节只标本调，不标变调；条目中的轻声音节，注音不标调号，如明白míngbai。

1. 爱人　àiren
2. 案子　ànzi
3. 巴掌　bāzhang
4. 把子　bǎzi
5. 把子　bàzi
6. 爸爸　bàba
7. 白净　báijing
8. 班子　bānzi
9. 板子　bǎnzi
10. 帮手　bāngshou
11. 梆子　bāngzi
12. 膀子　bǎngzi
13. 棒槌　bàngchui
14. 棒子　bàngzi
15. 包袱　bāofu
16. 包涵　bāohan
17. 包子　bāozi
18. 豹子　bàozi
19. 杯子　bēizi
20. 被子　bèizi
21. 本事　běnshi
22. 本子　běnzi
23. 鼻子　bízi
24. 比方　bǐfang
25. 鞭子　biānzi
26. 辫子　biànzi
27. 扁担　biǎndan
28. 别扭　bièniu
29. 饼子　bǐngzi
30. 拨弄　bōnong
31. 脖子　bózi
32. 簸箕　bòji
33. 补丁　bǔding
34. 不由得　bùyóude
35. 不在乎　búzàihu
36. 步子　bùzi
37. 部分　bùfen
38. 财主　cáizhu
39. 裁缝　cáifeng
40. 苍蝇　cāngying
41. 差事　chāishi
42. 柴火　chaihuo
43. 肠子　changzi
44. 厂子　changzi
45. 场子　chǎngzi
46. 车子　chēzi
47. 称呼　chēnghu
48. 池子　chízi
49. 尺子　chǐzi
50. 虫子　chóngzi
51. 绸子　chóuzi
52. 除了　chúle
53. 锄头　chútou
54. 畜生　chùsheng
55. 窗户　chuānghu
56. 窗子　chuāngzi
57. 锤子　chuízi
58. 刺猬　cìwei
59. 凑合　còuhe
60. 村子　cūnzi
61. 耷拉　dāla
62. 答应　dāying
63. 打扮　dǎban
64. 打点　dǎdian
65. 打发　dǎfa
66. 打量　dǎliang
67. 打算　dǎsuan
68. 打听　dǎting
69. 大方　dàfang
70. 大爷　dàye
71. 大夫　dàifu
72. 带子　dàizi
73. 袋子　dàizi
74. 单子　dānzi
75. 耽搁　dānge
76. 耽误　dānwu
77. 胆子　dǎnzi
78. 担子　dànzi
79. 刀子　dāozi
80. 道士　dàoshi
81. 稻子　dàozi
82. 灯笼　dēnglong
83. 凳子　dèngzi
84. 提防　dīfang
85. 笛子　dízi
86. 底子　dǐzi
87. 地道　dìdao
88. 地方　dìfang
89. 弟弟　dìdi
90. 弟兄　dìxiong

91. 点心 diǎnxin
92. 调子 diàozi
93. 钉子 dīngzi
94. 东家 dōngjia
95. 东西 dōngxi
96. 动静 dòngjing
97. 动弹 dòngtan
98. 豆腐 dòufu
99. 豆子 dòuzi
100. 嘟囔 dūnang
101. 肚子 dǔzi
102. 肚子 dùzi
103. 缎子 duànzi
104. 队伍 duìwu
105. 对付 duìfu
106. 对头 duìtou
107. 多么 duōme
108. 蛾子 é’zi
109. 儿子 ér’zi
110. 耳朵 érduo
111. 贩子 fànzi
112. 房子 fángzi
113. 废物 fèiwu
114. 份子 fènzi
115. 风筝 fēngzheng
116. 疯子 fēngzi
117. 福气 fúqi
118. 斧子 fǔzi
119. 盖子 gàizi
120. 甘蔗 gānzhe
121. 杆子 gānzi
122. 杆子 gǎnzi
123. 干事 gànshi
124. 杠子 gàngzi
125. 高粱 gāoliang
126. 膏药 gāoyao
127. 稿子 gǎozo
128. 告诉 gàosu
129. 疙瘩 gēda
130. 哥哥 gēge
131. 胳膊 gēbo
132. 鸽子 gēzi
133. 格子 gézi
134. 个子 gèzi
135. 根子 gēnzi
136. 跟头 gēntou
137. 工夫 gōngfu
138. 弓子 gōngzi
139. 公公 gōnggong
140. 功夫 gōngfu
141. 钩子 gōuzi
142. 姑姑 gūgu
143. 姑娘 gūniang
144. 谷子 gǔzi
145. 骨头 gǔtou
146. 故事 gùshi
147. 寡妇 guǎfu
148. 褂子 guàzi
149. 怪物 guàiwu
150. 关系 guānxi
151. 官司 guānsi
152. 罐头 guàntou
153. 罐子 guànzi
154. 规矩 guīju
155. 闺女 guīnv
156. 鬼子 guǐzi
157. 柜子 guìzi
158. 棍子 gùnzi
159. 锅子 guōzi
160. 果子 guǒzi
161. 蛤蟆 háma
162. 孩子 háizi
163. 含糊 hánhu
164. 汉子 hànzi
165. 行当 hángdang
166. 合同 hétong
167. 和尚 héshang
168. 核桃 hétao
169. 盒子 hézi
170. 红火 hónghuo
171. 猴子 hóuzi
172. 后头 hòutou
173. 厚道 hòudao
174. 狐狸 húli
175. 胡萝卜 húluóbo
176. 胡琴 húqin
177. 糊涂 hútu
178. 护士 hùshi
179. 皇上 huángshang
180. 幌子 huǎngzi
181. 活泼 huópo
182. 火候 huǒhou
183. 伙计 huǒji
184. 机灵 jīling
185. 脊梁 jǐliang
186. 记号 jìhao
187. 记性 jìxing
188. 夹子 jiāzi
189. 家伙 jiāhuo
190. 架势 jiàshi
191. 架子 jiàzi
192. 嫁妆 jiàzhuang
193. 尖子 jiānzi
194. 茧子 jiǎnzi
195. 剪子 jiǎnzi
196. 见识 jiànshi
197. 毽子 jiànzi
198. 将就 jiāngjiu
199. 交情 jiāoqing
200. 饺子 jiǎozi
201. 叫唤 jiàohuan
202. 轿子 jiàozi
203. 结实 jiēshi
204. 街坊 jiēfang
205. 姐夫 jiěfu
206. 姐姐 jiějie
207. 戒指 jièzhi

208. 金子 jīnzi 209. 精神 jīngshen 210. 镜子 jìngzi
211. 舅舅 jiùjiu 212. 橘子 júzi 213. 句子 jùzi
214. 卷子 juànzi 215. 咳嗽 késou 216. 客气 kèqi
217. 空子 kòngzi 218. 口袋 kǒudai 219. 口子 kǒuzi
220. 扣子 kòuzi 221. 窟窿 kūlong 222. 裤子 kùzi
223. 快活 kuàihuo 224. 筷子 kuàizi 225. 框子 kuàngzi
226. 阔气 kuòqi 227. 喇叭 lǎba 228. 喇嘛 lǎma
229. 篮子 lánzi 230. 懒得 lǎnde 231. 浪头 làngtou
232. 老婆 lǎopo 233. 老实 lǎoshi 234. 老太太 lǎotaitai
235. 老头子 lǎotóuzi 236. 老爷 lǎoye 237. 老子 lǎozi
238. 姥姥 lǎolao 239. 累赘 léizhui 240. 篱笆 líba
241. 里头 lǐtou 242. 力气 lìqi 243. 厉害 lìhai
244. 利落 lìluo 245. 利索 lìsuo 246. 例子 lìzi
247. 栗子 lìzi 248. 痢疾 lìji 249 连累． liánlei
250. 帘子 liánzi 251. 凉快 liángkuai 252. 粮食 liángshi
253. 两口子 liǎngkouzi 254. 料子 liàozi 255. 林子 línzi
256. 翎子 língzi 257. 领子 lǐngzi 258. 溜达 liūda
259. 聋子 lóngzi 260. 笼子 lóngzi 261. 炉子 lúzi
262. 路子 lùzi 263. 轮子 lúnzi 264. 萝卜 luóbo
265. 骡子 luózi 266. 骆驼 luòtuo 267. 妈妈 māma
268. 麻烦 máfan 269. 麻利 máli 270. 麻子 mázi
271. 马虎 mǎhu 272. 码头 mǎtou 273. 买卖 mǎimai
274. 麦子 màizi 275. 馒头 mántou 276. 忙活 mánghuo
277. 冒失 màoshi 278. 帽子 màozi 279. 眉毛 méimao
280. 媒人 méiren 281. 妹妹 mèimei 282. 门道 méndao
283. 眯缝 mīfeng 284. 迷糊 míhu 285. 面子 miànzi
286. 苗条 miáotiao 287. 苗头 miáotou 288. 名堂 míngtang
289. 名字 míngzi 290. 明白 míngbai 291. 模糊 móhu
292. 蘑菇 mógu 293. 木匠 mùjiang 294. 木头 mùtou
295. 那么 nàme 296. 奶奶 nǎinai 297. 难为 nánwei
298. 脑袋 nǎodai 299. 脑子 nǎozi 300. 能耐 néngnai
301. 你们 nǐmen 302. 念叨 niàndao 303. 念头 niàntou
304. 娘家 niángjia 305. 镊子 nièzi 306. 奴才 núcai
307. 女婿 nǚxu 308. 暖和 nuǎnhuo 309. 疟疾 nüèji
310. 拍子 pāizi 311. 牌楼 páilou 312. 牌子 páizi
313. 盘算 pánsuan 314. 盘子 pánzi 315. 胖子 pàngzi
316. 狍子 páozi 317. 盆子 pénzi 318. 朋友 péngyou
319. 棚子 péngzi 320. 脾气 píqi 321. 皮子 pízi
322. 痞子 pǐzi 323. 屁股 pìgu 324. 片子 piànzi

325. 便宜 piányi　326. 骗子 piànzi　327. 票子 piàozi
328. 漂亮 piàoliang　329. 瓶子 píngzi　330. 婆家 pójia
331. 婆婆 pópo　332. 铺盖 pūgai　333. 欺负 qīfu
334. 旗子 qízi　335. 前头 qiántou　336. 钳子 qiánzi
337. 茄子 qiézi　338. 亲戚 qīnqi　339. 勤快 qínkuai
340. 清楚 qīngchu　341. 亲家 qìngjia　342. 曲子 qǔzi
343. 圈子 quānzi　344. 拳头 quántou　345. 裙子 qúnzi
346. 热闹 rènao　347. 人家 rénjia　348. 人们 rénmen
349. 认识 rènshi　350. 日子 rìzi　351. 褥子 rùzi
352. 塞子 sāizi　353. 嗓子 sǎngzi　354. 嫂子 sǎozi
355. 扫帚 sàozhou　356. 沙子 shāzi　357. 傻子 shǎzi
358. 扇子 shànzi　359. 商量 shāngliang　360. 晌午 shǎngwu
361. 上司 shàngsi　362. 上头 shàngtou　363. 烧饼 shāobing
364. 勺子 sháozi　365. 少爷 shàoye　366. 哨子 shàozi
367. 舌头 shétou　368. 身子 shēnzi　369. 什么 shénme
370. 婶子 shěnzi　371. 生意 shēngyi　372. 牲口 shēngkou
373. 绳子 shéngzi　374. 师父 shīfu　375. 师傅 shīfu
376. 虱子 shīzi　377. 狮子 shīzi　378. 石匠 shíjiang
379. 石榴 shíliu　380. 石头 shítou　381. 时候 shíhou
382. 实在 shízai　383. 拾掇 shíduo　384. 使唤 shǐhuan
385. 世故 shìgu　386. 似的 shìde　387. 事情 shìqing
388. 柿子 shìzi　389. 收成 shōucheng　390. 收拾 shōushi
391. 首饰 shǒushi　392. 叔叔 shūshu　393. 梳子 shūzi
394. 舒服 shūfu　395. 舒坦 shūtan　396. 疏忽 shūhu
397. 爽快 shuǎngkuai　398. 思量 sīliang　399. 算计 suànji
400. 岁数 suìshu　401. 孙子 sūnzi　402. 他们 tāmen
403. 它们 tāmen　404. 她们 tāmen　405. 台子 táizi
406. 太太 tàitai　407. 摊子 tānzi　408. 坛子 tánzi
409. 毯子 tǎnzi　410. 桃子 táozi　411. 特务 tèwu
412. 梯子 tīzi　413. 蹄子 tízi　414. 挑剔 tiāoti
415. 挑子 tiāozi　416. 条子 tiáozi　417. 跳蚤 tiàozao
418. 铁匠 tiějiang　419. 亭子 tíngzi　420. 头发 tóufa
421. 头子 tóuzi　422. 兔子 tùzi　423. 妥当 tuǒdang
424. 唾沫 tuòmo　425. 挖苦 wāku　426. 娃娃 wáwa
427. 袜子 wàzi　428. 晚上 wǎnshang　429. 尾巴 wěiba
430. 委屈 wěiqu　431. 为了 wèile　432. 位置 wèizhi
433. 位子 wèizi　434. 蚊子 wénzi　435. 稳当 wěndang
436. 我们 wǒmen　437. 屋子 wūzi　438. 稀罕 xīhan
439. 席子 xízi　440. 媳妇 xífu　441. 喜欢 xǐhuan

442. 瞎子 xiāzi
443. 匣子 xiázi
444. 下巴 xiàba
445. 吓唬 xiàhu
446. 先生 xiānsheng
447. 乡下 xiāngxia
448. 箱子 xiāngzi
449. 相声 xiàngsheng
450. 消息 xiāoxi
451. 小伙子 xiǎohuǒzi
452. 小气 xiǎoqi
453. 小子 xiǎozi
454. 笑话 xiàohua
455. 谢谢 xièxie
456. 心思 xīnsi
457. 星星 xīngxing
458. 猩猩 xīngxing
459. 行李 xíngli
460. 性子 xìngzi
461. 兄弟 xiōngdi
462. 休息 xiūxi
463. 秀才 xiùcai
464. 秀气 xiùqi
465. 袖子 xiùzi
466. 靴子 xuēzi
467. 学生 xuésheng
468. 学问 xuéwen
469. 丫头 yātou
470. 鸭子 yāzi
471. 衙门 yámen
472. 哑巴 yǎba
473. 胭脂 yānzhi
474. 烟筒 yāntong
475. 眼睛 yǎnjing
476. 燕子 yànzi
477. 秧歌 yāngge
478. 养活 yǎnghuo
479. 样子 yàngzi
480. 吆喝 yāohe
481. 妖精 yāojing
482. 钥匙 yàoshi
483. 椰子 yēzi
484. 爷爷 yéye
485. 叶子 yèzi
486. 一辈子 yíbèizi
487. 衣服 yīfu
488. 衣裳 yīshang
489. 椅子 yǐzi
490. 意思 yìsi
491. 银子 yínzi
492. 影子 yǐngzi
493. 应酬 yìngchou
494. 柚子 yòuzi
495. 冤枉 yuānwang
496. 院子 yuànzi
497. 月饼 yuèbing
498. 月亮 yuèliang
499. 云彩 yúncai
500. 运气 yùnqi
501. 在乎 zàihu
502. 咱们 zánmen
503. 早上 zǎoshang
504. 怎么 zěnmen
505. 扎实 zhāshi
506. 眨巴 zhǎba
507. 栅栏 zhàlan
508. 宅子 zháizi
509. 寨子 zhàizi
510. 张罗 zhāngluo
511. 丈夫 zhāngfu
512. 帐篷 zhàngpeng
513. 丈人 zhàngren
514. 帐子 zhàngzi
515. 招呼 zhāohu
516. 招牌 zhāopai
517. 折腾 zhēteng
518. 这个 zhège
519. 这么 zhème
520. 枕头 zhěntoou
521. 芝麻 zhīma
522. 知识 zhīshi
523. 侄子 zhízi
524. 指甲 zhǐjia
525. 指头 zhǐtou
526. 种子 zhǒngzi
527. 珠子 zhūzi
528. 竹子 zhúzi
529. 主意 zhǔyi
530. 主子 zhǔzi
531. 柱子 zhùzi
532. 爪子 zhuǎzi
533. 转悠 zhuànyou
534. 庄家 zhuāngjia
535. 庄子 zhuāngzi
536. 壮实 zhuàngshi
537. 状元 zhuàngyuan
538. 锥子 zhuīzi
539. 桌子 zhuōzi
540. 字号 zìhao
541. 自在 zìzai
542. 粽子 zòngzi
543. 祖宗 zǔzong
544. 嘴巴 zuǐba
545. 作坊 zuōfang
546. 琢磨 zuó mo

附录二：

普通话水平测试儿化词表

说　明

本表参照《普通话水平测试用普通话词语表》及《现代汉语词典》编制，加 * 的是以上二者未收，根据测试需要而酌增的条目。

本表仅供普通话水平测试第二项——读多音节词语（100 个音节）测试使用。本表儿化音节，在书面上一律加“儿”，但并不表明所列词语在任何语用场合都必须儿化。

本表共收词 189 条，按儿化韵母的汉语拼音顺序排列。

本表列出原形韵母和所对应的儿化韵，用 > 表示条目中儿化音节的注音，只在基本形式后面加 r，如一会儿 yíhuìr，不标语音上的实际变化。

一

a > ar	刀把儿 dāobàr	号码儿 hàomǎr
	戏法儿 xìfǎr	在哪儿 zàinǎr
	找茬儿 zhǎochár	打杂儿 dǎzár
	板擦儿 bǎncār	
ai > ar	名牌儿 míngpáir	鞋带儿 xiédàir
	壶盖儿 húgàir	小孩儿 xiǎoháir
	加塞儿 jiāsāir	
an > ar	快板儿 kuàibǎnr	老伴儿 lǎobànr
	蒜瓣儿 suànbànr	脸盘儿 liǎnpánr
	脸蛋儿 liǎndànr	收摊儿 shōutānr
	栅栏儿 zhàlanr	包干儿 bāogānr
	笔杆儿 bǐgǎnr	门槛儿 ménkǎnr

二

ang > ar（鼻化）	药方儿 yàofāngr	赶趟儿 gǎntàngr
	香肠儿 xiāngchángr	瓜瓤儿 guārángr

三

ia > iar	掉价儿 diàojiàr	一下儿 yíxiàr
	豆芽儿 dòuyár	
ian > iar	小辫儿 xiǎobiànr	照片儿 zhàopiānr
	扇面儿 shànmiànr	差点儿 chàdiǎnr
	一点儿 yìdiǎnr	雨点儿 yǔdiǎnr
	聊天儿 liáotiānr	拉链儿 lāliànr
	冒尖儿 màojiānr	坎肩儿 kǎnjiānr
	牙签儿 yáqiānr	露馅儿 lòuxiànr
	心眼儿 xīnyǎnr	

四

iang > iar（鼻化）	鼻梁儿 bíliángr	透亮儿 tòuliàngr
	花样儿 huāyàngr	

五

ua > uar	脑瓜儿 nǎoguār	大褂儿 dàguàr
	麻花儿 máhuār	笑话儿 xiàohuar
	牙刷儿 yáshuār	
uai > uar	一块儿 yíkuàir	
uan > uar	茶馆儿 cháguǎnr	饭馆儿 fànguǎnr
	火罐儿 huǒguànr	落款儿 luòkuǎnr
	打转儿 dǎzhuǎnr	拐弯儿 guǎiwānr
	好玩儿 hǎowánr	大腕儿 dàwànr

六

uang > uar（鼻化）	蛋黄儿 dànhuángr	打晃儿 dǎhuàngr
	天窗儿 tiānchuāngr	

七

¨an > ¨ar	烟卷儿 yānjuǎnr	手绢儿 shǒujuànr
	出圈儿 chūquānr	包圆儿 bāoyuánr
	人缘儿 rényuánr	绕远儿 ràoyuǎnr
	杂院儿 záyuànr	

八

ei > er	刀背儿 dāobèir	摸黑儿 mōhēir
en > er	老本儿 lǎoběnr	花盆儿 huāpénr
	嗓门儿 sǎngménr	把门儿 bǎménr
	哥们儿 gēmenr	纳闷儿 nàmènr
	后跟儿 hòugēnr	高跟儿鞋 gāogēnrxié
	别针儿 biézhēnr	一阵儿 yízhènr
	走神儿 zǒushénr	大婶儿 dàshěnr
	小人儿书 xiǎorénrshū	杏仁儿 xìngrénr
	刀刃儿 dāorènr	

九

eng > er（鼻化）	钢镚儿 gāngbèngr	夹缝儿 jiāfèngr
	脖颈儿 bégěngr	提成儿 tíchéngr

十

ie > ier	半截儿 bànjiér	小鞋儿 xiǎoxiér
¨e > ¨er	旦角儿 dànjuér	主角儿 zhǔjuér

十一

uei > uer	跑腿儿 pǎotuǐr	一会儿 yíhuìr
	耳垂儿 ěrchuír	墨水儿 mòshuǐr

	围嘴儿 wéizuǐr	走味儿 zǒuwèir
uen > uer	打盹儿 dǎdǔnr	胖墩儿 pàngdūnr
	砂轮儿 shālúnr	冰棍儿 bīnggùnr
	没准儿 méizhǔnr	开春儿 kāichūnr
ueng > uer（鼻化）＊	小瓮儿 xiǎowèngr	

十二

－i（前）＞er	瓜子儿 guāzǐr	石子儿 shízǐr
	没词儿 méicír	挑刺儿 tiāocìr
－i（后）＞er	墨汁儿 mòzhīr	锯齿儿 jùchǐr
	记事儿 jìshìr	

十三

i > i：er	针鼻儿 zhēnbír	垫底儿 diàndǐr
	肚脐儿 dùqír	玩意儿 wányìr
in > i：er	有劲儿 yǒujìnr	送信儿 sòngxìnr
	脚印儿 jiǎoyìnr	

十四

ing > i：er（鼻化）	花瓶儿 huāpíngr	打鸣儿 dǎmíngr
	图钉儿 túdīngr	门铃儿 ménlíngr
	眼镜儿 yǎnjìngr	蛋清儿 dànqīngr
	火星儿 huǒxīngr	人影儿 rényǐngr

十五

¨ > ¨：er	毛驴儿 máolǘr	小曲儿 xiǎoqǔr
	痰盂儿 tányúr	
¨e > ¨：er	合群儿 héqúnr	

十六

e > er	模特儿 mótèr	逗乐儿 dòulèr
	唱歌儿 chànggēr	挨个儿 āigèr
	打嗝儿 dǎgér	饭盒儿 fànhér
	在这儿 zàizhèr	

十七

u > ur	碎步儿 suìbùr	没谱儿 méipǔr
	儿媳妇儿 érxífur	梨核儿 líhúr
	泪珠儿 lèizhūr	有数儿 yǒushùr

十八

ong > or（鼻化）	果冻儿 guǒdòngr	门洞儿 méndòngr
	胡同儿 hútòngr	抽空儿 chōukòngr
	酒盅儿 jiǔzhōngr	小葱儿 xiǎocōngr
iong > ior（鼻化）＊	小熊儿 xiǎoxióngr	

十九

ao > aor	红包儿 hóngbāor	灯泡儿 dēngpàor
	半道儿 bàndàor	手套儿 shǒutàor
	跳高儿 tiàogāor	叫好儿 jiāohǎor
	口罩儿 kǒuzhàor	绝着儿 juézhāor
	口哨儿 kǒushàor	蜜枣儿 mìzǎor

二十

iao > iaor	鱼漂儿 yúpiāor	火苗儿 huǒmiáor
	跑调儿 pǎodiàor	面条儿 miàntiáor
	豆角儿 dòujiǎor	开窍儿 kāiqiàor

二十一

ou > > our	衣兜儿 yīdōur	老头儿 lǎotóur
	年头儿 niántóur	小偷儿 xiǎotōur
	门口儿 ménkǒur	纽扣儿 niǔkòur
	线轴儿 xiànzhóur	小丑儿 xiǎochǒur
	加油儿 jiāyóur	

二十二

iou > iour	顶牛儿 dǐngniúr	抓阄儿 zhuājiūr
	棉球儿 miánqiúr	

二十三

uo > uor	火锅儿 huǒguōr	做活儿 zuòhuór
	大伙儿 dàhuǒr	邮戳儿 yóuchuōr
	小说儿 xiǎoshuōr	被窝儿 bèiwōr
（o） > or	耳膜儿 ěrmór	粉末儿 fěnmòr

项目七　掌握音节规律

【目标任务】

1. 了解普通话音节的含义、结构、特点；
2. 掌握普通话音节中声韵配合的规律，正确矫正方音。

试着读一读

你我千万不可亵渎那一个字，别忘了在上帝跟前起的誓。我不仅要你最柔软的柔情，蕉衣似的永远裹着我的心；我要你的爱有钝钢似的强，在这流动的生里起造一座墙；任凭白蚁蛀破千年的画壁；就是有一天霹雳震翻了宇宙，也震不翻你我爱墙内的自由。

这是徐志摩的诗歌《起造一座墙》。试着字正腔圆地发好每一个音节，如同徐志摩所不懈追求的爱情——干净、纯粹、坚强！

汉语音节结构有鲜明的特点，声母和韵母的配合也带有很强的规律性。了解这些特点和规律，对我们掌握普通话的语音体系、矫正方音，最终规范我们的普通话会话都是非常有帮助的。

任务一　认识普通话音节结构

一、什么是音节

我们发音时，每发一个音发音器官的某些肌肉就紧张和放松一次，这一紧一松，就是一个音节。比如我们靠什么来区分“飘”（piāo）和“皮袄”（pi’ǎo）的发音？就是靠发音器官肌肉松紧程度的交替区分出“飘”是一个音节，“皮袄”是两个音节。从听感上来说，虽然音节是由更小的语音单位音素组成的，但却是我们听觉上能分辨出来的最自然的语音单位。从书面上来看，绝大多数情况下，一个汉字就代表一个音节（这跟拼音文字有很大的不同）。只有在儿化韵中，书面上才用两个汉字来表示一个音节。普通话常用音节有 400 个。（见附件 1《普通话 400 常用音节表》）

二、普通话音节的结构和特点

普通话音节由声母、韵母和声调三个部分构成，韵母又可分为韵头、韵腹、韵尾。

从《普通话音节结构分析示例表》可以看出，普通话音节结构有以下特点：

（1）完整的音节由三个成分组成，即声母、韵母、声调。有些音节的声母可以是零声母，韵母中可以没有韵头、韵尾，或其中的一个，但必须有韵腹和声调。

（2）音节最少由一个音素构成，最多由四个音素构成。

（3）音节中必须有元音因素，至少一个，最多有三个，而且连续排列，分别充当韵母的韵头、韵腹和韵尾。

普通话音节结构分析示例表

结构 / 例字	注音	声母	韵母				声调
			韵头	韵腹	韵尾		
					元音	辅音	
权	quán	q	ü	a		n	阳平
威	wēi		u	e	i		阴平
藕	ǒu			o	u		上声
叶	yè		i	e			去声
知	zhī	zh		-i（后）			阴平
了	liǎo	l	i	a	o（u）		上声
姊	zǐ	z		-i（前）			上声
妹	mèi	m		e	i		去声
马	mǎ	m		a			上声
昂	áng			a		ng	阳平
而	ér			er			阳平
已	yǐ			i			上声

（4）韵头只能由 i、u、ü 充当，韵尾由元音 i、o、u 或鼻辅音 n、ng 充当。各元音都能充当韵腹，如果韵母不止一个元音时，由开口度较大、舌位较低、发音较响亮的元音充当韵腹。

（5）辅音音素只出现在音节的开头（作声母）或末尾（作韵尾，只限于 n 和 ng），没有辅音连续排列的情况。也没有复辅音，声母 zh、ch、sh 和韵尾 ng 分别表示一个辅音。

（6）单韵母（除前、后舌尖韵母 -i 外），复韵母和鼻韵母（除 eng、ong 外）都能自成音节，其声母是零声母。

三、音节的拼写规则

使用汉语拼音拼写普通话时，要熟练掌握拼写规则，避免出现拼写错误。掌握拼写规则要注意以下几个方面的问题：

（一）y 和 w 的使用规则

为了使音节界限清楚，汉语拼音方案规定 i、u、ü 本身，或者以 i、u、ü 开头的韵母单独成音节的时候，要分别使用隔音字母 y 和 w。这时 y 和 w 并不是声母，而仅仅起到区分音节界限的隔音符号的作用。

（1）i 行韵母要写成 yi（衣）、ya（呀）、ye（耶）、yao（腰）、you（忧）、yan（烟）、yin（因）、yang（央）、ying（英）、yong（雍）。

（2）u 行韵母要写成 wu（乌）、wa（蛙）、wo（窝）、wai（歪）、wei（威）、wan（弯）、wen（温）、wang（汪）、weng（翁）。

(3) ü 行韵母要写成 yu（迂）、yue（约）、yuan（冤）、yun（晕）。

（二）iou、uei、uen 的使用规则

这三个韵母和声母相拼时，要去掉中间的元音字母，写为 iu、ui、un。例如 niu（牛）、gui（归）、lun（论）。如果前面是零声母，就要按照 y 和 w 的使用规则，分别写为 you、wei、wen。可见 iou、uei、uen 是理论的写法，在实际拼写时并不出现。在分析韵母的结构时，仍旧使用 iou、uei、uen，不用省写式。

（三）ü 的使用

韵母 ü 能和 j、q、x、n、l 五个声母相拼。声母 j、q、x 可以和 ü 相拼，但是不和 u 相拼。为了减少 ü 的出现频率，汉语拼音方案规定，当 j、q、x 和 ü 相拼时，ü 上的两点要省去，写成 u。“居、屈、虚”要写为 ju、qu、xu，不能写为 jü、qü、xü。而 n、l 既可以和 u 相拼，又可以和 ü 相拼，当 n、l 和 ü 相拼时，ü 上的两点不能省去。“女、吕”要写为 nü、lü，不能写为 nu、lu。

（四）隔音符号的使用规则

“隔音符号”顾名思义就是起隔音作用的。《汉语拼音方案》规定：a，o，e 开头的音节连接在其他音节后面的时候，如果音节的界限发生混淆，就必须用隔音符号（’）隔开，例如：pi’ao（皮袄），hǎi’ōu（海鸥）。

（五）声调符号的位置

声调符号简称调号，要标在韵母上，不标在声母上。单韵母只有一个元音，调号只能标在那个元音上，如 bā（八）、tí（提）。二合前响复韵母，调号标在前一个元音上，如 bāi（掰）、bēi（杯）；二合后响复韵母，调号标在后一个元音上，如 jiā（家）、guó（国）；三合复韵母，调号标在中间的元音上，如 jiāo（交）、guāi（乖）。iu、ui、un 是 iou、uei、uen 的省写式。iu、ui 的调号标在后一个元音上，un 的调号标在前一个元音上。如 niú（牛）、guī（归）、lùn（论）。

轻声不标调。

遇到变调的情况，一律标本调，不标变调。

任务二　掌握普通话声韵配合规律

普通话音节是由音素构成的，但不是所有的音素都能进行拼合。普通话音素的拼合即普通话的声韵的配合具有一定规律。普通话声韵的配合主要以声母的发音部位和韵母的韵头或韵尾为依据的。按照传统对韵母“四呼”的分法，普通话声韵的配合规律可列表如下：

从简表中可以看出普通话声韵配合有下列几条主要规律：

(1) 声母中只有零声母和舌尖中音 n、l 四呼齐全。

(2) 双唇音和舌尖中音 d、t 能跟开口呼、齐齿呼、合口呼韵母相拼，不能与撮口呼相拼。双唇音拼合口呼限于 u。

(3) 唇齿音、舌根音、舌尖前音和舌尖后音能跟开口呼、合口呼韵母相拼，不能跟齐齿呼、撮口呼韵母相拼。唇齿音拼合口呼只限于 u。

普通话声韵配合简表

发音部位	声母　四呼	开口呼	齐齿呼	合口呼	撮口呼
双唇音	b p m	+	+	只拼 u	-
唇齿音	f	+	-	只拼 u	-
舌尖中音	d t	+	+	+	-
	n l	+	+	+	+
舌面音	j q x	-	+	-	+
舌根音	g k h	+	-	+	-
舌尖后音	zh ch sh r	+	-	+	-
舌尖前音	z c s	+	-	+	-
零声母		+	+	+	+

注：“+”表示声韵能拼，但不一定全都能拼；“-”表示声韵不能相拼。

(4) 舌面音只能跟齐齿呼、撮口呼韵母相拼，不能跟开口呼、合口呼韵母相拼。

以上四条规律就是普通话声韵配合的大致情况。

掌握声韵配合规律，不但有利于我们方便快捷地学好普通话，而且还有利于我们分清方言和普通话的差别，减少拼读和拼写中的一些错误。

虽然《普通话声韵配合简表》易看易懂，但记忆起来却显得比较零散，有一定的难度，下面的这首歌谣可以帮助我们记忆普通话的声韵配合规律：

开口不呼 j q x；合口效法开口呼，沾唇只限 u；齐齿不言 f，还有 g、z、zh；舌面零 n、l，撮口不可失。

(1) 开口不呼 j、q、x，是说 j、q、x 不和开口呼韵母配合构成音节。

(2) 合口效法开口呼，沾唇只限 u，是说合口呼韵母和开口呼韵母一样，也不能和 j、q、x 相拼。不能和合口呼中除 u 以外的的韵母相拼构成音节。

(3) 齐齿不言 f，还有 g、z、zh，是说 f、g、k、h、z、c、s、zh、ch、sh、r 不能和齐齿呼韵母相拼构成音节。

(4) 舌面零 n l，撮口不可失，是说舌面音 j、q、x 和零声母及 n、l 能够和撮口呼韵母相拼构成音节。

项 目 小 结

普通话语音富有音乐性，清越柔和，节奏明快，韵律婉转流畅，抑扬顿挫、清新明快，悦耳、饱满，便于吟咏。音节的结构可以使我们从分析的角度认识音节，在学习的过程中，要掌握普通话音节结构特点，声母韵母的配合关系。学习并分析普通话语音，着重于声韵系统，强调音节结构的特点是一声、一韵、一调。掌握普通话声韵配合的基本规则，对学习普通话有着较大的实用价值。在表达过程中，如果能表现出普通话语音的特色和魅力，就可使语言表达锦上添花、声情并茂。

项目综合练习

1. 举例说明普通话音节结构的特点?

2. 从普通话声韵配合简表可以归纳出哪些声韵配合的主要规律?

3. 下列各音节的拼写为什么是错误的，试根据声韵配合规律，加以说明并改正。

giao（教）	puo（迫）	tueng（通）	do（多）
xa（夏）	gue（决）	ong（翁）	siong（宋）
shiao（小）	jua（抓）	zing（经）	fong（丰）

4. 读《白杨礼赞》片段，体会普通话音节特点及声韵配合规律：

Nà jiùshì báiyángshù，xīběi jí pǔtōng de yìzhòng shù，ránér shízài bùshì píngfán de yìzhòngshù!

Nàshì lìzhēngshàngyóu de yìzhòng shù，bǐzhí de gàn，bǐzhí de zhī。Tā de gàn ne，tōngcháng shì zhàngbǎ gāo，xiàngshì jiāyǐ réngōng shìde，yìzhàng yǐnèi，juéwú pángzhī；tā suǒyǒu de yāzhī ne，yílǜ xiàng shàng，érqiě jǐnjǐn kàolǒng，yě xiàngshì jiāyǐ réngōng shìde，chéngwéi yìshù，juéwú héngxiéyìchū；tā de kuāndà de yèzǐ yěshì piànpiàn xiàng shàng，jīhū méi. yǒu xiéshēng de，gèng búyòng shuō dǎochuí le；tā de pí，guānghuá éryǒu yínsè de yùnquān，wēiwēi fànchū dànqīngsè。Zhèshì suīzài běifāng de fēngxuě de yāpò xià què bǎochí zhe juèjiàng tǐnglì de yìzhòng shù! Nǎpà zhǐyǒu wǎnlái cūxì bà，tā què nǔlì xiàngshàng fāzhǎn，gāodào zhàngxǔ，liǎngzhàng，cāntiān sǒnglì，bùzhé－bùnáo，duìkàng zhe xīběifēng。

Zhè jiùshì báiyángshù，xīběi jí pǔtōng de yìzhòng shù，ránér jué bùshì píngfán de shù!

Tā méi . yǒu pósuō de zītài，méi . yǒu qūqū pánxuán de qiúzhī，yěxǔ nǐ yào shuō tā bù měilì，——Rúguǒ měi shì zhuānzhǐ“pósuō”huò“héngxié yìchū”zhīlèi éryán，nàme báiyángshù suàn . bù . dé shùzhōng de hǎo nǚzǐ；dànshì tā quèshì wěi’àn，zhèngzhí，pǔzhì，yánsù，yě bù quēfá wēnhé，gèng búyòng tí tā de jiānqiáng bùqū yǔ tǐngbá，tā shì shù zhōng de wěi zhàngfu! Dāng nǐ zài jīxuě chūróng de gāoyuán shàng zǒuguò，kàn . jiàn píngtǎn de dàdì . shàng àorán tǐnglì zhème yìzhūhuò yìpái báiyángshù，nándào nǐ jué . de shù zhǐshì shù，nándào nǐ jiù bùxiǎngdào tāde pǔzhì，yánsù，jiānqiángbùqū，zhìshǎo yě xiàngzhēng le běifāng de nóngmín；nán dào nǐ jìng yìdiǎnr yě bù liánxiǎng dào zài díhòu de guǎngdà tǔdì . shàng，dàochù yǒu jiānqiángbùqū，jiùxiàng zhè báiyángshù yíyàng àorán tǐnglì de shǒuwèi tāmen jiāxiāng de shàobīng? Nándào nǐ yòubù gèngyuǎn yìdiǎn xiǎngdào zhè yàng zhīzhīyèyè kàojǐn tuánjié，lìqiú shàngjìn de báiyángshù，wǎnrán xiàngzhēng le jīntiān zài huáběi píngyuán zònghéngjuédàng，yòng xuè xiěchū xīnzhōngguó lìshǐ de nàzhǒng jīngshén hé yìzhì。

那就是白杨树，西北极普通的一种树，然而实在不是平凡的一种树!

那是力争上游的一种树，笔直的干，笔直的枝。它的干呢，通常是丈把高，象是加以人工似的，一丈以内，绝无旁枝；它所有的丫枝呢，一律向上，而且紧紧靠拢，也象是加以人工似的，成为一束，绝无横斜逸出；它的宽大的叶子也是片片向上，几乎没有斜生的，更不用说倒垂了；它的皮，光滑而有银色的晕圈，微微泛出淡青色。这是虽在北方的风雪的压迫下却保持着倔强挺立的一种树！哪怕只有碗来粗细罢，它却努力向上发展，高到丈许，两丈，参天耸立，不折不挠，对抗着西北风。

这就是白杨树，西北极普通的一种树，然而决不是平凡的树！

它没有婆娑的姿态，没有屈曲盘旋的虬枝，也许你要说它不美丽，——如果美是专指"婆娑"或"横斜逸出"之类而言，那么白杨树算不得树中的好女子；但是它却是伟岸，正直，朴质，严肃，也不缺乏温和，更不用提它的坚强不屈与挺拔，它是树中的伟丈夫！当你在积雪初融的高原上走过，看见平坦的大地上傲然挺立这么一株或一排白杨树，难道你觉得树只是树，难道你就不想到它的朴质，严肃，坚强不屈，至少也象征了北方的农民；难道你竟一点也不联想到，在敌后的广大//土地上，到处有坚强不屈，就像这白杨树一样傲然挺立的守卫他们家乡的哨兵！难道你又不更远一点想到这样枝枝叶叶靠紧团结，力求上进的白杨树，宛然象征了今天在华北平原纵横决荡用血写出新中国历史的那种精神和意志。

5. 给下面这篇短文注上拼音：

我常常遗憾我家门前那块丑石：它黑黝黝地卧在那里，牛似的模样；谁也不知道是什么时候留在这里的，谁也不去理会它。只是麦收时节，门前摊了麦子，奶奶总是说：这块丑石，多占地面呀，抽空把它搬走吧。

它不像汉白玉那样的细腻，可以刻字雕花，也不像大青石那样的光滑，可以供来浣纱捶布；它静静地卧在那里，院边的槐荫没有庇覆它，花儿也不再在它身边生长。荒草便繁衍出来，枝蔓上下，慢慢地，它竟锈上了绿苔、黑斑。我们这些做孩子的，也讨厌起它来，曾合伙要搬走它，但力气又不足；虽时时咒骂它，嫌弃它，也无可奈何，只好任它留在那里了。

终有一日，村子里来了一个天文学家。他在我家门前路过，突然发现了这块石头，眼光立即就拉直了。他再没有离开，就住了下来；以后又来了好些人，都说这是一块陨石，从天上落下来已经有二三百年了，是一件了不起的东西。不久便来了车，小心翼翼地将它运走了。

这使我们都很惊奇。这又怪又丑的石头，原来是天上的啊！它补过天，在天上发过热、闪过光，我们的先祖或许仰望过它，它给了他们光明、向往、憧憬；而它落下来了，在污土里，荒草里，一躺就是几百年了！

我感到自己的无知，也感到了丑石的伟大，我甚至怨恨它这么多年竟会默默地忍受着这一切！而我又立即深深地感到它那种不屈于误解、寂寞的生存的伟大。

（选自贾平凹《丑石》）

附录：

普通话语音音节表

	a	o	e	-i	er	ai	ei	ao	ou	an	en	ang	eng	ong	i	ia	ie	iao	iu	ian	in	iang	ing	iong	u	ua	uo	uai	ui	uan	un	uang	ueng	v	ve	van	vn
b	ba	bo				bai	bei	bao		ban	ben	bang	beng		bi		bie	biao		bian	bin		bing		bu												
p	pa	po				pai	pei	pa	poo	pau	pen	pann	peng	g	p	i	pi	piae	o	pian	pin	n	pin	g	p	u											
p	pa	po				pai	pei	pao	ou	pan	pen	pang	peng		pi		pie	piao		pian	pin		ping		pu												
m	ma	mo	me			mai	mei	mao	mou	man	men	mang	meng		mi		mie	miao	miu	mian	min		ming		mu												
f	fa	fo					fai		fou	fan	fen	fang	feng												fu												
d	da		de			dai	dei	dao	dou	dan		dang	deng	dong	di		die	diao	diu	dian			ding		du		duo		dui	duan	dun						
t	ta		te			tai		tao	tou	tan		tang	teng	tong	ti		tie	tiao		tian			ting		tu		tuo		tui	tuan	tun						
n	na		ne			nai	nei	nao	nou	nan	nen	nang	neng	nong	ni		nie	niao	niu	nian	nin	niang	ning		nu		nuo			nuan				nv	nve		
l	la		le			lai	lei	lao	lou	lan		lang	leng	long	li	lia	lie	liao	liu	lian	lin	liang	ling		lu		luo			luan	lun			lv	lve		
g	ga		ge		i	gai	geo	gau	gon	gan	gen	gann	gen	go											gu	gua	guo	gua	gui	guaa	gun	gua					
												g	g	g														i		n		ng					

续表

k	ka		ke			kai		kao	kou	kan	ken	kang	keng	kong											ku	kua	kuo	kuai	kui	kuan	kun	kuang					
h	ha		he			hai	hei	hao	hou	han	hen	hang	heng	hong											hu	hua	huo	huai	hui	huan	hun	huang					
j																jji	jia	jiie	jao	jiiu	jan	jiain	jing	jiong	ng									jv	jve	jvan	jvn
q															qi	qia	qie	qiao	qiu	qian	qin	qiang	qing	qiong										qu	que	quan	qun
x															xi	xia	xie	xiao	xiu	xian	xin	xiang	xing	xiong										xu	xue	xuan	xun
zh	zha		zhe	zhi		zhai	zhei	zhao	zhou	zhan	zhen	zhang	zheng	zhong											zhu	zhua	zhuo	zhuai	zhui	zhuan	zhun	zhuang					
ch	cha		che	chi		chai		chao	chou	chan	chen	chang	cheng	chong											chu		chuo	chuai	chui	chuan	chun	chuang					
sh	sha		she	shi		shai	shei	shao	shou	shan	shen	shang	sheng												shu	shua	shuo	shuai	shui	shuan	shun	shuang					
r	ra		re	ri				rao	rou	ran	ren	rang	reng	rong											ru		ruo		rui	ruan	run						
												z	z	z																z							

续表

						z	z	z	z	z	z	a	e	o													z		z	u	z						
z	za		ze	zi		ai	ei	ao	ou	an	en	ng	ng	ng											zu		uo		ui	an	un						
c	ca		ce	ci		cai		cao	cou	can	cen	cang	ceng	cong											cu		cuo		cui	cuan	cun						
s	sa		se	si		sai		sao	sou	san	sen	sang	seng	song											su	s	uo	s	uui	ssan	un						
y															yi	ya	ye	yao	you	yan	yin	yang	ying	yong										yv	yve	yuan	yun
w																									wu	wa	wo	wai	wui	wan	wun	wang	weng				

项目八 普通话朗诵

【目标任务】

1. 理解副语言在口头表达中的重要意义。

2. 掌握朗诵的四种基本技巧。

3. 练习在朗诵、演讲中灵活自然地应用态势语。

让我们用纯正的普通话，并恰当运用朗诵的基本技巧，一起来朗诵这首《朗诵者之歌》吧！

朗诵者之歌（苗晓）

我想知道
为什么晨风吹醒大地
露珠就会睁亮晶莹的眼睛
为什么蓝天飘飞白云
山川就会荡起遥远的歌声
为什么海天遥隔的思念
在月光下就会格外温馨
谁能告诉我
为什么月光挥舞清纱
夜空就会点燃满天的星星
为什么太阳对着雨雾微笑
彩虹就会飘舞七彩的衣裙
为什么思绪飞向远方
往昔的回忆就变得年轻

让我来告诉你，朋友，
因为我们的声音
把文字的琴弦拨响
美妙的情感就叩击我们的心襟
因为我们的心灵
让艺术的灵魂在舞蹈
精神的家园就遍布绿树浓荫！
我们从泥土的芬芳中走来
领略金木水火土的风采！
我们从诸子百家的卷册中走来
把天地君亲师一一叩拜
我们从春秋战国的鼓点中走来
在文韬武略的传说中感怀！
我们从秦砖汉瓦的苔藓中走来
在帝王将相的风云际会中感慨！
我们从唐诗宋词的墨香中走来
让离愁别绪把江心的一轮秋月漂白
我们从元曲羌笛的音韵中走来
失伴的鸳鸯把六月哭成白雪皑皑！
我们从“五四”的白话文中走来
在兵荒马乱的流离中把岁月剪裁！
我们就这样一路走来
走进文学的殿堂，走进声音的精彩
在心灵与心灵的撞击中
我们自有我们的情怀！
踏上灵魂的净土，踏上艺术的舞台
在情感与情感的对话中
我们自有我们的气概！
我们朗诵高山
缭绕的云雾就飞向远方
我们朗诵云雾
幽深的峡谷就豁然开朗
我们朗诵太阳
嫩绿的禾苗就焕发荣光
我们朗诵禾苗

收获的季节就走进辉煌
我们朗诵蓝天
清脆的鸽哨就凌空鸣响
我们朗诵鸽哨
和平的福音就传向四方
我们朗诵田野
深厚的土地就爆发力量
我们朗诵土地
旺盛的生命就蓬勃成长

我们就这样朗诵着
走过昨天，走到今天
在诗韵美文的字里行间放飞心情
在人生春秋的大道上荡气回肠
我们就这样朗诵着
走过岁月，走过风雨
在山重水复的旅途上一路歌唱
让心路历程洒满五彩的阳光

学习普通话的终极目标在于应用。朗读、朗诵、演讲等都是普通话应用的一种形式；都要以语言文字作品为依托，进行艺术的再创造，最终形成发音规范、富有感染力的口头语言作品。朗，即发声清晰、响亮。诵，即背诵。朗诵，就是停连恰当、抑扬顿挫、快慢有致，清晰、响亮地背诵文稿，声情并茂地表达文字作品的思想感情。朗诵者在深入分析理解作品内容的基础上，加深感受，产生真实的感情、鲜明的态度，然后通过富有感染力的语音，准确生动地再现文字作品的思想情感内蕴。

由于朗诵通常是面对面的双向信息交流与沟通，有着很强的互动性。相较于朗读，朗诵不仅要求发音规范地准确转述，而且要渲染出艺术的感染力。这往往需要辅之以恰当的非语言方式来实现。即信息的载体已不仅仅限于语言符号，还必须辅以适当的态势，甚至还要求服饰打扮、灯光、布景、音乐等媒介配合，形成激情四溢，绘声绘色的语言“秀”（表演）。这样，才能显得有感情、有韵致，给人以美的享受；才能成其为一种完美的艺术。

任务一　朗诵前的准备

朗诵作为一门艺术，其朗诵者在深入分析理解作品内容的基础上，加深感受，酝酿真实的感情、鲜明的态度，然后通过富有感染力的声音，创造性地还原作品语气，让文字符号变成活生生的口头话语，准确生动地再现作者的思想情感。这需要将文字的视觉形象转化为听觉的声音形象，由此加深听众对作品的理解，激发情感，引起共鸣，陶冶性情，从而达到朗诵目的。因此，前期准备工作主要有三个环节。

第一环节——感受作品。

感受作品，是指朗诵前仔细阅读领会作品的内心体验过程。即透过语言文字的符号感觉其代表的具体客观事物，包括它们的存在与相互关系；是在文字的视觉刺激下朗诵者对外界事物间接的感知、体会过程。在此阶段，朗诵者作为读者，其真切的感受往往通过联想和想象引起包括眼、耳、鼻、舌、身等多种感觉器官的感觉和时间、空间、运动方面的知觉与反应。它的作用在于通过自身的感受，充实、丰富文章内涵，将思维引向情感。例如，当读到“风里带来些新翻的泥土的气息，混着青草味儿，还有各种花的香，都在微微湿润的空气里酝酿”这样一些文字，朗诵者仿佛置身三月的郊外，“嫩嫩的，绿绿的。园子里，田野里，瞧去，一大片一大片满是的”，而且感觉阵阵香气袭人。

第二环节——理解作品。

朗诵者应该深入细致地分析和研究所朗诵的作品，深刻认知作品，从理性上把握作品的思想内容和精神实质。包括了解作者当时的思想状态及其所处时代背景；透过字里行间、行文层次，深刻领会作品的主题、理解关键语句的内在含义；同时结合不同文章体裁的特点，准确地掌握作品的情调与节奏，正确地再现其内在思想感情，把听众带到作者所描绘的境界中去。如果是朗诵节录的文段，还需要披阅原文，了解它的上下文脉，以免断章取义。当然，清除文字障碍，弄清楚文中生字、生词、成语典故、名言警句的含义，也是准确表情达意的需要。

第三环节——设计方案。

这个环节，就是在深刻理解作品的基础上，对整个作品的朗诵方法加以总体考虑，设计运用各种口头语音技巧（副语言），包括怎么安排停顿、重音、语调和语速来表现事物的景象特征或人物的情感变化。从而塑造出具体的语音形象，把原作的思想内蕴表达出来。具体可用一套符号来标示朗诵技巧方法，作好朗诵准备，以便在朗诵时准确地表达作品的情感语气变化。主要的朗诵符号有："·"表示重音（或韵脚）；"/"表示停顿；"↗"表示升调；"↘"表示降调；"⤴"表示曲折调；"～～"表示慢速；"⟶"表示快速等。

练习：

海　燕　　　　　　　［俄］高尔基

在/苍茫的/大海上，狂风/卷集着乌云↘。在乌云和大海之间↗，海燕/像黑色的闪电↗，在高傲地飞翔↘。

一会儿/翅膀碰着波浪，一会儿/箭一般地直冲向乌云↗，它叫喊着↘，

——就在这鸟儿勇敢的叫喊声里↗，乌云听出了欢乐↗。

在这/叫喊声里——充满着对暴风雨的渴望↘！在这叫喊声里↗，乌云/听出了愤怒的力量↗、热情的火焰和胜利的信心↗。

海鸥/在暴风雨来临之前呻吟着，——呻吟着↘，它们在大海上飞窜↗，想把自己对暴风雨的恐惧↗，掩藏到大海深处↘。

海鸭/也在呻吟着，——它们这些海鸭啊，享受不了生活的战斗的欢乐↗：轰隆隆的雷声/就把它们/吓坏了↘。

蠢笨的企鹅，胆怯地/把肥胖的身体/躲藏到悬崖底下↘……只有那高傲的海燕↗，勇敢地，自由自在的↗，在泛起白沫的大海上飞翔↗！

乌云/越来越暗↘，越来越低↘，向海面直压下来，而波浪/一边歌唱↗，一边冲向高空↗，去迎接那雷声↗。

雷声轰响。波浪/在愤怒的飞沫中呼叫，跟狂风争鸣↘。看吧↗，狂风紧紧抱起一层层巨浪，恶狠狠地把它们甩到悬崖上，把这些大块的翡翠摔成尘雾和碎末↗。

海燕/叫喊着，飞翔着，像黑色的闪电↗，箭一般地穿过乌云↗，翅膀/掠起波浪的飞沫。

看吧↗，它飞舞着，像个精灵↗，——高傲的、黑色的/暴风雨的精灵↗，——它在大笑↗，它又在号叫↗……它笑那些乌云，它因为欢乐而号叫↗！

这个敏感的精灵↗，——它从雷声的震怒里，早就听出了困乏↘，它深信，乌云遮不住太阳，——是的，遮不住的↗！

狂风吼叫……雷声轰响↗……

一堆堆乌云↘，像青色的火焰，在无底的大海上。大海抓住闪电的/箭光↗，把它们熄灭在自己的深渊里↘。这些闪电的影子，活像一条条火蛇↗，在大海里蜿蜒游动，一晃就消失了↘。

——暴风雨！暴风雨就要来啦↗！

这是勇敢的/海燕，在怒吼的大海上↗，在闪电中间，高傲的飞翔↗；这是/胜利的预言家在叫喊↗：

——让暴风雨/来得更猛烈些吧↘！

任务二　运用朗诵技巧

朗诵表达是理解、领悟作品的内容和形式，将朗诵材料内化为朗诵者自己的思维情绪，并借助适当的朗诵技巧，通过有声语言表达原作思想感情的艺术再现过程。朗诵的主要表达技巧有：停顿、重音、语调和语速。这些语音、语气、语调方面的变化与讲究，虽然没有形成明显的表意系统，不能等同于字、词、句；却直接影响着口头表达的实际含义，传递出蕴含在字里行间的丰富内涵，所以被称为“副语言”。

表达技巧之一：停顿。

停顿是指朗诵过程中语音的间歇。既可以满足人在朗诵时生理上呼吸的需要，又可以揭示句子结构上的层次关系。为了充分表达原文的思想感情，同时也给听者一个领略和思考、理解和接受的余地。因此，停顿分为生理停顿、语法停顿与强调停顿三种类型。

（1）生理停顿。生理停顿即朗诵者根据自身呼吸气息的需要，在不影响语义完整的地方作一个短暂的停歇，不妨碍语意表达，不割裂语法结构。例如：“伟人之所以伟大，就在于他绝不做逼人尊重的人所做出的那种/倒人胃口的蠢事。”

（2）语法停顿。语法停顿是反映语句中语法关系的。书面上用标点符号作为标志。标点符号不同，停顿的长短也不一样。依次为：句号 > 分号 > 冒号 > 逗号 > 顿号。至于省略号、破折号、感叹号、问号等，要根据其使用的地方和表情达意的需要来把握停顿时间的长短。标志文章结构的，停顿时间更长。依次为：段落 > 层次 > 句子。

（3）强调停顿：是指在朗诵过程中，为了表达某种感情，强调某一观点或概念，突出某一事物或现象，在书面上没有标点，生理上也不需要停顿的地方停顿；或者在书面上有标点的地方而作了较大的停顿。强调停顿主要是靠仔细揣摩作品，深刻体会其内在含义而安排的。如：“始终微笑的和蔼的刘和珍君/确是/死掉了。”

练习：

（1）“我们不怕死，我们有牺牲的精神！我们随时像李先生一样，前脚跨出大门，后脚/就不准备/再跨进大门！”（闻一多《最后一次讲演》）

（2）惨象，/已使我目不忍视了；流言，/尤使我耳不忍闻。我还有什么话可说呢？我懂得衰亡民族之所以默无声息的缘由了。沉默呵，沉默呵！不在沉默中/爆发，就在沉默中/灭亡。（鲁迅《记念刘和珍君》）

（3）这小燕子，便是我们故乡的那/一对，两对么？（郑振铎《海燕》）

（4）总之，我们要拿来。我们要/或使用，或存放，或毁灭。（鲁迅《拿来主义》）

（5）有的人活着/他已经死了；有的人死了/他还活着。（臧克家《有的人》）

（6）我与父亲不相见已二年余了，我最不能忘记的是他的/背影。（朱自清《背影》）

表达技巧之二：重音

为了准确地表达语意和思想感情，突出那些起重要作用的词或短语，而在朗诵中加以重读的方式，就叫重音。在由词和短语组成的句子中，组成句子的词和短语，在表达基本语意和思想感情的时候，并不是平等地排列在同一个层次上。有的词和短语在表达语意和情感上显得十分重要，而与之相比较，另外一些词和短语就处于一个较为次要的地位。朗诵中通过重读与否，表明句子、段落中的主次问题，可以使语言目的明确，重点突出。因此，同样一句话，如果重音确定不同，对整个句子的意思表达，可能会产生很大的影响。所以，重音分为语法重音和强调重音两种。

（1）语法重音。是指句子中不同的语法成分读音轻重不一。根据语法结构的特点和语言习惯，有的句子成分相对要读得重些。语法重音的位置比较固定，常见的一般是谓语部分；而当句子里成分较多时，往往优先重读定语、状语、补语等附加修饰成分。例如："山朗润起来了，水涨起来了，太阳的脸红起来了。""西方的天空，还燃烧着一片橘红色的晚霞。""树叶儿却绿得发亮，小草儿也青得逼你的眼。"

值得注意的是，语法重音的强度并不很大，只是同语句的其他部分相比较，读得相对重些。

（2）强调重音。指为了表示某种特殊的感情或强调某种特殊意义而将相应词语特别加以重读，目的在于引起听者对所强调部分的关注。而语句在什么地方该用强调重音并没有固定的规律，主要是受表达的环境、内容和感情支配的。同一句话，强调重音不同，表达的意思也有差异。例如：

① 我请你吃饭。（不是他人请）

② 我请你吃饭。（礼仪姿态）

③ 我请你吃饭。（不是请他人）

④ 我请你吃饭。（不是做别的）

朗诵时，要切身感受作品，正确理解作者意图，联系上下文，进行认真推敲；尤其要注意特定的语言环境关系，才能较快较准地找到强调重音之所在。

练习：

（1）竹叶烧了，还有竹枝；竹枝断了，还有竹鞭；竹鞭砍了，还有深埋在地下的竹根。（袁鹰《井冈翠竹》）

（2）天空变成了浅蓝色，很浅很浅的；转眼间天边出现了一道红霞，慢慢儿扩大了它的范围，加强了它的光亮。我知道太阳要从那天际升起来了，便目不转睛地望着那里。（巴金《海上日出》）

（3）月光如流水一般，静静的泻在这一片叶子和花上。（朱自清《荷塘月色》）

（4）其实地上本没有路，走的人多了，也便成了路。（鲁迅《〈呐喊〉自序》）

（5）好个"友邦人士"！日本帝国主义的兵队强占了辽吉，炮轰机关，他们不惊诧；阻断铁路，追炸客车，捕禁官吏，枪毙人质，他们不惊诧。中国国民党治下的连年内战，空前水灾，卖儿救穷，砍头示众，秘密杀戮，电刑逼供，他们也不惊诧。在学生的请愿中有纷

扰，他们就惊诧了！（鲁迅《“友邦惊诧”论》）

表达技巧之三：语调。

为适应思想感情表达的需要，朗诵的音调要有高低升降的变化，这种变化就形成了语调。语调是有声语言所特有的，它是句子的语音标志，任何句子都带有一定的语调。借助语调，有声语言可以有很强的表现力。同样一个“我”字，采用不同的语调可以回答不同的问题：①谁是班长？——我。（→语调平稳）②你的电话！——我？（↗尾音上扬）③谁负得了这个责任？——我！（↘降得快而低）④你来当班长！——我?！（⤴语调曲折）可见，朗诵中的语调是细致而复杂的，带有一定的夸张性、表演性，可以表达丰富的情感。

语调贯穿于整个句子，但是在句末音节上表现得特别明显。语调根据表示的语气和感情态度的不同，可分为四种：平直调、低降调、高升调、曲折调。

（1）平直调（→）：语调平稳，没有明显的升降变化。一般的叙述、说明，以及表示迟疑、深思、冷淡、悼念、追忆等思想感情的句子，用这种语调（一般可不标示）。

（2）高升调（↗）：语调先低后高，呈上升态势。常用于表示疑问、反诘、诧异或呼唤、号召的句子。

（3）低降调（↘）：语调呈下降趋势，由高逐渐降低，末了的字低而短。这种语调常用来表示肯定、祝愿、祈使、允许和感叹的语气。

（4）曲折调（⤴）：语调曲折变化，先升后降或先降后升；对句子中某些音节，特别地加重、升高或延长，形成一种升降曲折的调子。这种语调常用来表示夸张、强调或反语等较为特殊的语气。

练习：

（1）盼望着，盼望着，东风来了↗，春天的脚步近了↘。

一切都像刚睡醒的样子，欣欣然张开了眼。山朗润起来了，水长起来了，太阳的脸红起来了↗。（朱自清《春》）

（2）这时，华盛顿已经疾步跑到跟前，用他强劲的臂膀，顶住石块↘。这一援助很及时，石块终于放到了位置上。士兵们转过身，拥抱华盛顿，表示感谢。“你为什么光喊加油而把手插在衣袋里呢↗?”华盛顿问那下士。“你问我↗？难道你看不出我是这里的下士吗↗?”“哦，这倒是↘!”华盛顿说着，解开大衣纽扣，向这位鼻孔朝天，背着双手的下士露出他的军装。“按衣服看，我就是上将。不过，下次再抬重东西时，你就叫上我↘!”可以想象，那位下士看到站在自己面前的是华盛顿本人，是多么羞愧↘。但至此他也才真正懂得：伟人之所以伟大，就在于他绝不做逼人尊重的人所做出的那种倒人胃口的蠢事↘。（刘云喜译《上将与下士》）

表达技巧之四：语速

语速是指朗诵时在一定的时间里，表述词语的数量。朗诵文章，不能始终采用一成不变的速度。因为世间一切事物的运动状态和一切人在不同情境下的思想感情总是千差万别的。所以朗诵者要借助朗诵速度的快慢变化来表现作品中的感情起伏和事物的发展衍变。这是取得朗诵成功的重要一环，它分为快速（____）、慢速（～～～）、中速（不标示）三种。一般说来，热烈、欢快、兴奋、紧张的内容速度快一些；平静、庄重、悲伤、沉重、追忆的内容速度慢一些；通常的描述、说明和议论则用中速。

朗诵作品时，要正确地表现各种不同的生活现象和人们各不相同的思想感情，就必须采用不同的朗诵速度来与之相适应。例如：

“在一个深夜里，我站在客栈的院子中，周围是堆着破烂的什物；人们都睡觉了，连我的女人和孩子。我沉重地感到我失去了很好的朋友，中国失掉了很好的青年，我在悲愤中沉静下去了，然而积习却从沉静中抬起头来，凑成了这样的几句：

惯于长夜过春时，挈妇将雏鬓有丝。梦里依稀慈母泪，城头变幻大王旗。忍看朋辈成新鬼，怒向刀丛觅小诗。吟罢低眉无写处，月光如水照缁衣。”

（鲁迅《为了忘却的记念》）

练习：

（1）其间有一个十一二岁的少年，项带银圈，手捏一柄钢叉，向一匹猹尽力地刺去，那猹却将身一扭，反从他的胯下逃走了。

月亮底下，你听，啦啦的响了，猹在咬瓜了。你便捏了胡叉，轻轻地走去。

（鲁迅《故乡》）

（2）我不由得停住了脚步。

从未见过开得这样盛的藤萝，只见一片辉煌的淡紫色，像一条瀑布，从空中垂下，不见其发端，也不见其终极。只是深深浅浅的紫，仿佛在流动，在欢笑，在不停地生长。紫色的大条幅上，泛着点点银光，就像（溅落、迸溅、溅起）的水花。仔细看时，才知那是每一朵紫花中的最浅淡的部分，在和阳光互相挑逗。

这里除了光彩，还有淡淡的芳香，香气似乎也是浅紫色的，梦幻一般轻轻地笼罩着我。忽然记起十多年前家门外也曾有过一大株紫藤萝，它依傍一株枯槐爬得很高，但花朵从来都稀落，东一穗西一串伶仃地挂在树梢，好像在察言观色，试探什么。后来索性连那稀零的花串也没有了。园中别的紫藤花架也都拆掉，改种了果树。那时的说法是，花和生活腐化有什么必然关系。我曾遗憾地想：这里再看不见藤萝花了。

过了这么多年，藤萝又开花了，而且开得这样盛、这样密，紫色的瀑布遮住了粗壮的盘虬卧龙般的枝干，不断地流着，流着，流向人的心底。

花和人都会遇到各种各样的不幸，但是生命的长河是无止境的。我抚摸了一下那小小的紫色的花舱，那里满装生命的酒酿，它张满了帆，在这闪光的花的河流上航行，它是万花中的一朵，也正是由每一个一朵，组成了万花灿烂的流动的瀑布。

在这浅紫色的光辉和浅紫色的芳香中，我不觉加快了脚步。

（节选自宗璞《紫藤萝瀑布》）

任务三 朗诵各类文体

朗诵注重表现情感的流畅抒发，它要求不看作品，脱稿成诵。因为面对听众，除运用语音外，还要借助眼神、表情、手势等体态语帮助表达作品感情，以引起现场听众共鸣。因而朗诵的言态表达是基于有声形象、富有情感而善于变化的表达，是表达情感的文艺形式。所以，朗诵在选材上适宜于抒情性文学作品，尤其是言辞精美、脍炙人口的文学精品。一般为诗歌、小说、寓言、童话、杂文、戏剧台词等。不同的文体，朗诵时的分别主要在于节奏与语调的变化。而小说、寓言、童话、戏剧台词等往往还带有角色表演成分。因此，我们重点讲解诗歌与散文这两种抒情性文学体裁的朗诵方法。

（一）诗歌朗诵

诗歌，是最适合朗诵的作品。因为诗歌节律规整，朗朗上口，本身就具备很强的音乐性。诗歌的感情虽然比其他文体来得强烈，但仍然是发自内心的真情流露。要朗诵好一首诗，首先要认真阅读、领会作者的感情；然后，区分为格律诗与自由诗两大类，突出其节奏韵律的变化，来表现作者的情感，以期引起听众共鸣。

1. 格律诗

格律诗在音节的声调上讲究平仄，使字音在高、低、长、短方面交错出现，于统一之中显示出乐感的变化。同时还根据诗律词谱有规律地安排了韵脚，使诗歌具有一种整齐、回环的韵律美。例如毛泽东的《沁园春·雪》：

北国/风光，千里/冰封，万里/雪飘。望/长城内外，惟余/莽莽；大河/上下，顿失/滔滔。山舞/银蛇，原驰/腊象，欲与/天公/试比高。须/晴日，看/红装素裹，分外/妖娆。

作品的主题是赞扬祖国的壮丽河山，歌颂历史的真正主人。因而景象廓大，气势恢宏。充分体验这种感觉来吟诵，就可以表现出景象的大气和情感的澎湃。要把韵脚读准，并注意把握好由特定格律形成的节拍，充分运用轻重缓急、停顿连接等语音技巧。当然，每个人的理解不同，具体的处理方式和朗诵方法也可以体现出不同的个性。

2. 自由诗

自由诗因节拍与用韵的自由而得名。朗诵时，要注意节奏鲜明，一般以二或三个音节为一拍；并根据作品思想情感的发展来处理节奏和语速。热情欢快的要朗诵得轻快些，悲壮忧伤的速度要缓滞些，读音沉稳些。朗诵中通过控制语流的快慢徐疾，在回环往复中渲染诗歌的基调。例如郭小川《团泊洼的秋天》：

请/听听吧，这是战士/一句句从心中/掏出的话。
团泊洼，团泊洼，你真是那样/静静的吗？
是的，团泊洼/是静静的，但那里/时刻都会/轰轰爆炸！
不，团泊洼/是喧腾的，这首诗篇里/就充满着/嘈杂。
不管怎样，且把这/矛盾重重的诗篇/埋在坎下，
它/也许不合你/秋天的季节，但到明春/准会/生根发芽。

（二）散文朗诵

散文，在这里特指以抒发作者个人感受为主的文章。不论叙事、写人还是写景，我们在朗诵时都将突出其“抒情性”。因为散文总是从作者主观角度来观察世界万物，从而有所感悟，有感而发。即使这些散文中穿插着一些人和事，但也正是这些人和事给了作者启示，由此而产生了感慨。这些都是需要在朗诵中加以渲染的，这样才能让听众受到真情的感染，得到美的熏陶。散文虽然不像诗歌那样有规整的节奏和严格的韵律，但很多也讲究节奏和韵律美，表现优雅的意境，因而被人们称之为“美文”。《我的空中楼阁》就有这样的语言：“山下的灯把黑暗照亮了，山上的灯把黑暗照淡了，淡如烟，淡如雾，山也虚无，树也缥缈。”句式整齐，节奏明快，让人听出诗的韵味。进而还有些散文径直被称为“散文诗”。例如冰心的《笑》：

——一条/很长的/古道。驴脚下的/泥，兀自/滑滑的。田沟里的/水，潺潺的/流着。近

村的/绿树，都笼在/湿烟里，弓儿似的/新月，挂在/树梢。

练习：

（1）犬吠/水声/中，桃花/带露/浓。树深/时见/鹿，溪午/不闻/钟。野竹/分青霭，飞泉/挂碧峰。无人/知所去，愁倚/两三松。（［唐］李白《访戴天山道士不遇》）

（2）水光/潋滟/晴/方好，山色/空濛/雨/亦奇。欲把/西湖/比/西子，淡妆/浓抹/总/相宜。（［宋］苏轼《饮湖上初晴后雨》）

（3）我为/少男少女们/歌唱，我/歌唱/早晨，我/歌唱/希望，我/歌唱那些/属于未来的/事物，我/歌唱/正在生长的/力量。（何其芳《我为少男少女们歌唱》）

（4）语调练习。

为人进出的门紧锁着，（→）

为狗爬出的洞敞开着（→）

一个声音高叫着：（↗）

——爬出来吧，给你自由！（↗）

我渴望自由，（→）

但我深深地知道——（→）

人的身躯怎能从狗洞子里爬出！（↗）

我希望有一天（→）

地下的烈火，（↗）

将我连这活棺材一齐烧掉（↘）

我应该在烈火与热血中得到永生！（↘）（叶挺《囚歌》）

（5）先标上朗诵符号，再朗诵。

我们家的后园有半亩空地。母亲说：“让它荒着怪可惜的，你们那么爱吃花生，就开辟出来种花生吧。”我们姐弟几个都很高兴，买种、翻地、播种、浇水，没过几个月，居然收获了。

母亲说：“今晚我们过一个收获节，请你们的父亲也来尝尝我们的新花生，好不好?”母亲把花生做成了好几样食品，还吩咐就在后园的茅亭里过这个节。

那晚上天色不大好。可父亲也来了，实在很难得。

父亲说：“你们爱吃花生吗?”

我们争着答应：“爱!”

“谁能把花生的好处说出来?”

姐姐说：“花生的味儿美。”

哥哥说：“花生可以榨油。”

我说：“花生的价钱便宜，谁都可以买来吃，都喜欢吃。这就是它的好处。”

父亲说：“花生的好处很多，有一样最可贵：它的果实埋在地里，不像桃子、石榴、苹果那样，把鲜红嫩绿的果实高高地挂在枝头上，使人一见就生爱慕之心。你们看它矮矮地长在地上，等到成熟了，也不能立刻分辨出来它有没有果实，必须挖起来才知道。”

我们都说是，母亲也点点头。

父亲接下去说：“所以你们要像花生，它虽然不好看，可是很有用。”

我说："那么，人要做有用的人，不要做只讲体面，而对人没有好处的人了。"

父亲说："对。这是我对你们的希望。"

我们谈到深夜才散。花生做的食品都吃完了，父亲的话深深地印在我的心上。

（许地山《落花生》）

任务四　运用态势语

所谓态势语，是指人们在交际过程中，用来传递信息、表达情感的非言语的特定的动作姿势。这种特定的动作姿势既可以辅助、修饰或者否定言语行为；又可以部分地代替言语行为，发挥独立的表达功能；还能传递许多难以言表的情感或态度。古人很早以前就发现了这种情形。《毛诗序》里讲："情动于中而形于言，言之不足，故嗟叹之，嗟叹之不足故咏歌之，咏歌之不足，不知手之舞之，足之蹈之也。"美国现代心理学家艾伯特·梅瑞宾在进行了一系列的实验研究之后于1968年提出一个公式：交流的总效果=7%的言语+35%的音调+55%的面部表情。而朗诵在通过清晰、响亮的声音背诵文章，传达特定思想情感的同时，还可借助眼神、表情、手势等体态语作辅助表达。这在演讲、朗诵和说话等语言沟通中发挥着十分重要的作用。因此，凡是通过手势、身姿、眼光和面部表情来进行信息传递、思想沟通、感情交流的活动方式，统称为态势语或体态语。态势语表达系统是由许多子系统组成的，如体态表达系统、手势表达系统、面部表达系统、眼神表达系统等。

一、身姿

所谓得体的姿态，并不都是个个要像仪仗队队员那样站得笔直、昂首阔步，而要根据各自所处的交际环境而定。总的原则应当是：振作端庄、稳沉有力，给人以昂扬向上的感觉，犹如挺拔的劲松。这样，交流双方才会产生愉悦与信赖的情绪，积极地沟通。在交际中，因为性别不同，其风度姿态各有千秋：

姿势
- 立：男"站如松"；女"亭亭玉立"。
- 坐：男"坐如钟"；女"文静端庄"。
- 走：男"行如风"；女"轻盈婀娜"。

（1）立态。立态就是站立时的姿态。古人强调"站如松"，现代礼仪讲究"站有站像"，指的就是人在交际活动中，凡站立之时，应当有一个得体的态势。这在面对较多公众的场合，尤其如此。在舞台上，发言人一般以站在前台中间为合适，这样可以通观全场，最大限度的注意到听众的神情。至于具体站立姿势，可取"丁"字步，两脚一前一后，两脚之间呈九十度垂直的"丁"字形，脚跟相距不超过一只脚的长度，身体微微前倾，给人一种精神振奋、积极向上的感觉；或取自然式，即两脚自然分开成"八"字形，两脚距离与肩同宽，给人一种亲切、自然、随和的印象。总之，要做到神态自然而不僵硬：挺胸收腹，不低头弯腰，也不过于挺直；双手自然下垂，不插在衣兜或裤兜里，更不做摸头、擦脸、抖腿等小动作。

（2）坐态。指人在交际活动中，凡坐着时，应当有一个得体的姿态。古人强调"坐如钟"，现代礼仪讲究"坐有坐相"。得体的坐态由交际的环境来确定：在严肃、庄重的场合，在自己处于众人瞩目的位置，或在自己所敬仰、尊重的对象面前，坐态要端正沉稳：眼平视、腰伸直、脚并拢或稍分开（女性可脚踝交叉），即所谓“正襟危坐”。如果是坐姿发言，一般有讲台可以遮住腿和脚，因此主要保持上身姿态的端正、优雅。

(3) 行态。行态就是行走时的姿态。在公众注视的情形下，特别要注意自己的行态：上身要求与站姿相同，头要直、胸要挺；行走时两臂自然前后摆动，脚下迈步稳健。这样给人的感觉是自信、稳沉、庄重，令人油然而生信赖尊重之情。登台时做到自然大方，精神饱满，面带微笑，彬彬有礼；稳健的走到台前，面对听众站好，不急于讲话。可先略停两三秒，以亲切的目光环视全场，以示招呼之意并起组织和安定听众情绪的作用。也可暗吸一口气，平静一下心情，并向听众敬礼，然后再开始表达。表达完毕之后，略作停顿，然后致谢、道别，从容迈步走下讲台。切不可如释重负，匆匆跑下；也不要大摇大摆，扬长而去。

练习：模拟从座位上站起来，走到讲台上发言，再回到座位上坐好。

二、手势

作为态势语，手势是指用来表达思想感情和传递信息的指、掌、臂的动作与造型。手势的含义十分丰富，在态势语中占有重要位置。以手的指、掌、拳、腕、臂的不同造型，配合伸、抓、握、摇、摆、挥、摊、按、推、劈、举等动作节拍所形成的手势，可以描摹复杂的事物状貌、传递丰富的内部心声或表达特定的象征意义。对于手势的基本含义，我们在邵守义观点（《实用演讲学》181 页）的基础上做了一些调整和补充。

指示性手势：是用以具体指明表述中论及的人或事物及其所在位置的手势。这种手势有实指和虚指之分。“实指”用以指明现场的人或事物为实指。比如，当说到“你”“我”“他”，或者“这边”“那边”“上头”“下头”等等，都可以用手指一下，给听众以实感。这种手势语，只能指示听众视觉可及范围内的事物和方向。视觉不及的，就属于“虚指”手势语，即以象征性动作指代场外的人或事物。

描述性手势：用来模形状物的手势。这是以手运动的轨迹来勾勒人或事物的外形轮廓，从而给听众具体印象的手势。其表现在于神似，而不苛求形似，往往只具有示意性。

会意性手势：主要通过手势的动作趋向来示意说话人的思想、情感。虽然看起来比较抽象，但用得准确、恰当，就能引起听众心理上的联想，启发思维。比如，手指逐一屈伸，可表示数目、次序；用食指或中指加食指指点，表示特指某人、某事物，也可表示斥责之意等。

象征性手势：这是一种用于表示抽象意念的手势。例如，举拳过头，前后摇摆，表示坚定的信心；拳头向上方有力挥出、收回，再伸出，可以表示义愤、仇恨、抗议；右臂在体侧曲肘举起，紧握拳头，即宣誓动作，表示决心坚定。由于象征性手势的形成源自社会的约定俗成，因而相同的手势在不同的国度或民族区域往往代表不同的意义。如中国人表示赞赏之意，常常翘直大拇指，其余四指蜷曲；跷起小拇指则表示蔑视。日本人则用大拇指表示“老爷子”，用小拇指表示“情人”。在英国，跷起大拇指是拦路要求搭车的意思。在英美等国家，以“V”字形手势表示“胜利”“成功”；在亚非国家，“V”字形手势一般表示两件事或两样东西。

结合手势的会意性，对于手势活动的方式，邵守义提出分为三个表意区域和四种方法。

上区。肩部以上。手臂在肩部以上活动，多表示理想、愿望、憧憬的内容，或喜悦、幸福、激昂的情感等。

中区。肩部至腹部。在中间区域运用手势，通常表现为坦诚、平静、和气等中性意义；往往是在平静的心态下叙述经过、描述事物或说明事理。

下区。腰部以下。这一范围的手势比较少，一般表达负面的内容和情感。如厌恶、轻视或指责等。

同样的道理，手掌运行的不同趋向，又可以表示以下几类思绪：

第一，手心向上，胳膊微曲，手掌稍向前伸。这种手势，主要表示贡献、请求、承认、赞美、许诺、欢迎。

第二，手心向下，胳膊微曲，手掌稍向前伸。这种手势，主要表示神秘、压抑、否认、反对、制止、不愿意、不喜欢的意思。

第三，两手由合而分开。这种手势，多表示空虚、失望、分散、消极的意思。

第四，两手由分而合、这种手势主要表示团结、亲密、联合、全面、接洽、积极的意思……

另外，手掌挺直，用力劈下，可以加强语气的力量；用手掌在从胸前向外推出，可表示拒绝或不赞成；手臂微曲，手掌向下压，可表示制止、否定；手掌向前上方冲击，可表示勇往直前、冲锋、进攻等。

练习：演练常用手势的四种表意类型、三个区域含义和四类运行趋势。

三、表情

表情是指通过脸的颜色、光泽以及面部肌肉的收展、纹路来表露思想感情。因为脸色、面部肌肉姿态配合眼、眉和口唇等的变化往往是人的心理状态的显现，生动地反映着人们复杂的内心世界。高兴、悲哀、痛苦、畏惧、愤怒、失望、忧虑、烦恼、报复、疑惑等概莫能外。所以，有人说脸面是“心灵的镜子”。表述者一方面要准确、贴切地运用自己的面部表情，表达自己的意图；另一方面要善于“察颜观色”，通过对方的面部语言，来把握其心理状态与情绪反馈。

脸色，就是脸上的表情。常言道：“出门看天色，进门看脸色。”人与人相见，有的春风满面、笑脸相迎；也有的面若冰霜、愁眉苦脸；还有时面红耳赤、面色铁青等等，都真切地反映出交际中的人情世故。

笑容，是最平常的一种表情，却也是传递信息时因表情达意丰富、含蓄而难以把握的一种态势语。笑有很多种，有大笑、微笑、暗笑、惨笑、嗤笑、干笑、憨笑、媚笑、灿笑、奸笑、苦笑、狂笑、冷笑、狞笑、窃笑、傻笑、讪笑……其中，微笑是最有吸引力和实用性的。既微妙而又永恒，不管它的内涵多么丰富，诸如友好、甜蜜、愉快、欢快、乐意、欣赏、拒绝、否定、尴尬、无可奈何等等，但它给予人们的信息却往往都是愉悦的，耐人回味。因为笑属于柔术，可以柔中寓刚，进而以柔克刚。人们对强硬的态度会本能地产生对抗情绪，而对柔顺、温和的态度则往往容易接受。从心理学的观点看，笑是沟通人的情感的媒介。所以在交际中，微笑几乎成了调合剂，成了致胜的法宝。在当今激烈的市场经济的竞争中，各行各业都大力倡导“微笑服务”，所看中的，就是微笑所蕴含的交际魅力。因而当我们交谈、朗诵时，微笑地专心听取对方的言语或者表达自己的情感，就能使双方情绪自然、感觉和谐，进而畅所欲言，达成相互信任、相互理解。

表情的构成，除了脸色之外，还有眉毛、鼻子、嘴巴，乃至须发等的协调动态。例如，眉毛的活动能表达丰富的情感：舒展眉毛，表示愉快；紧锁眉头，表示遇到麻烦或表示反对；眉梢上扬，表示疑惑、询问；眉尖上耸，表示惊讶；竖起眉毛，表示生气。嘴巴也可以表达生动多变的感情：紧闭双唇，嘴角微微后缩，表示严肃或专心致志；嘴巴张开成O形，表示惊讶；嘟着嘴，表示不高兴；撇撇嘴，表示轻蔑或讨厌；咂咂嘴，表示赞叹或惋惜。所以，“扬眉吐气”“眉飞色舞”“目瞪口呆”等等，都是人们情感的自然显现。

练习：对着镜子做“表情操”。

四、目光

目光是人类通过眼睛来反映心理、表达情感最神奇的态势语。达·芬奇就有一句至理名言：“眼睛是心灵的窗户。”芬兰的心理学家还作过这样的实验：把表现演员不同情绪的目光照片，裁成只保留眼神部分的细条，然后让人分辨他们所表现的情感，结果正确率很高。这些都说明，通过眼睛目光的变化，能够表达人们复杂多变的思想感情，人们都能解读目光语言；眼睛是人类心灵的窗户，是“会说话的眼睛”，所以又称为“眼神”。

心理学家的统计表明，人的视线活动概括了70%的态势语言表达领域。其瞳孔的大小、亮度，视角的俯仰，注视的时间，视线的长短，以及眼神变化的快慢等，都意味着目光的不同内涵。所以有瞪、瞥、瞅、瞧之说；有俯视、仰视、正视、斜视之别；有扫视、注视、环视的不同；有傲视、逼视、鄙视、仇视、蔑视、窥视之异；有冷眼、白眼、红眼、青睐、凝视的真切感受……

在社交场合或登台朗诵演说时，借助目光控场的主要方法注意以下三点：

(1) 环视。开讲前或演讲过程中，演讲者有意识的将视线在现场前后左右来回巡视。一则可以使所有现场观众都集中注意于发言人，起到掌控全场的作用；二是随时观察整个场面的情态，感受听众心理反映、检验表达效果；三可根据观察的感觉调整说话的内容、语调和节奏，从而适当控制现场气氛。

(2) 注视。演讲者将目光有目的、有针对性地集中到现场的某一点或某一部分。运用这种方法，可以有意识地与听众进行直接交流，达到调控现场气氛的目的。

(3) 虚视。就是似视而非视，睁大眼睛面向全场听众，使听众感到发言者好像正在与其“视线交流”；但演讲者的目光焦点（焦距）却停留在自己眼前空中，实际上并没有落在具体的人或物上。运用虚视法，可以调整发言人的心理状态，缓减紧张情绪或在忘词时冷静回忆。

上述目光的运用方法，要根据发言的内容、形式和环境等具体情况，结合起来灵活使用。这样便能做到眼神自然，动作流畅，顾及全场；给人留下二目生辉、炯炯有神的良好印象。

练习：搜集演艺明星面部特写图片，在镜子前分类模拟训练眼神。

项 目 小 结

朗诵是依托文本，结合自己的审美体验进行二次创作。允许朗诵者在忠实于原著书面文字的基础上进行有声艺术加工，用丰富多彩的语音副语言手段甚至其他艺术工具（音乐、灯光等），创造优美动人的形象或意境。所以，朗诵时力求做到“眼前有景，心中有情”。

同时，除了有声语言，态势语也是极富表现力的沟通手段。其中眼神、表情、手势、姿态，虽然作用各异，但在辅助口头表达时却不能各自为政，而应该和谐统一，综合运用；并且要和有声语言有机配合，争取恰到好处。另外，有的态势语是在表达前设计好的，也有的是在表达过程中情不自禁即兴发挥的，是表达者内在情感的自然流露。我们平时要注意观摩，坚持训练，大胆实践，熟练掌握各种动作技巧，不断提高语言的综合表达水平。

项目综合练习

一、先设计好语音技巧和态势语，再登台朗诵诗歌。

1. 《念奴娇·赤壁怀古》（苏轼）

大江东去，浪淘尽。千古风流人物。故垒西边，人道是，三国周郎赤壁。乱石崩云，惊涛拍岸，卷起千堆雪。江山如画，一时多少豪杰！

遥想公瑾当年，小乔初嫁了，雄姿英发，羽扇纶巾，谈笑间，樯橹灰飞烟灭。故国神游，多情应笑我，早生华发。人间如梦，一樽还酹江月。

2. 《雨巷》（戴望舒）

撑着油纸伞，独自
彷徨在悠长、悠长
又寂寥的雨巷，
我希望逢着
一个丁香一样的
结着愁怨的姑娘。
她是有
丁香一样的颜色，
丁香一样的芬芳，
丁香一样的忧愁，
在雨中哀怨，
哀怨又彷徨；
她彷徨在这寂寥的雨巷，
撑着油纸伞
像我一样，

像我一样地
默默彳亍着
冷漠、凄清，又惆怅。
她默默地走近，
走近，又投出
太息一般的眼光
她飘过
像梦一般地，
像梦一般地凄婉迷茫。
像梦中飘过
一枝丁香地，
我身旁飘过这个女郎；
她默默地远了，远了，
到了颓圮的篱墙，
走尽这雨巷。
在雨的哀曲里，
消了她的颜色，
散了她的芬芳，
消散了，甚至她的
太息般的眼光
丁香般的惆怅。
撑着油纸伞，独自
彷徨在悠长、悠长
又寂寥的雨巷，
我希望飘过
一个丁香一样地
结着愁怨的姑娘。

3. 《青春中国》　（打油郎）
用茫茫的夜色作墨
用疮痍的土地作纸
在鸦片战争的硝烟之后
是谁？
写下的两个字——中国
让人读得昏暗读得疲惫
更让人读得心痛读得悲愤
那萎缩在清末史书里的
消瘦的中国呵
那跪倒在《南京条约》里的

软弱的中国呵

那一天，无数的青年
走上了街头
面对淋漓的鲜血
面对惨淡的人生
他们的呐喊如同一阵阵惊雷
激荡着这昏睡的土地
他们就像一束束火焰
在曲折的道路中蔓延
盛开成五月绚丽的花朵

此后，他们加入到共产党人的行列中
他们义无返顾地选择了
用铁锤砸碎黑暗
用镰刀收割光明
他们走过漫道
他们越过雄关
他们驰骋疆场
他们英勇杀敌
他们要以枪杆做笔
写下一个崭新的中国
他们要以热血为色
描绘一个青春的中国

许多年后的今天
当我的目光穿越历史的峰峦
我依然可以感受到他们的呼吸
我又看见了
一群又一群的青年
那挂满汗水的面孔
我又听见了
他们嘹亮的歌声
在荒芜的土地上回荡
他们用无怨无悔的青春
在悠悠岁月中
写着一首爱的诗篇

是的，岁月悠悠、人生漫漫
那是一首激情澎湃的诗篇
那是一片开满鲜花的风景

那是一曲气势磅礴的交响
那是一座凌云壮志的丰碑

哦，中国
我要为你写一首诗
用太阳金色的语言
用心海浩瀚的蔚蓝
哦，中国
我要为你画一幅画
用春天百花的色彩
用五星红旗的光芒

今天，一个大写的中国
让人读得光明、读得酣畅
今天，一个腾飞的中国
更让人读得生动、读得自豪
这就是在世界的东方喷薄而出的
希望的中国
这就是在中国共产党领导下的
辉煌的中国
这就是我们的
青春中国

4. 《我爱这土地》（艾青）

假如我是一只鸟，
我也应该用嘶哑的喉咙歌唱：
这被暴风雨所打击着的土地，
这永远汹涌着我们的悲愤的河流，
这无止息地吹刮着的激怒的风，
和那来自林间的无比温柔的黎明……
——然后我死了，
连羽毛也腐烂在土地里面。
为什么我的眼里常含泪水？
因为我对这土地爱得深沉……

5. 《致橡树》（舒婷）

我如果爱你——
绝不像攀援的凌霄花，
借你的高枝炫耀自己：
我如果爱你——
绝不学痴情的鸟儿，
为绿荫重复单调的歌曲；

也不止像泉源，
常年送来清凉的慰籍；
也不止像险峰，增加你的高度，衬托你的威仪。
甚至日光。
甚至春雨。
不，这些都还不够！
我必须是你近旁的一株木棉，
做为树的形象和你站在一起。
根，紧握在地下，
叶，相触在云里。
每一阵风过，
我们都互相致意，
但没有人
听懂我们的言语。
你有你的铜枝铁干，
像刀，像剑，
也像戟，
我有我的红硕花朵，
像沉重的叹息，
又像英勇的火炬，
我们分担寒潮、风雷、霹雳；
我们共享雾霭、流岚、虹霓，
仿佛永远分离，
却又终身相依，
这才是伟大的爱情，
坚贞就在这里：
爱，不仅爱你伟岸的身躯，
也爱你坚持的位置，足下的土地。

6. 乡愁　（余光中）

小时侯
乡愁是一枚小小的邮票
我在这头
母亲在那头

长大后
乡愁是一张窄窄的船票
我在这头
新娘在那头

后来啊

乡愁是一方矮矮的坟墓
我在外头
母亲在里头

而现在
乡愁是一湾浅浅的海峡
我在这头
大陆在那头

二、散文朗诵

1. 站在历史的枝头微笑　（美）本杰明·拉什

人活着，最要紧的是寻觅到那片代表着生命绿色和人类希望的丛林，然后选一高高的枝头站在那里观览人生，消化痛苦，孕育歌声，愉悦世界！

这可真是一种潇洒的人生态度，这可真是一种心境爽朗的情感风貌。

站在历史的枝头微笑，可以减免许多烦恼。在那里，你可以从众生相所包含的甜酸苦辣、百味人生中寻找你自己，你境遇中的那点苦痛，也许相比之下，再也难以占据一席之地，你会较容易地获得从不悦中解脱灵魂的力量，使之不致变得灰色。

人站得高些，不但能有幸早些领略到希望的曙光，还能有幸发现生命的立体的诗篇。每一个人的人生，都是这诗篇中的一个词、一个句子或者一个标点。你可能没有成为一个美丽的词，一个引人注目的句子，一个惊叹号，但你依然是这生命的立体诗篇中的一个音节、一个停顿、一个必不可少的组成部分。这足以使你放弃前嫌，萌生为人类孕育新的歌声的兴致，为世界带来更多的诗意。

最可怕的人生见解，是把多维的生存图景看成平面。因为那平面上刻下的大多是凝固了的历史——过去的遗迹；但活着的人们，活得却是充满着新生智慧的，由//不断逝去的“现在”组成的未来。人生不能像某些鱼类躺着游，人生也不能像某些兽类爬着走，而应该站着向前行，这才是人类应有的生存姿态。

2. 人生真味（柯灵）

有这样一个故事。

有人问：世界上什麽东西的气力最大？回答纷纭得很，有的说象，有的说狮子，有人开玩笑似的说，是金刚。金刚有多少气力，当然大家全不知道。

结果，这一切答案完全不对，世界上气力最大的是植物的种子。一粒种子可以显现出来的力，简直是超越一切的。

人的头盖骨结合得非常致密、坚固，生物学家和解剖学家用尽了一切的方法，要把它完整地分开来，都没有成功。后来忽然有人发明了一个方法，就是把一些植物的种子放在要剖析的头盖骨里，给与温度和湿度，使种子发芽。一发芽，这些种子便以可怕的力量，将一切机械力所不能分开的骨骼，完整地分开了。植物种子力量之大如此。

这，也许特殊了一点，常人不容易理解。那么，你见过被压在瓦砾和石块下面的一棵小草的生长吗？它为着向往阳光，为着达成它的生之意志，不管上面的石块如何重，石块与石块之间如何狭，它总要曲曲折折地，但是顽强不屈地透到地面上来。它的根往土里钻，它的芽往地面挺，这是一种不可抗拒的力，阻止它的石块，结果也被它掀翻。一粒种子力量之大，如此如此。

没有一个人将小草叫作“大力士”，但是它的力量之大，的确是世界无比。这种力是一般人看不见的生命力。只要生命存在，这种力就要显现，上面的石块丝毫不足以阻挡。因为它是一种“长期抗战”的力：有弹性，能屈能伸的力；有韧性，不达目的不止的力。

3. 提醒幸福（毕淑敏）

享受幸福是需要学习的，当幸福即将来临的时刻需要提醒。人可以自然而然地学会感官的享乐，人却无法天生地掌握幸福的韵律。灵魂的快意同器官的舒适像一对孪生兄弟，时而相傍相依，时而南辕北辙。

幸福是一种心灵的振颤。它像会倾听音乐的耳朵一样，需要不断地训练。

简言之，幸福就是没有痛苦的时刻。它出现的频率并不像我们想象的那样少。

人们常常只是在幸福的金马车已经驶过去很远，捡起地上的金鬃毛说，原来我见过它。

人们喜爱回味幸福的标本，却忽略幸福披着露水散发清香的时刻。那时候我们往往步履匆匆，瞻前顾后不知在忙着什么。

世上有预报台风的，有预报蝗虫的，有预报瘟疫的，有预报地震的。没有人预报幸福。其实幸福和世界万物一样，有它的征兆。

幸福常常是朦胧的，很有节制地向我们喷洒甘霖。你不要总希冀轰轰烈烈的幸福，它多半只是悄悄地扑面而来。你也不要企图把水龙头拧得更大，使幸福很快地流失。而须静静地以平和之心，体验幸福的真谛。

幸福绝大多数是朴素的。它不会像信号弹似的，在很高的天际闪烁红色的光芒。它披着本色外//衣，亲切温暖地包裹起我们。

幸福不喜欢喧嚣浮华，常常在暗淡中降临。贫困中相濡以沫的一块糕饼，患难中心心相印的一个眼神，父亲一次粗糙的抚摸，女友一个温馨的字条……这都是千金难买的幸福啊。像一粒粒缀在旧绸子上的红宝石，在凄凉中愈发熠熠夺目。

三、同学们一起排练一段话剧片断

雷雨　第二幕节选（曹禺）

[仆人下。朴园点着一支吕宋烟，看见桌上的雨衣。

朴　（向鲁妈）这是太太找出来的雨衣吗？

鲁　（看着他）大概是的。

朴　（拿起看看）不对，不对，这都是新的。我要我的就雨衣，你回头跟太太说。

鲁　嗯。

朴　（看她不走）你不知道这间房子底下人不准随便进来么？

鲁　（看着他）不知道，老爷。

朴　你是新来的下人？

鲁　不是的，我找我的女儿来的。

朴　你的女儿？

鲁　四凤是我的女儿。

朴　　那你走错屋子了。

鲁　　哦。——老爷没有事了？

朴　　（指窗）窗户谁叫打开的？

鲁　　哦。（很自然地走到窗户，关上窗户，慢慢地走向中门。）

朴　　（看她关好窗门，忽然觉得她很奇怪）你站一站，（鲁妈停）你——你贵姓？

鲁　　我姓鲁。

朴　　姓鲁。你的口音不像北方人。

鲁　　对了，我不是，我是江苏的。

朴　　你好像有点无锡口音。

鲁　　我自小就在无锡长大的。

朴　　（沉思）无锡？嗯，无锡（忽而）你在无锡是什么时候？

鲁　　光绪二十年，离现在有三十多年了。

朴　　哦，三十年前你在无锡？

鲁　　是的，三十多年前呢，那时候我记得我们还没有用洋火呢。

朴　　（沉思）三十多年前，是的，很远啦，我想想，我大概是二十多岁的时候。那时候我还在无锡呢。

鲁　　老爷是那个地方的人？

朴　　嗯，（沉吟）无锡是个好地方。

鲁　　哦，好地方。

朴　　你三十年前在无锡么？

鲁　　是，老爷。

朴　　三十年前，在无锡有一件很出名的事情——

鲁　　哦。

朴　　你知道么？

鲁　　也许记得，不知道老爷说的是哪一件？

朴　　哦，很远的，提起来大家都忘了。

鲁　　说不定，也许记得的。

朴　　我问过许多那个时候到过无锡的人，我想打听打听。可是那个时候在无锡的人，到现在不是老了就是死了，活着的多半是不知道的，或者忘了。

鲁　　如若老爷想打听的话，无论什么事，无锡那边我还有认识的人，虽然许久不通音信，托他们打听点事情总还可以的。

朴　　我派人到无锡打听过。——不过也许凑巧你会知道。三十年前在无锡有一家姓梅的。

鲁　　姓梅的？

朴　　梅家的一个年轻小姐，很贤惠，也很规矩，有一天夜里，忽然地投水死了，后来，后来，——你知道么？

鲁　　不敢说。

朴　　哦。

鲁　　我倒认识一个年轻的姑娘姓梅的。

朴　　哦？你说说看。

鲁　　可是她不是小姐，她也不贤惠，并且听说是不大规矩的。

朴　　也许，也许你弄错了，不过你不妨说说看。

鲁　　这个梅姑娘倒是有一天晚上跳的河，可是不是一个，她手里抱着一个刚生下三天的男孩。听人说她生前是不规矩的。

朴　　（苦痛）哦！

鲁　　这是个下等人，不很守本分的。听说她跟那时周公馆的少爷有点不清白，生了两个儿子。生了第二个，才过三天，忽然周少爷不要了她，大孩子就放在周公馆，刚生的孩子抱在怀里，在年三十夜里投河死的。

朴　　（汗涔涔地）哦。

鲁　　她不是小姐，她是无锡周公馆梅妈的女儿，她叫侍萍。

朴　　（抬起头来）你姓什么？

鲁　　我姓鲁，老爷。

朴　　（喘出一口气，沉思地）侍萍，侍萍，对了。这个女孩子的尸首，说是有一个穷人见着埋了。你可以打听得她的坟在哪儿么？

鲁　　老爷问这些闲事干什么？

朴　　这个人跟我们有点亲戚。

鲁　　亲戚？

朴　　嗯，——我们想把她的坟墓修一修。

鲁　　哦——那用不着了。

朴　　怎么？

鲁　　这个人现在还活着。

朴　　（惊愕）什么？

鲁　　她没有死。

朴　　她还在？不会吧？我看见她河边上的衣服，里面有她的绝命书。

鲁　　不过她被一个慈善的人救活了。

朴　　哦，救活啦？

鲁　　以后无锡的人是没见着她，以为她那夜晚死了。

朴　　那么，她呢？

鲁　　一个人在外乡活着。

朴　　那个小孩呢？

鲁　　也活着。

朴　　（忽然立起）你是谁？

鲁　　我是这儿四凤的妈，老爷。

朴　　哦。

鲁　　她现在老了，嫁给一个下等人，又生了个女孩，境况很不好。

朴　　你知道她现在在哪儿？

鲁　　我前几天还见着她！

朴　　什么？她就在这儿？此地？

鲁　　嗯，就在此地。

朴　　哦！

鲁　　老爷，你想见一见她么？

朴　　不，不，谢谢你。

鲁　　她的命很苦。离开了周家，周家少爷就娶了一位有钱有门第的小姐。她一个单身人，无亲无故，带着一个孩子在外乡什么事都做，讨饭，缝衣服，当老妈，在学校里伺候人。

朴　　她为什么不再找到周家？

鲁　　大概她是不愿意吧？为着她自己的孩子，她嫁过两次。

朴　　以后她又嫁过两次？

鲁　　嗯，都是很下等的人。她遇人都很不如意，老爷想帮一帮她么？

朴　　好，你先下去。让我想一想。

鲁　　老爷，没有事了？（望着朴园，眼泪要涌出）老爷，您那雨衣，我怎么说？

朴　　你去告诉四凤，叫她把我樟木箱子里那件旧雨衣拿出来，顺便把那箱子里的几件旧衬衣也捡出来。

鲁　　旧衬衣？

朴　　你告诉她在我那顶老的箱子里，纺绸的衬衣，没有领子的。

鲁　　老爷那种纺绸衬衣不是一共有五件？您要哪一件？

朴　　要哪一件？

鲁　　不是有一件，在右袖襟上有个烧破的窟窿，后来用丝线绣成一朵梅花补上的？还有一件，……

朴　　（惊愕）梅花？

鲁　　还有一件绸衬衣，左袖襟也绣着一朵梅花，旁边还绣着一个萍字。还有一件，……

朴　　（徐徐立起）哦，你，你，你是——

鲁　　我是从前伺候过老爷的下人。

朴　　哦，侍萍！（低声）怎么，是你？

鲁　　你自然想不到，侍萍的相貌有一天也会老得连你都不认识了。

朴　　你——侍萍？（不觉地望望柜上的相片，又望鲁妈。）

鲁　　朴园，你找侍萍么？侍萍在这儿。

朴　　（忽然严厉地）你来干什么？

鲁　　不是我要来的。

朴　　谁指使你来的？

鲁　　（悲愤）命！不公平的命指使我来的。

朴　　（冷冷地）三十年的工夫你还是找到这儿来了。

鲁　　（愤怨）我没有找你，我没有找你，我以为你早死了。我今天没想到到这儿来，这是天要我在这儿又碰见你。

朴　　你可以冷静点。现在你我都是有子女的人，如果你觉得心里有委屈，这么大年纪，我们先可以不必哭哭啼啼的。

鲁　哭？哼，我的眼泪早哭干了，我没有委屈，我有的是恨，是悔，是三十年一天一天我自己受的苦。你大概已经忘了你做的事了！三十年前，过年三十的晚上我生下你的第二个儿子才三天，你为了要赶紧娶那位有钱有门第的小姐，你们逼着我冒着大雪出去，要我离开你们周家的门。

朴　从前的恩怨，过了几十年，又何必再提呢？

鲁　那是因为周大少爷一帆风顺，现在也是社会上的好人物。可是自从我被你们家赶出来以后，我没有死成，我把我的母亲可给气死了，我亲生的两个孩子你们家里逼着我留在你们家里。

朴　你的第二个孩子你不是已经抱走了么？

鲁　那是你们老太太看着孩子快死了，才叫我抱走的。（自语）哦，天哪，我觉得我像在做梦。

朴　我看过去的事不必再提起来吧。

鲁　我要提，我要提，我闷了三十年了！你结了婚，就搬了家，我以为这一辈子也见不着你了；谁知道我自己的孩子个个命定要跑到周家来，又做我从前在你们家做过的事。

朴　怪不得四凤这样像你。

鲁　我伺候你，我的孩子再伺候你生的少爷们。这是我的报应，我的报应。

朴　你静一静。把脑子放清醒点。你不要以为我的心是死了，你以为一个人做了一件于心不忍的事就会忘了么？你看这些家具都是你从前顶喜欢的东西，多少年我总是留着，为着纪念你。

鲁　（低头）哦。

朴　你的生日——四月十八——每年我总记得。一切都照着你是正式嫁过周家的人看，甚至于你因为生萍儿，受了病，总要关窗户，这些习惯我都保留着，为的是不忘你，弥补我的罪过。

鲁　（叹一口气）现在我们都是上了年纪的人，这些傻话请你不必说了。

朴　那更好了。那么我们可以明明白白地谈一谈。

鲁　不过我觉得没有什么可谈的。

朴　话很多。我看你的性情好像没有大改，——鲁贵像是个很不老实的人。

鲁　你不要怕。他永远不会知道的。

朴　那双方面都好。再有，我要问你的，你自己带走的儿子在哪儿？

鲁　他在你的矿上做工。

朴　我问，他现在在哪儿？

鲁　就在门房等着见你呢。

朴　什么？鲁大海？他！我的儿子？

鲁　他的脚趾头因为你的不小心，现在还是少一个的。

朴　（冷笑）这么说，我自己的骨肉在矿上鼓励罢工，反对我！

鲁　他跟你现在完完全全是两样的人。

朴　（沉静）他还是我的儿子。

鲁　你不要以为他还会认你做父亲。

朴　（忽然）好！痛痛快快地！你现在要多少钱吧？

鲁 什么？

朴 留着你养老。

鲁 （苦笑）哼，你还以为我是故意来敲诈你，才来的么？

朴 也好，我们暂且不提这一层。那么，我先说我的意思。你听着，鲁贵我现在要辞退的，四凤也要回家。不过……

鲁 你不要怕，你以为我会用这种关系来敲诈你么？你放心，我不会的。大后天我就会带四凤回到我原来的地方。这是一场梦，这地方我绝对不会再住下去。

朴 好得很，那么一切路费，用费，都归我担负。

鲁 什么？

朴 这于我的心也安一点。

鲁 你？（笑）三十年我一个人都过了，现在我反而要你的钱？

朴 好，好，好，那么你现在要什么？

鲁 （停一停）我，我要点东西。

朴 什么？说吧？

鲁 （泪满眼）我——我只要见见我的萍儿。

朴 你想见他？

鲁 嗯，他在哪儿？

朴 他现在在楼上陪着他的母亲看病。我叫他，他就可以下来见你。不过是……

鲁 不过是什么？

朴 他很大了。

鲁 （追忆）他大概是二十八了吧？我记得他比大海只大一岁。

朴 并且他以为他母亲早就死了的。

鲁 哦，你以为我会哭哭啼啼地叫他认母亲么？我不会那么傻的。我难道不知道这样的母亲只给自己的儿子丢人么？我明白他的地位，他的教育，不容他承认这样的母亲。这些年我也学乖了，我只想看看他，他究竟是我生的孩子。你不要怕，我就是告诉他，白白地增加他的烦恼，他自己也不愿意认我的。

朴 那么，我们就这样解决了。我叫他下来，你看一看他，以后鲁家的人永远不许再到周家来。

鲁 好，希望这一生不要再见你。

朴 （由衣内取出皮夹的支票签好）很好，这是一张五千块钱的支票，你可以先去用。算是弥补我一点罪过。

鲁 （接过支票）谢谢你。（慢慢撕碎支票）

朴 侍萍。

鲁 我这些年的苦不是你拿钱就算得清的。

朴 可是你……

［外面争吵声。鲁大海的声音："放开我，我要进去。"三四个男仆声："不成，不成，老爷睡觉呢。"门外有男仆等与大海的挣扎声。

朴 （走至中门）来人！（仆人由中门进）谁在吵？

仆人 就是那个工人鲁大海！他不讲理，非见老爷不可。

朴　　哦。（沉吟）那你叫他进来吧。等一等，叫人到楼上请大少爷下楼，我有话问他。

仆人　是，老爷。

［仆人由中门下。

朴　　（向鲁妈）侍萍，你不要太固执。这一点钱你不收下，将来你会后悔的。

鲁　　（望着他，一句话也不说。）

［仆人领着大海进，大海站在左边，三四仆人立一旁。

大　　（见鲁妈）妈，您还在这儿？

朴　　（打量鲁大海）你叫什么名字？

大　　（大笑）董事长，您不要向我摆架子，您难道不知道我是谁么？

朴　　你？我只知道你是罢工闹得最凶的工人代表。

大　　对了，一点儿也不错，所以才来拜望拜望您。

朴　　你有什么事吧？

大　　董事长当然知道我是为什么来的。

朴　　（摇头）我不知道。

大　　我们老远从矿上来，今天我又在您府上大门房里从早上六点钟一直等到现在，我就是要问问董事长，对于我们工人的条件，究竟是允许不允许？

朴　　哦，那么——那么，那三个代表呢？

大　　我跟你说吧，他们现在正在联络旁的工会呢。

朴　　哦，——他们没告诉旁的事情么？

大　　告诉不告诉于你没有关系。——我问你，你的意思，忽而软，忽而硬，究竟是怎么回事？

［周萍由饭厅上，见有人，即想退回。

朴　　（看萍）不要走，萍儿！（视鲁妈，鲁妈知萍为其子，眼泪汪汪地望着他。）

萍　　是，爸爸。

朴　　（指身侧）萍儿，你站在这儿。（向大海）你这么只凭意气是不能交涉事情的。

大　　哼，你们的手段，我都明白。你们这样拖延时候，不过是想去花钱收买少数不要脸的败类，暂时把我们骗在这儿。

朴　　你的见地也不是没有道理。

大　　可是你完全错了。我们这次罢工是有团结的，有组织的。我们代表这次来并不是来求你们。你听清楚，不求你们。你们允许就允许；不允许，我们一直罢工到底，我们知道你们不到两个月整个地就要关门的。

朴　　你以为你们那些代表们，那些领袖们都可靠吗？

大　　至少比你们只认识洋钱的结合要可靠得多。

朴　　那么我给你一件东西看。

［朴园在桌上找电报，仆人递给他；此时周冲偷偷由左书房进，在旁偷听。

朴　　（给大海电报）这是昨天从矿上来的电报。

大　　（拿过去看）什么？他们又上工了。（放下电报）不会，不会。

朴　　矿上的工人已经在昨天早上复工，你当代表的反而不知道么？

大　（惊，怒）怎么矿上警察开枪打死三十个工人就白打了么？（又看电报，忽然笑起来）哼，这是假的。你们自己假作的电报来离间我们的。（笑）哼，你们这种卑鄙无赖的行为！

萍　（忍不住）你是谁？敢在这儿胡说？

朴　萍儿！没有你的话。（低声向大海）你就这样相信你那同来的代表么？

大　你不用多说，我明白你这些话的用意。

朴　好，那我把那复工的合同给你瞧瞧。

大　（笑）你不要骗小孩子，复工的合同没有我们代表的签字是不生效力的。

朴　哦，（向仆人）合同！（仆人由桌上拿合同递给他）你看，这是他们三个人签字的合同。

大　（看合同）什么？（慢慢地，低声）他们三个人签了字。他们怎么会不告诉我就签了字呢？他们就这样把我不理啦？

朴　对了，傻小子，没有经验只会胡喊是不成的。

大　那三个代表呢？

朴　昨天晚车就回去了。

大　（如梦初醒）他们三个就骗了我了，这三个没有骨头的东西，他们就把矿上的工人们卖了。哼，你们这些不要脸的董事长，你们的钱这次又灵了。

萍　（怒）你混帐！

朴　不许多说话。（回头向大海）鲁大海，你现在没有资格跟我说话——矿上已经把你开除了。

大　开除了？

冲　爸爸，这是不公平的。

朴　（向冲）你少多嘴，出去！（冲由中门走下）

大　哦，好，好，（切齿）你的手段我早就领教过，只要你能弄钱，你什么都做得出来。你叫警察杀了矿上许多工人，你还——

朴　你胡说！

鲁　（至大海前）别说了，走吧。

大　哼，你的来历我都知道，你从前在哈尔滨包修江桥，故意再叫江堤出险……朴（低声）下去！

［仆人等拉他，说“走！走！”

大　（对仆人）你们这些混帐东西，放开我。我要说，你故意淹死了二千二百个小工，每一个小工的性命你扣三百块钱！姓周的，你发的是绝子绝孙的昧心财！你现在还……

萍　（忍不住气，走到大海面前，重重地打他两个嘴巴。）你这种混帐东西！（大海立刻要还手，倒是被周宅的仆人们拉住。）打他。

大　（向萍高声）你，你（正要骂，仆人一起打大海。大海头流血。鲁妈哭喊着护大海。）

朴　（厉声）不要打人！（仆人们停止打大海，仍拉着大海的手。）

大　放开我，你们这一群强盗！

萍　（向仆人）把他拉下去。

鲁　（大哭起来）哦，这真是一群强盗！（走至萍前，抽咽）你是萍，——凭，——凭什么打我的儿子？

萍　你是谁？

鲁　我是你的——你打的这个人的妈。

大　妈，别理这东西，您小心吃了他们的亏。

鲁　（呆呆地看着萍的脸，忽而又大哭起来）大海，走吧，我们走吧。（抱着大海受伤的头哭。）

附录：

国家语委《普通话水平测试实施纲要》规定的测试朗读篇目（对每篇文章的前400个音节计分）

01《白杨礼赞》
02《差别》
03《丑石》
04《达瑞的故事》
05《第一场雪》
06《读书人是幸福的人》
07《二十美金的价值》
08《繁星》
09《风筝畅想曲》
10《父亲的爱》
11《国家荣誉感》
12《海滨仲夏夜》
13《海洋与生命》
14《和时间赛跑》
15《胡适的白话电报》
16《火光》
17《济南的冬天》
18《家乡的桥》
19《坚守你的高贵》
20《金子》
21《捐诚》
22《可爱的小鸟》
23《课不能停》
24《莲花和樱花》
25《绿》
26《落花生》
27《麻雀》
28《迷途笛音》
29《莫高窟》
30《牡丹的拒绝》
31《“能吞能吐”的森林》
32《朋友和其他》
33《散步》
34《神秘的“无底洞”》
35《世间最美的坟墓》
36《苏州园林》
37《态度创造快乐》
38《泰山极顶》
39《陶行知的“四块糖果”》
40《提醒幸福》
41《天才的造就》
42《我的母亲独一无二》
43《我的信念》 堂》
44《我为什么当教师》
45《西部文化和西部开发》
46《喜悦》
47《香港：最贵的一棵树》
48《鸟的天堂》
49《野草》
50《一分钟》
51《一个美丽的故事》
52《永远的记忆》
53《语言的魅力》
54《赠你四味长寿药》
55《站在历史的枝头微笑》
56《中国的宝岛——台湾》
57《中国的牛》
58《住的梦》
59《紫藤萝瀑布》
60《最糟糕的发明》

项目九 话题说话

【目标任务】

1. 理解口头表达的常用话语方式。
2. 掌握常用口头表达方式的思维要领。
3. 讲话能熟练运用适当的话语方式。

作为普通话水平测试中的一项重要项目之一，在话题说话中主要测试应试者无书面文字依托状况下内部语言编码、口头话语表达所能达到的普通话语言规范程度。

但由于说话是人们语言交流沟通最基本的常用方式，尤其方言地区的人需要反复体验、揣摩普通话口语会话习惯，灵活运用交谈的一般方式技巧，才能形成自然得体的普通话语感，从而实现学习普通话最终学以致用的目标。

因为21世纪是一个信息爆炸的时代。人际语言沟通是人们最基本、最经常的社会实践活动。人们通过语言交流，开放自己，大量吸收社会信息，丰富情感体验，接受社会文化和社会规范，得以顺利发展。口语交际能力强，是21世纪人才取得事业成功的重要条件。说话是表达，听话是吸收。能听会说是人类运用语言进行社会交流的最基本能力，也是普通话训练自然延伸出来的、现代信息社会人才必备的一种基本能力素养。

任务一 掌握话题说话基本技巧

话题说话以单纯的口语表达，反映说话人在没有书面文字依托情况下思维的规范程度以及语言表达自然、流畅的水平。说话人需要深入了解口语表达的特点，将它和朗读、背诵等书面语言有声化区分开来，通过调控情绪或心理状态，加强内部思维的敏捷性和外部语言的有声传达能力，力争在短时间内迅速组织好说话的内容并流畅地表达出来。

一、话题说话的特点

作为口语，话题说话与书面语虽然有密切的联系，但它们毕竟是两种不同的语言体式，有着显著的区别：书面语是手写、眼看的的语言；说话是口说、耳听的言语。说话靠声音传播信息，而书面语是通过写在纸上或表现在其他物体上的文字符号传递信息。说话与书面语最大的差别——说话是活的语言。严格地说，书面上写的语言是不完整的语言。语气、语调、语势、语感，抑扬顿挫、轻重缓急等都表达不出来。外国语言学家说“言语要比语言的材料（词汇、语法）丰富得多。”这里所谓言语，就是说话所代表的口语。丰富在哪儿？就是语音所表达的东西。口语因为多了一层语音语调的作用，才增加了活力，有了跳跃着的生命。此外，和书面语言相比较，说话还具有如下特点：

1. 使用广泛，交流迅速

在人类社会生活中，说话是第一位的交流工具。一个人可以不读不写，却不能不说不听。正常人的一生都在说话，通过口说、耳听迅速地传播信息，这远比文字语言更迅捷，更具体，针对性更强。尤其是现代科技的发展，使口语的使用范围和实用价值大大扩大了。

2. 语随口出，不便更改

话语一旦讲出来，就无法收回，很多情况下是难以修正的。它和书面语言不一样，发表前可以反复推敲修改。因此，人们在运用口语时应该留神，因为“说出去的话，泼出去的水”是不能收回的。

3. 贴近生活，通俗上口

口语自然明快，一听就懂，多用熟语。许多方言、惯用语随着人们口头上的广泛运用，逐渐融入民族共同语言，使口语更富有时代色彩。

4. 方式灵活，句子简洁

口语表达通过语音的外壳，用语调、语言、语势、语速、重音、停顿以及拟声、儿化等多种修饰手段，表达丰富的思想感情。而且，说话时有很强的临场适应性（语境），形成多变的省略句，多用短语、短句、不完整句以及不合一般语法、逻辑的词序颠倒的奇特组合句式，产生奇妙的表达效果。

5. 易受环境影响，互动性强

说话是说者和听者之间的交际活动，因此双方的情绪兴趣等都会互相影响。如果听众聚精会神，不时地微笑点头，说话人就会越讲越想讲，若是听众无精打采，彼此交头接耳，甚至溜号，说话人就可能越讲越不想讲。所以说话是一种心理的互动，需要积极的反馈。

二、话题说话的基本技巧

在普通话水平测试中进行的话题说话主要采用单向交流方式（现已常用录音方式），也就是自言自语。一个题目说 3 分钟，对于平时没有专门的语言训练的人来说是有很大难度的，容易产生大脑空白、一时语塞的情况。所以，针对普通话水平测试的话题说话，必须进行有效的专门训练。训练中要深入体会口语表达的特点，把它和朗读及背诵依托的书面语言有声化区分开来，加强内部语言的组织能力、编码能力和外部语言的有声传达能力，力争在短时间内迅速组织好说话的内容并很好的表达出来。其中要领就在于把握好应试心理状态，调控情绪，以自然情态求得良好的口头表达。通常要注意讲究口头表达的基本技巧：

（1）把握好时间，迂徐自如，容长忌短。按照日常自然口语的语调、语速来说话。常规语速每分钟大约 240 字（音节），在适应话语内容、情境、语气的情况下自然调节。文字篇幅在 750 字左右为宜。

（2）口语化表达，避免背诵腔。力求语气自然亲切、语调平稳、朴实无华的口语效果。多用口头语，少用书面语。为了易于上口，可将单音节词语改为双音节词语：造句多用短句、少用长句；句式简化、少用复句；尽量避免倒装句；文言文一般用白话讲出来。

（3）注重话语方式，保证思路流畅。正确运用语言表达方式，每句话尽量清晰完整，去冗除杂。表达连贯、流畅，避免怕说错而太长停顿甚至中断。

（4）尽量采用叙述、描述和说明的话语方式，易于快速构思，灵活的转换话题和表达方式。如果议论，则以论述话语方式，要求思维敏捷，思域宽广，可以巧妙联想转圜。

(5) 选择自己感兴趣、熟悉、有把握、体会深的话题，避免思维的断裂与跳转。平时留心存储时尚话题资料，保证说话的材料内容新颖。有新意、有独到见解，这样容易引起听者共鸣。如果灵机一动，闪现幽默、风趣的语言风采，就更能给人留下深刻的印象了。

任务二　话题说话类型分析

普通话水平测试中话题说话的项目，从命题讲话的角度来说，接近演讲，但是不允许背诵预先准备好的稿子；从听众为相向而坐的老师而言，又近似交谈，但是不允许离题，对方也不会接你的话茬（现已常用录音方式）。也就是说，既不是相关学科知识的考试，也不是口才水平考试；其测试点在于语言运用能力。因此，把握好话题类型，组织好内部语言，才能做到自言自语，"言"路畅通，从而表现出良好的思维和口语表达能力。

普通话水平测试中的话题，主要分为叙述和论述两大类型的若干种。以下我们分别观摩体验其常见思路和话语方式。

（一）叙述类

通常以叙、描述为主要话语方式，进行人、事、物的具体介绍。如：

(1) 记人物：家庭、父母、好友、尊敬的人；集体、我和同事等。

(2) 记事件：难忘的事、难忘的旅行（旅游）、记忆深刻的故事；感兴趣的事、愿望、梦想、假日等。

(3) 记生活：童年、学习生活、读书生活、职业、业余生活、业余爱好、成长之路；家乡的变化、家乡风俗、家乡风光等。

(4) 记所喜爱：所喜欢的小说、歌曲、故事、格言、书刊、文艺形式；所喜爱的花卉、小动物、拿手菜、体育运动、美食等。

例如：我的成长之路（作品 16 号）

我的成长之路平坦中不乏坎坷，平静中也带着波浪，或悲或喜，一路走来，都成了甜蜜的回忆。

在我还是个孩童的时候，我就很爱哭，妈妈走到哪里都要抱着我，不然我就会号啕大哭，当然这些都是妈妈后来告诉我的，我都不记得了。长大一些我上了幼儿园，开始不那么爱哭。一直到初中，我的学习成绩都很好，在班里，我是受人关注的班干部，在家里，我是爸爸妈妈引以为豪的好孩子。可是偏偏每次重大的考试，我都会出纰漏。我的作文一向还好，每次的作文老师都会拿来当作范文在班里朗读。而且我也经常在报纸上发表文章。可是小学升初中的考试，我的作文竟然写跑题了。只因为我没有看清题目，把题目要求看错了。好在其他几门考试都是超长发挥，总算是有惊无险。

在我的成长之路上，发生过许多不大不小的笑话。小的时候，我是短发，因为妈妈觉得小女孩不应该太臭美了，要把心思放在学习上。也因为我那时不会自己扎辫子，妈妈又懒得帮我弄，所以我的头发一直是和男生一样短的。曾试图反抗过，但是最终都是以失败告终的。但是女孩子都是爱美的，小时我经常头戴着纱巾，身上披着床单扮仙女，有一次正好被手拿相机的爸爸撞到，于是我家的相册里总有一张仙女下凡的傻姑娘的照片。

另外，小时侯常常摔交。每次出去玩，回家的时候就像刚打完平原游击战一样，摔得全身是伤。不想在三岁那年，我竟然从三楼的阳台上摔了下去。听妈妈说，我掉在了一楼的小院里的长凳上的六盆仙人掌的中间的空隙中。真是菩萨保佑，没有被扎成刺猬。然后，我就理所应当地住进了医院。事后我常在想：三岁的时候从三楼掉下来，那么四岁就应该从四楼掉下来，以此类推，等我 80 岁的时候，就应该爬到世贸大厦顶上往下跳了。

成长路上有欢笑也有辛酸，妈妈的批评，考试的失败和朋友闹别扭，当时看来那些事情对我来说都是十分严重的，但是现在我相信一句话，上帝关上一扇门，必定会打开一扇窗。

（二）论述类

1. 论人：谈邻里关系、谈社会公德 ；怎样和同学（同事）相处等。

2. 论事：谈语言美、个人修养、社会公德，说勤俭、谦虚、美德等；谈对某一社会现象的看法；也可介绍我理想的职业、学习普通话的体验、卫生与健康等。

3. 论物：自然环境和我、商品质量和我；影视作品观后感、科技发展和社会生活等。

例如：谈谈科技发展与社会生活（作品 17 号）

不管人们有没有意识到，科学技术已经深深的影响着我们的日常生活，在经济社会发展扮演着不可或缺的角色。尤其是从 21 世纪以来，科学技术，尤其是计算机网络技术、电子信息技术的飞速发展，使得手机、电脑那些昂贵的奢侈品步入寻常百姓的家庭，成为我们生活的必需品。想象一下，如果没有手机，我们如何随心所欲地与亲人保持联系呢；如果没有网络，我们又如何与远在异国他乡的朋友谈天论地呢；如果没有高清晰的电视技术，我们又如何享受华丽的好莱坞电影呢？当然，我们也必须承认，科学技术在一定程度上也改变着我们的生活方式，改变着我们的文化。现在，更多的年轻人接受了电子商务，远程教育等时尚的生活方式，甚至于网恋也成为现在的一种潮流。

正是因为科学技术具有如此的重要性，我们的国家领导人也在多种场合提出大力发展科学技术。邓小平同志曾经指出，科学技术是第一生产力，从而确立了科学技术的重要的地位，把发展科技作为我国的一项基本国策，增大了对科技发展的资金投入，改善了科技发展的硬环境和软环境，从而使得我国在改革开放以后取得了很大地进步，步入了科技强国之林。但是，我们也应该清醒的认识到，我们与发达国家比如美国、德国、法国等还有着很大的差距，很多技术都受限于发达国家。所以，我们更应该奋起直追，迎头赶上。

作为当今社会的一员，我们不仅应该认识到科学技术的重要性，还应该努力学习科学技术，用科学技术来武装我们的头脑，具有献身科学的勇气和决心，具有用科学技术来发展全人类的博大胸怀。更重要地是，我们还应当教育我们的后代，要热爱科学，尊重科学！因为科技改变生活。

任务三 进行普通话口语训练

如前所述，学习普通话的终极目标在于应用。普通话培训也好、测试也好，都只是提高普通话交流沟通实际水平的手段。学以致用，必然体现在工作和社交的主要情境，也就是口语交际之中了。所以，该项目的实训任务最终落脚在普通话口语的基本形式——谈话之上。这里面就蕴含着普通话应用升级为口才的价值意义了。因为在现代，谈话已成为人们日常工作和生活中最基本的语言表达方式。它广泛运用于政治、外交、经济、军事、科学、教育等各个领域，起着统一思想、广集信息、探讨科学、传播知识、发展贸易、推动社会生产力的发展，促进人类文明进步的重大作用。谈话已经成为一门重要的语言表达艺术。

谈话有别于平常无所事事的闲聊，而意味着话随旨遣。通常表现为主动而有意识的言语交际活动，如采访、洽谈、报告、接待、导游、介绍、谈心乃至聊天、拉家常等。或陈述，或议论，或说明，或抒情，都是为了实现一定的交际目的而进行的。

一、常见谈话类型分析

（一）话语类型

1. 叙述

叙述是实现交际目的的最基本、最常见的一种表达方式。它是对事件的发生、发展，对人物的行为和经历的口述。通过这种口头叙述，听者能够了解事件的来龙去脉。要让听者很容易的听清叙述的事实，关键在于依循一条清晰的线索展开叙述。叙说者条理分明、头绪清楚，才能使听者听完叙述后，对事情有一个清晰的认识，能够产生说话人所期盼的效果。大家常都把时间、地点、人物、原因、经过、结果看成叙述必备的六个要素。但在一段话中，并不见得非把六种要素完全交代出来不可。语流中时间、场所、人物、事件明确的情况下，省略的情形比较普遍，只要不影响理解沟通。

为使叙述清楚明白有条有理，讲述时应当有一个次序。叙说者条理分明、头绪清楚，才能使听者对事情有一个清晰的认识，叙述的重点和目的才能突出。如果不讲次序，乱讲一气，听者就摸不着头脑，交际的目的也就达不到了。口头叙述通常以时间为线索最为明晰。常用的叙述顺序，可以是顺叙、倒叙、插叙和分叙。古代说书人就常说“花开两朵，各表一枝。”就是用的分叙的方法。

2. 描述

描述，就是以生动形象的言辞，绘声绘色地再现人物或场景的状态和特征。通过这种表述，听者可以获得鲜明的印象和具体的感受，产生如临其境、如闻其声、如见其人的感觉。谈话中插入精彩的描述，能以形传神，产生很强的感染力。

3. 说明

说明话语是用于解说事物、剖析事理的口头语言。它要对事物的形态、性质、构造、成因、种类、功能，或事理的概念、特点、来源、关系、演变等做清晰准确、通俗易懂的解说剖析，以帮助听者加深理解、形成概念。

常用说明方法有定义、诠释、引用、比较、分类、比喻、举例等具体方法。其中比喻说明生动形象、新颖有趣，可起到化难为易、辅助说明的作用；举例说明可举出具体、典型的事例，可在一定程度上达到说明有关事理的目的。这两种说明方法口语表述中采用较多。

例如：游客朋友们：欢迎来到神奇美丽的黑竹沟国家森林公园。（彝语问候）

黑竹沟，当地彝族人称为斯豁，即死亡之谷。“黑竹沟”为汉人定的名。这个地方为什么被称为黑竹沟呢？它有两种说法，一种是说法是：称黑竹沟为“玛洛啦哒”，因传说沟内生长着诸多呈墨绿色的箭竹，彝语中“玛洛”之意为竹子，“啦哒”是山谷的意思。另一种说法是：称黑竹沟为“嘿祖啦哒”，“嘿”意为“雾”，“祖”意为“长期居住、停留的地方”，“啦哒”同样是山谷的意思，人们说黑竹沟是雾都不愿离开的地方。

黑竹沟最大的特色就是这里是一片茫茫的原始森林，景区核心面积575平方千米，外围保护地263平方千米，核心面积相当于新加坡的面积，也是四个峨眉山的面积。景区海拔高度在1500—4288米之间，位于北纬30度附近。无独有偶，巴比伦空中花园、死亡三角百慕大、埃及金字塔……它们或以巧夺天工的构建令人称奇，或以神秘莫测的破坏力让人闻风丧胆，或留下无数难以解释的疑团，而它们的相同之处却在于如同黑竹沟一样，也正处在北纬30度这个令人费解的纬度上。

为什么北纬30度具有如此的神秘魅力？美国作家詹姆士·伯斯特出了一本书，叫做《神秘的北纬30度》，书上归纳出北纬30度上的包括埃及金字塔、中东北海、百慕大三角、雅鲁藏布大峡谷、喜马拉雅山等让数以万计的专家学者都百思不得其解的秘密。甚至，有人总结说，在北纬30度上的姑娘也是世界上最美的姑娘。因此，也有的专家学者称黑竹沟为"中国百慕大"。（黑竹沟导游词）

说明中的比较法、举例法、引用法，与下面说理中的对比法、例证法、引证法在形式上十分相似，有着思维方法上的联系，但它们实际上有着重大的功能区别。前者的功能是为了揭示、说明不同事物或概念的内涵与特征，而后者却是为了证明某个观点或阐述某种意见。

4. 说理

说理就是通过摆事实讲道理，表明说话人对某一问题、某一观点的看法，或者揭示事物内在的本质规律。人们日常生活和工作中，说话与演讲中的叙述和描述，大都是从属于说理，为说理提供事实材料的。所以，说理在口语表述中的运用是最广泛而又最具独立性的，集中体现在演讲、报告、谈判、论辩等形式中。说理要求有的放矢，针对性强，态度鲜明，能抓住关键，给人启迪。

在口头表述中说理一般没有书面议论那么复杂，那么抽象。一个观点、一段道理，常常用最简洁明快，通俗易懂的话语说出来。因为口语交际有特定的对象、特定的场所，因而针对性很强，其论证目的很明确。

一般说来，一段完整的说理包括论点、论据、论证三个部分。通常称为议论三要素。而实际口头表述中对某一问题或现象，只要是先表明自己的看法，再提出相应的依据，就构成说理了。因为这样的过程已经包含了论证方法在其中了。当然，如果想要把一番道理讲得别人愿听、爱听，听了豁然开朗，其说法还是很有讲究的。

其中核心是条理的问题。南北朝刘勰的《文心雕龙·论说篇》："圣哲彝训曰经，述经叙理曰论。论者，伦也。伦理无爽，则圣意不坠。"意思是说，古代的圣哲贤人的精辟言论叫做经，而阐述经典、叙释哲理的叫做论。就是说经是原典，而论是阐述发挥。什么是"论"呢？"论"就是"伦"，就是有层次和条理。说理有条理而没有差错，那么圣哲贤人的原典意义就能被正确理解，而不会被歪曲和误解。这表明说理必须强调清晰的条理性，否则，说理就会失去力量。

刘勰还说："说者，悦也。兑为口舌，故言资悦怿。过悦必伪，故舜惊谗说。"说的含义就是使人高兴悦服。说理讲究技巧和方法，就会使对方十分乐意接受你的观点和主张。但是使人悦服也应该有一个限度。如果你讲的话过于让别人高兴，就会走到事物的反面，反而使对方产生虚假的感觉。

因此，我们在生活和工作中主要采用以下几种简明有效的说理方法：

一是论述。就是采用讲道理的方法，分析事物的内部事理与关系，不必引用论据。

二是证明。就是采用引证法证实自己的观点和看法。可以引用各种具体事实或数据作为论据。通常人们都信奉“事实胜于雄辩”，因而这种论证有较强的说服力，叫“例证法”。另一方面，引用公认科学的理论和观点作为论据，如马列主义原理、定律、公理、格言、谚语、成语、名人名言警句，以及党和国家在不同时期的方针、政策等等。由于其具有相当的权威性，所以其论辩力量也是很强的，所谓“有理走遍天下”，叫“引证法”。需要注意的是，不要一味搬大道理压人，而要通情达理，“说理不像说理”。有人说：“说理时，应像闲话家常，朋友聊天。”搬大道理压人，或者把大帽子扣在听众头上，只会引起反感。

比较简短的说理，如果能灵活运用理论论据和事实论据就很好了。因为典型事例与名言警句，往往都伴随着生动感人的事迹，蕴含着炽热的情感，特别能引发听众共鸣；很多名言也是人类智慧的结晶、理智的共识，具有极强的震撼力和穿透力；并且句子精简有力，朗朗上口，最适宜口头表述。

三是推理。由包括听众已知的客观事实和原理，印证或推导出说话人主张的意见、观点或结论。这种方法是人们对未知客体进行预言或设想的重要手段之一，能启发人的思路，起到触类旁通的作用。由于其严密的逻辑性，也能有效地说服听者。但在口头表述中显然不适宜过分复杂的推理与分析。所以最好采用简便一些的推理方法。

例如：归纳推理，也叫概括。是一种由个别到一般的认识方法。从同类的个别事物中发现它们的共同性，由特定的、较小范围的认识，扩展到更具有普遍性的、较大范围的认识。类比推理，利用事物与事物之间相似、相通之处，使人从另外一种较为普通易晓事物中领悟和理解其中的道理。也就是根据两种事物之间某些属性相同，去证明它们在其它属性上也相同的手法。还有大众喜闻乐见的喻证法、归谬法等，形象生动，人们易于接受。

（二）角色类型

谈话参与者因为所处地位不同，形成不同角色类型。谈话中角色不同，有着不同的表达意图，其语言方式、技巧也有不同讲究。

1. 交互情形

并列式：双边或多边的交谈情形，有明确的相互交流倾向。谈话参与方平等，都要表述自己的思想情感。例如讨论、座谈、洽谈等。

主辅式：谈话双方由于目的不同，其地位和作用存在差异。其中一方为主要讲话者；对方充当受话人，却通过提问或插话引导谈话进程与内容。例如：记者访谈、医疗问诊、调查咨询。

2. 主动情形

通常表现为说服式。谈话一方出于特定目的，游说对方。例如：谈心（做思想工作）、自荐、劝导等。

3. 论辩情形

辩论参与方对特定话题各抒己见，通过辩论来探求真理，分清是非。例如：学术讨论、法庭辩论等。

二、谈话基本技巧应用

面对不同的说话对象和说话关系，谈话者把握好特定的地位、身份和关系，适当运用交谈技巧，就能够取得良好的表达沟通效果。

1. 把握听者心态，话随旨遣

服从交际的主旨，在明确的主旨指向下创设语境，使得自己的表达顺理成章、合乎时宜，为听众所接受。要应用心理学原理，注意揣摩人们的典型心理现象。这样就能在谈话中洞悉听众心态进而充分考虑其接受需要；针对听众此情此景最容易接受的心理状态去创设，使创造出的语境为受众所理解、所认同，继而对讲话者表达的思想情感产生共鸣，由此达到交际的目的。

总之，要适合于现场听众的性别、年龄、种族等自然特点和情感、意志、趣味等心理特点以及文化、教养、境遇等社会特点，切忌目中无“人”。

例如：美国南北战争之后，约翰·艾伦与功勋卓著的老上司陶克将军竞选国会议员。在竞选演讲中，陶克为了唤起选民的信任，他说：“诸位同胞，在17年前的昨天晚上，我曾带兵在茶卒山与敌人激战，经过激烈的血战后，我在山上的树丛里睡了一个晚上。如果大家没有忘记那次艰苦卓绝的战斗，请在选举中，也不要忘记那些吃尽苦头、风餐露宿而屡建战功的人。”

艾伦立旨则顺水推舟：“同胞们，陶克将军说得不错，有人确实在那次战争中立下了奇功。我当时是他手下的一个无名小卒，替他出生入死，冲锋陷阵，这还不算，当他在树丛中安睡时，我还拿着武器，站在荒野上，饱尝了寒风冷露的味儿来保护他。凡身为将军，睡觉时需要哨兵守卫的，请选举陶克将军。若你也是哨兵，需为酣睡的将军守卫的，请选举艾伦。”

双方都以“风餐露宿的那次战斗”作为自己的功勋，取信于民。但艾伦则是沿着陶克将军的思维向前推了一点：将军虽然辛苦，总还可以在树丛中安睡，而自己则要放哨保卫他。其角度显得巧而刁，新而奇。显然，大多数选民会倾向于普通士兵出身的艾伦。

2. 顾及场合，适应语境

这里指说话的具体场境，即由一定的时间因素、空间因素和交际情景有机组合成为的言语交际场合。语境指同一话题语流中上下文的影响，言此意彼，可使双方心领神会，从而实现交际目的。

如上所述，发挥讲话者主观能动性，根据不同情况，创造出于交际有利的语言环境来。甚至在话语交际陷入困境时，也还可以借助想象的情景来增强说话效果，从而灵活地化被动为主动，化解一时的尴尬。

例如：1972年尼克松总统访华时在答谢宴会上的祝词中说：“昨天，我们同几亿电视观众一起，看到了名副其实的世界奇迹之一——中国的长城。当我在城墙上漫步时，我想到了为了建筑这座城墙而付出的牺牲；我想到它所显示的在悠久的历史上始终保持独立的中国人民的决心；我想到这样一个事实，就是：长城告诉我们，中国有伟大的历史，建造这个世界奇迹的人民也有伟大的未来。”

面对在座的中国官员，作为美国总统的尼克松热情赞扬了中国人引以自豪的长城，是很能博得好感的，也淡化了因为价值观的原则分歧所造成的阴影。演讲还围绕“长城”借题发挥又说了几段话，使“拆除我们之间的这座城墙”这个并不轻松的话题显得轻松。敏感的听众意识使演讲人选择了“长城”这个自然、得体、巧妙的角度。

3. 讲究策略

主要体现为幽默与含蓄。幽默是睿智的体现，是思想、学识、智慧、灵感在语言中运用的结果，能引起人们感情的愉悦。为着明辨事理，在正面直说不利的情况下采用暴露生活中乖讹的方式来揭示的哲理，让人们得到某些启迪。我们平时注意培养观察力和想象力，具备能把平凡事物从内到外都看个透的能力，这样才能在谈话中机智地将某事、某话联想到别的事物上去。同时还要不断提高自身的文化素养和语言表达能力。因为任何一句貌似平淡的调侃话，都具有深厚的思想基础和功力，并非一时兴趣即成的。

话不投机是利益冲突的社交场合容易出现的尴尬局面。对于谈话双方来说都很不舒服，它会极大地影响双方的交流兴趣，甚至还会使某一方感到反感，而无法正常交流下去。含蓄也就是对一些微妙而不便直说的话加以委婉表达。通常对于容易造成尴尬局面的话题，躲闪回避，婉曲作答。既不让别人难堪、下不了台，又要维护说话人的立场。平时注意观察人际关系，培养左右逢源的能力，这样才能在谈话中机智地运用含蓄的语言表达技巧，如恢谐、滑稽、讽喻、回逆、双关、夸张等。

项目小结

表面上看，作为人们工作和生活最基本的语言表达方式，说话属于口头表达能力，实际上与人的思维水平和心理动态密切相关。而普通话说话水平却往往在口语交际中成为表达能力发挥程度的关键因素。面对不同的说话对象，谈话者的地位、身份、关系则是影响话语方式与表达效果的重要因素。之所以一个领导在部属面前谈话，能思路大开，语气酣畅，妙语连珠，就是因为他具有心理优势，能超常发挥；但对方言地区的人而言，普通话语音水平则成为明显的制约因素。

项目综合练习

一、普通话命题说话自测

按照普通话水平测试第四项的要求，围绕下列话题，连续说一段话。不得依托文稿。

1. 美丽家乡
2. 我的家国梦
3. 第一次尝试挣钱
4. 怎样防治感冒

二、情境谈话训练

分小组模拟举行主题座谈会。小组成员分角色发表主题谈话。

1. 中秋茶话会
2. 民主生活会
3. 室友生日会
4. 观影座谈会
5. 项目策划会

附录一：

国家语委《普通话水平测试实施纲要》规定的测试说话话题（要求围绕主题，说三分钟）

1. 我的愿望（或理想）
2. 我的学习生活
3. 我尊敬的人
4. 我喜爱的动物（或植物）
5. 童年的记忆
6. 我喜爱的职业
7. 难忘的旅行
8. 我的朋友
9. 我喜爱的文学（或其他）艺术形式
10. 谈谈卫生与健康
11. 我的业余生活
12. 我喜欢的季节（或天气）
13. 学习普通话的体会
14. 谈谈服饰
15. 我的假日生活
16. 我的成长之路
17. 谈谈科技发展与社会生活
18. 我知道的风俗
19. 我和体育
20. 我的家乡（或熟悉的地方）
21. 谈谈美食
22. 我喜欢的节日
23. 我所在的集体（学校、机关、公司等）
24. 谈谈社会公德（或职业道德）
25. 谈谈个人修养
26. 我喜欢的明星（或其他知名人士）
27. 我喜爱的书刊
28. 谈谈对环境保护的认识
29. 我向往的地方
30. 购物（消费）的感受

附录二：

普通话异读词审音表

（1985 年 12 月修订）

说　明

一、本表所审，主要是普通话有异读的词和有异读的作为“语素”的字。不列出多音多义字的全部读音和全部义项，与字典、词典形式不同，例如：“和”字有多种义项和读音，而本表仅列出原有异读的八条词语，分列于 hè 和 huo 两种读音之下（有多种读音，较常见的在前。下同）；其余无异读的音、义均不涉及。

二、在字后注明“统读”的，表示此字不论用于任何词语中只读一音（轻声变读不受此限），本表不再举出词例。例如：“阀”字注明“fá（统读）”，原表“军阀”“学阀”“财阀”条和原表所无的“阀门”等词均不再举。

三、在字后不注“统读”的，表示此字有几种读音，本表只审订其中有异读的词语的读音。例如“艾”字本有 ài 和 yì 两音，本表只举“自怨自艾”一词，注明此处读 yì 音；至于 ài 音及其义项，并无异读，不再赘列。

四、有些字有文白二读，本表以“文”和“语”作注。前者一般用于书面语言，用于复音词和文言成语中；后者多用于口语中的单音词及少数日常生活事物的复音词中。这种情况在必要时各举词语为例。例如：“杉”字下注“（一）shān（文）：紫～、红～、水～；（二）shā（语）：～篙、～木”。

五、有些字除附举词例之外，酌加简单说明，以便读者分辨。说明或按具体字义，或按“动作义”、“名物义”等区分，例如：“畜”字下注“（一）chù（名物义）：～力、家～、牲～、幼～；（二）xù（动作义）：～产、～牧、～养”。

六、有些字的几种读音中某音用处较窄，另音用处甚宽，则注“除××（较少的词）念乙音外，其他都念甲音”，以避免列举词条繁而未尽、挂一漏万的缺点。例如：“结”字下注“除‘～了个果子’、‘开花～果’、‘～巴’、‘～实’念 jiē 之外，其他都念 jié”。

七、由于轻声问题比较复杂，除《初稿》涉及的部分轻声词之外，本表一般不予审订，并删去部分原审的轻声词，例如“麻（dao）”“容（yi）”等。

八、本表酌增少量有异读的字或词，作了审订。

九、除因第二、六、七各条说明中所举原因而删略的词条之外，本表又删汰了部分词条。主要原因是：

1. 现已无异读（如“队 ”“ 会”）；
2. 罕用词语（如“ 分”“ ”）；
3. 方言土音（如“归里包〔zuī〕”“告〔song〕”）；
4. 不常用的文言词语（如“刍 ”“氀 ”）；
5. 音变现象（如“胡里八〔tū〕”“毛毛〔tēngtēng〕”；
6. 重复累赘（如原表“色”字的有关词语分列达 23 条之多）。删汰条目不再编入。

十、人名、地名的异读审订，除原表已涉及的少量词条外，留待以后再审。

附录三：

普通话水平测试难读、易误读字词

A

阿（一）ā

~訇　~罗汉　~木林 ~姨

（二）ē

~谀　~附　~胶　~弥陀佛

挨（一）āi

~个　~近

（二）ái

~打　~说

癌 ái （统读）

霭 ǎi （统读）

蔼 ǎi （统读）

隘 ài （统读）

谙 ān （统读）

埯 ǎn （统读）

昂 áng（统读）

凹 āo （统读）

拗（一）ào

~口

（二）niù

执~　脾气很~

坳 ào （统读）

B

拔 bá （统读）

把 bà 印~子

白 bái （统读）

膀 bǎng 翅~

蚌（一）bàng

蛤~

（二）bèng

~埠

傍 bàng（统读）

磅 bàng 过~

龅 bāo （统读）

胞 bāo （统读）

薄（一）báo

（语）常单用，如“纸很~”。

（二）bó

（文）多用于复音词。~弱　稀~ 淡~　尖嘴~舌 单~　厚~

堡（一）bǎo

碉~　~垒

（二）bǔ

~子　吴~　瓦窑~ 柴沟~

（三）pù

十里~

暴（一）bào

~露

（二）pù

一~　（曝）十寒

爆 bào （统读）

焙 bèi （统读）

惫 bèi （统读）

背 bèi ~脊　~静

鄙 bǐ （统读）

俾 bǐ （统读）

笔 bǐ （统读）

比 bǐ （统读）

臂（一）bì

手~　~膀

（二）bei

胳~

庇 bì （统读）

髀 bì （统读）

避 bì （统读）

辟 bì 复~

裨 bì ~补　~益

婢 bì （统读）

痹 bì （统读）

壁 bì （统读）

蝙 biān （统读）

遍 biàn （统读）

骠（一）biāo

黄~马

（二）piào

~骑　~勇

傧 bīn （统读）

缤 bīn （统读）

濒 bīn （统读）

髌 bìn （统读）

屏（一）bǐng

~除　~弃　~气　~息

（二）píng

~藩　~风

柄 bǐng （统读）

波 bō （统读）

播 bō （统读）

菠 bō （统读）

剥（一）bō

（文）~削

（二）bāo（语）

泊（一）bó

淡~　飘~　停~

（二）pō

湖~　血~

帛 bó （统读）

勃 bó （统读）

钹 bó （统读）

伯（一）bó

~~（bo）　老~

（二）bǎi

大~子（丈夫的哥哥）

箔 bó （统读）

簸（一）bǒ
颠～
（二）bò
～箕
膊 bo 胳～
卜 bo 萝～
醭 bú （统读）
哺 bǔ （统读）
捕 bǔ （统读）
鵏 bǔ （统读）
埠 bù （统读）

C

残 cán （统读）
惭 cán （统读）
灿 càn （统读）
藏（一）cáng
矿～
（二）zàng
宝～
糙 cāo （统读）
嘈 cáo （统读）
螬 cáo （统读）
厕 cè （统读）
岑 cén （统读）
差（一）chā
（文）不～累黍
不～什么 偏～ 色～
～别 视～ 误～ 电势～
一念之～ ～池 ～错
言～语错 一～二错 阴错
阳～ ～等 ～额 ～价
～强人意
～数 ～异
（二） chà
（语）～不多 ～不离 ～点儿
（三） cī 参～

猹 chá （统读）
搽 chá （统读）
阐 chǎn （统读）
羼 chàn （统读）
颤（一）chàn
～动 发～
（二）zhàn
～栗（战栗） 打～（打战）
韂 chàn （统读）
伥 chāng （统读）
场（一）chǎng
～合 ～所 冷～ 捧～
（二）cháng
外～ 圩～ ～院 一～雨
（三）chang 排～
钞 chāo （统读）
巢 cháo （统读）
嘲 cháo ～讽 ～骂 ～笑
耖 chào （统读）
车（一） chē
安步当～ 杯水～薪 闭门造～ 螳臂当～
（二）jū（象棋棋子名称）
晨 chén （统读）
称 chèn ～心 ～意 ～职
对～ 相～
撑 chēng （统读）
乘（动作义，念 chéng）包～制 ～便 ～风破浪 ～客
～势 ～兴
橙 chéng （统读）
惩 chéng （统读）
澄（一）chéng
（文）～清（如“～清混乱”、“～清问题”）
（二）dèng
（语）单用，如“把水～清了”。

痴 chī （统读）
吃 chī （统读）
弛 chí （统读）
褫 chǐ （统读）
尺 chǐ ～寸 ～头
豉 chǐ （统读）
侈 chǐ （统读）
炽 chì （统读）
舂 chōng（统读）
冲 chòng ～床 ～模
臭（一）chòu
遗～万年
（二）xiù
乳～ 铜～
储 chǔ （统读）
处 chǔ （动作义）～罚 ～分 ～决 ～理 ～女
～置
畜（一）chù
（名物义）～力 家～ 牲～
幼～
（二）xù
（动作义）～产 ～牧 ～养
触 chù （统读）
搐 chù （统读）
绌 chù （统读）
黜 chù （统读）
闯 chuǎng（统读）
创（一）chuàng
草～ ～举 首～ ～造
～作
（二）chuāng
～伤 重～
绰（一）chuò
～～有余
（二）chuo
宽～
疵 cī （统读）
雌 cí （统读）

赐 cì　（统读）
伺 cì ～候
枞（一）cōng
～树
（二）zōng
～阳〔地名〕
从 cóng　（统读）
丛 cóng　（统读）
攒 cuán 万头～动　万箭～心
脆 cuì　（统读）
撮（一）cuō
～儿　一～儿盐　一～儿
匪帮
（二）zuǒ
一～儿毛
措 cuò　（统读）

D

搭 dā　（统读）
答（一）dá 报～　～复
（二）dā ～理　～应
打 dá 苏～　一～（十二个）
大（一）dà
～夫（古官名）　～王（如爆破～王、钢铁～王）
（二）dài
～夫（医生）　～王（如山～王）　～城〔地名〕
呆 dāi（统读）
傣 dǎi（统读）
逮（一）dài
（文）如“～捕”。
（二）dǎi
（语）单用，如“～蚊子”、“～特务”。
当（一）dāng
～地　～间儿　～年（指过去）　～日（指过去）　～天（指过去）　～时（指过去）　螳臂～车
（二）dàng
一个～俩　安步～车　适～　～年（同一年）　～日（同一时候）　～天（同一天）
档 dàng（统读）
蹈 dǎo （统读）
导 dǎo （统读）
倒（一）dǎo
颠～　颠～是非 颠～黑白　颠三～四　倾箱～箧　排山～海　～板　～嚼　～仓　～嗓　～戈　潦～
（二）dào
～粪（把粪弄碎）
悼 dào　（统读）
纛 dào　（统读）
凳 dèng　（统读）
羝 dī　（统读）
氐 dī〔古民族名〕
堤 dī（统读）
提 dī ～防
的 dí ～当　～确
抵 dǐ　（统读）
蒂 dì　（统读）
缔 dì　（统读）
谛 dì　（统读）
点 diǎn 打～（收拾、贿赂）
跌 diē　（统读）
蝶 dié　（统读）
订 dìng（统读）
都（一）dōu
～来了
（二）dū
～市　首～　大～（大多）
堆 duī　（统读）
吨 dūn　（统读）
盾 dùn　（统读）
多 duō　（统读）
咄 duō　（统读）
掇（一）duō
（“拾取、采取”义）
（二）duo
撺～　掂～
裰 duō　（统读）
踱 duó　（统读）
度 duó 忖～　～德量力

E

婀 ē（统读）

F

伐 fá（统读）
阀 fá（统读）
砝 fǎ（统读）
法 fǎ（统读）
发 fà 理～　脱～　结～
帆 fān（统读）
藩 fān（统读）
梵 fàn（统读）
坊（一）fāng 牌～　～巷
（二）fáng 粉～　磨～　碾～　染～　油～　谷～
妨 fáng（统读）
防 fáng（统读）
肪 fáng（统读）
沸 fèi　（统读）
汾 fén　（统读）
讽 fěng（统读）
肤 fū　（统读）
敷 fū　（统读）
俘 fú　（统读）
浮 fú　（统读）
服 fú ～毒　～药
拂 fú　（统读）

辐 fú （统读）
幅 fú （统读）
甫 fǔ （统读）
复 fù （统读）
缚 fù （统读）

G

噶 gá （统读）
冈 gāng（统读）
刚 gāng（统读）
岗 gǎng ~楼 ~哨 ~子
门~ 站~ 山~子
港 gǎng（统读）
葛（一）gé
~藤 ~布 瓜~
（二）gě
〔姓〕（包括单、复姓）
隔 gé（统读）
革 gé ~命 ~新 改~
合 gě（一升的十分之一）
给（一）gěi
（语）单用。
（二）jǐ（文）
补~ 供~ 供~制 ~予
配~ 自~自足
亘 gèn （统读）
更 gēng 五~ ~生
颈 gěng 脖~子
供（一）gōng
~给 提~ ~销
（二）gòng
口~ 翻~ 上~
佝 gōu （统读）
枸 gǒu ~杞
勾 gòu ~当
估（除"~衣"读 gù 外，都读 gū）
骨（除"~碌"、"~朵"读 gū 外，都读 gǔ）
谷 gǔ ~雨
锢 gù（统读）
冠（一）guān
（名物义）~心病
（二）guàn
（动作义）沐猴而~ ~军
犷 guǎng（统读）
庋 guǐ （统读）
桧（一）guì［树名］
（二）huì［人名］"秦~"。
刽 guì （统读）
聒 guō（统读）
蝈 guō（统读）
过（除姓氏读 guō 外，都读 guò）

H

虾 há ~蟆
哈（一）hǎ
~达
（二） hà
~什蚂
汗 hán 可~
巷 hàng ~道
号 háo 寒~虫
和（一） hè
唱~ 附~ 曲高~寡
（二）huo
搀~ 搅~ 暖~ 热~
软~
貉（一）hé（文）
一丘之~
（二）háo（语）
~绒 ~子
壑 hè（统读）
褐 hè（统读）
喝 hè ~采 ~道 ~令 ~止 呼幺~六
鹤 hè （统读）
黑 hēi （统读）
亨 hēng（统读）
横（一）héng
~肉 ~行霸道
（二）hèng
蛮~ ~财
訇 hōng（统读）
虹（一）hóng
（文）~彩 ~吸
（二）jiàng
（语）单说。
讧 hòng （统读）
囫 hú （统读）
瑚 hú （统读）
蝴 hú （统读）
桦 huà （统读）
徊 huái （统读）
踝 huái （统读）
浣 huàn （统读）
黄 huáng（统读）
荒 huang 饥~ （指经济困难）
诲 huì （统读）
贿 huì （统读）
会 huì 一~儿 多~儿 ~厌 （生理名词）
混 hùn ~合 ~乱 ~凝土
~淆 ~血儿 ~杂
蠖 huò （统读）
霍 huò （统读）
豁 huò ~亮
获 huò （统读）

J

羁 jī（统读）
击 jī（统读）
奇 jī ~数

芨 jī（统读）
缉　（一）jī
通～　侦～
（二）qī
～鞋口
几 jī 茶～　条～
圾 jī（统读）
戢 jí（统读）
疾 jí（统读）
汲 jí（统续）
棘 jí（统读）
藉 jí　狼～（籍）
嫉 jí（统读）
脊 jǐ（统读）
纪（一）jǐ〔姓〕
（二）jì
～念　～律　纲～　～元
偈 jì ～语
绩 jì（统读）
迹 jì（统读）
寂 jì（统读）
箕 ji 簸～
辑 ji 逻～
茄 jiā 雪～
夹 jiā ～带藏掖　～道儿　～攻　～棍　～生　～杂　～竹桃　～注
浃 jiā　（统读）
甲 jiǎ　（统读）
歼 jiān　（统读）
鞯 jiān　（统读）
间（一）jiān
～不容发　中～
（二）jiàn
中～儿　～道　～谍　～断　～或　～接　～距　～隙　～续　～阻　～作　挑拨离～
趼 jiǎn　（统读）

俭 jiǎn　（统读）
缰 jiāng（统读）
膙 jiǎng（统读）
嚼（一）jiáo（语）味同～蜡
⇙咬文～字
（二）jué（文）咀～　过屠门而大～
（三）jiào 倒～（倒嚼）
侥 jiǎo ～幸
角（一）jiǎo 八～（大茴香）
～落　独～戏　～膜　～度　～儿（犄～）　～楼　勾心斗～　号～　口～（嘴～）　鹿～菜　头～
（二）jué　～斗　～儿（脚色）　口～（吵嘴）　主～儿　配～儿　～力　捧～儿
脚（一）jiǎo
根～
（二）jué
～儿（也作“角儿”，脚色）
剿（一）jiǎo
围～
（二）chāo
～说　～袭
校 jiào ～勘　～样　～正
较 jiào　（统读）
酵 jiào　（统读）
嗟 jiē　（统读）
疖 jiē　（统读）
结　（除“～了个果子”、“开花～果”、“～巴”、“～实”念 jiē 之外，其他都念 jié）
睫 jié（统读）
芥　（一）jiè
～菜　（一般的芥菜）
～末
（二）gài

～菜　（也作“盖菜”）
～蓝菜
矜 jīn ～持　自～　～怜
仅 jǐn ～～　绝无～有
馑 jǐn（统读）
觐 jìn（统读）
浸 jìn（统读）
斤 jin 千～（起重的工具）
茎 jīng（统读）
粳 jīng（统读）
鲸 jīng（统读）
境 jìng（统读）
痉 jìng（统读）
劲 jìng 刚～
窘 jiǒng（统读）
究 jiū（统读）
纠 jiū（统读）
鞠 jū（统读）
鞫 jū（统读）
掬 jū（统读）
苴 jū（统读）
咀 jǔ ～嚼
矩（一）jǔ
～形
（二）ju
规～
俱 jù（统读）
龟 jūn ～裂（也作“皲裂”）
菌　（一）jūn
细～　病～　杆～　霉～
（二）jùn
香～　～子
俊 jùn（统读）

K

卡　（一）kǎ
～宾枪　～车　～介苗　～片

~通
（二）qiǎ
~子　关~
揩 kāi（统读）
慨 kǎi（统读）
忾 kài（统读）
勘 kān（统读）
看 kān ~管　~护　~守
慷 kāng（统读）
拷 kǎo（统读）
坷 kē ~拉（垃）
疴 kē（统读）
壳（一）ké（语）
~儿　贝~儿　脑~　驳~枪
（二）qiào
（文）地~　甲~　躯~
可（一）kě
~~儿的
（二）kè
~汗
恪 kè（统读）
刻 kè（统读）
克 kè ~扣
空（一）kōng
~心砖　~城计
（二）kòng
~心吃药
眍 kōu（统读）
矻 kū（统读）
酷 kù（统读）
框 kuàng（统读）
矿 kuàng（统读）
傀 kuǐ（统读）
溃（一）kuì
~烂
（二）huì
~脓
篑 kuì（统读）
括 kuò（统读）

L

垃 lā（统读）
邋 lā（统读）
罱 lǎn（统读）
缆 lǎn（统读）
蓝 lan 苤~
琅 láng（统读）
捞 lāo（统读）
劳 láo（统读）
醪 láo（统读）
烙（一）lào
~印　~铁　~饼
（二）luò
炮~（古酷刑）
勒（一）lè
（文）~逼　~令　~派　~索　悬崖~马
（二）lēi
（语）多单用。
擂（除"~台"、"打~"读 lèi 外，都读 léi）
礌 léi（统读）
羸 léi（统读）
蕾 lěi（统读）
累（一）lèi
（辛劳义，如"受~"）
（二）léi
（如"~赘"）
（三）lěi
（牵连义，如"带~""~及""连~""赔~""牵~""受~"〔受牵~〕）
蠡（一）lí
管窥~测
（二）lǐ
~县　范~
喱 lí（统读）
连 lián（统读）
敛 liǎn（统读）
恋 liàn（统读）
量（一）liàng
~入为出　忖~
（二）liang
打~　掂~
踉 liàng ~跄
潦 liáo ~草　~倒
劣 liè（统读）
捩 liè（统读）
趔 liè（统读）
拎 līn（统读）
遴 lín（统读）
淋（一）lín
~浴　~漓　~巴
（二）lìn
~硝　~盐　~病
蛉 líng（统读）
榴 liú（统读）
馏（一）liú
（文）如"干~"、"蒸~"。
（二）liù
（语）如"~馒头"。
镏 liú ~金
碌 liù ~碡
笼（一）lóng
（名物义）~子　牢~
（二）lǒng
（动作义）~络　~括　~统　~罩
偻（一）lóu
佝~
（二）lǚ
伛~
瞜 lou 眍~
虏 lǔ（统读）

掳 lǔ（统读）
露（一）lù
（文）赤身～体　～天　～骨　～头角　藏头～尾　抛头～面　～头（矿）
（二）lòu
（语）　～富　～苗　～光　～相　～马脚　～头
榈 lǘ（统读）
捋（一）lǚ
～胡子
（二）luō
～袖子
绿（一）lǜ（语）
（二）lù
（文）～林　鸭～江
孪 luán（统读）
挛 luán（统读）
掠 lüè（统读）
囵 lún（统读）
络 luò　～腮胡子
落（一）luò
（文）～膘　～花生　～魄　涨～　～槽　着～
（二）lào
（语）～架　～色　～炕　～枕　～儿　～子（一种曲艺）
（三）là
（语），遗落义。丢三～四　～在后面

M

脉（除“～～”念 mòmò 外，一律念 mài）
漫 màn（统读）
蔓（一）màn
（文）～延　不～不枝
（二）wàn
（语）瓜～　压～

牤 māng（统读）
氓 máng⊘流～
芒 máng（统读）
铆 mǎo（统读）
瑁 mào（统读）
虻 méng（统读）
盟 méng（统读）
祢 mí（统读）
眯（一）mí
～了眼（灰尘等入目，也作“迷”）
（二）　mī
～了一会儿（小睡）　～缝着眼（微微合目）
靡（一）mí
～费
（二）mǐ
风～　委～　披～
秘　（除“～鲁”读 bì 外，都读 mì）
泌（一）mì
（语）　分～
（二）bì
（文）～阳〔地名〕
娩 miǎn（统读）
缈 miǎo（统读）
皿 mǐn（统读）
闽 mǐn（统读）
茗 míng（统读）
酩 mǐng（统读）
谬 miù（统读）
摸 mō（统读）
模（一）mó
～范　～式　～型　～糊　～特儿　～棱两可
（二）mú
～子　～具　～样
膜 mó（统读）
摩 mó 按～　抚～

嬷 mó（统读）
墨 mò（统读）
耱 mò（统读）
沫 mò（统读）
缪　móu 绸～

N

难（一）nán
困～（或变轻声）～兄～弟（难得的兄弟，现多用作贬义）
（二）nàn
排～解纷　发～　刁～　责～　～兄～弟（共患难或同受苦难的人）
蝻 nǎn（统读）
蛲 náo（统读）
讷 nè（统读）
馁 něi（统读）
嫩 nèn（统读）
恁 nèn（统读）
妮 nī（统读）
拈 niān（统读）
鲇 nián（统读）
酿 niàng（统读）
尿（一）niào
糖～症
（二）suī
（只用于口语名词）尿（niào）～　～脬
嗫 niè（统读）
宁（一）níng
安～
（二）nìng
～可　无～〔姓〕
忸 niǔ（统读）
脓 nóng（统读）

弄（一）nòng
玩～
（二）lòng
～堂
暖 nuǎn（统读）
衄 nǜ（统读）
疟（一）nüè
（文）～疾
（二）yào
（语）发～子
娜（一）nuó
婀～　袅～
（二）nà
（人名）

O

殴 ōu（统读）
呕 ǒu（统读）

P

杷 pá（统读）
琶 pá（统读）
牌 pái（统读）
排 pǎi ～子车
迫 pǎi ～击炮
湃 pài（统读）
爿 pán（统读）
胖 pán 心广体～（～为安舒貌）
蹒 pán （统读）
畔 pàn （统读）
乓 pāng（统读）
滂 pāng（统读）
脬 pāo （统读）
胚 pēi （统读）
喷（一）pēn ～嚏
（二）pèn ～香
（三）pen 嚏～

澎 péng（统读）
坯 pī（统读）
披 pī（统读）
匹 pǐ（统读）
僻 pì（统读）
譬 pì（统读）
片（一）piàn
～子　唱～　画～　相～
影～　～儿会
（二）piān
（口语一部分词）～子　～儿
唱～儿　画～儿　相～儿
影～儿
剽 piāo（统读）
缥 piāo ～缈（飘渺）
撇 piē ～弃
聘 pìn （统读）
乒 pīng（统读）
颇 pō （统读）
剖 pōu（统读）
仆（一）pū 前～后继
（二）pú ～从
扑 pū（统读）
朴（一）pǔ 俭～　～素
～质
（2） pō ～刀
（三） pò ～硝　厚～
蹼 pǔ（统读）
瀑 pù ～布
曝（一）pù 一～十寒
（二）bào ～光（摄影术语）

Q

栖 qī 两～
戚 qī （统读）
漆 qī （统读）
期 qī （统读）
蹊 qī ～跷
蛴 qí （统读）

畦 qí （统读）
其 qí （统读）
骑 qí （统读）
企 qǐ （统读）
绮 qǐ （统读）
杞 qǐ （统读）
槭 qì （统读）
洽 qià（统读）
签 qiān（统读）
潜 qián（统读）
荨（一）qián（文）～麻
（二）xún（语）　～麻疹
（3）嵌 qiàn（统读）
欠 qian 打哈～
戕 qiāng（统读）
镪 qiāng ～水
强（一）qiáng
～渡　～取豪夺　～制　博闻～识
（二）qiǎng
勉～　牵～　～词夺理　～迫　～颜为笑
（三）jiàng 倔～
襁 qiǎng（统读）
跄 qiàng（统读）
悄（一）qiāo
～～儿的
（二）qiǎo
～默声儿的
橇 qiāo（统读）
翘（一）qiào
（语）～尾巴
（二）qiáo
（文）～首　～楚　连～
怯 qiè （统读）
挈 qiè （统读）
趄 qie 趔～
侵 qīn （统读）
衾 qīn （统读）

噙 qín　（统读）
倾 qīng（统读）
亲 qìng ~家
穹 qióng（统读）
黢 qū　（统读）
曲（曲）qū 大~　红~
神~
渠 qú　（统读）
瞿 qú　（统读）
蠼 qú　（统读）
苣 qǔ ~荬菜
龋 qǔ　（统读）
趣 qù　（统读）
雀 què ~斑

R

髯 rán　（统读）
攘 rǎng（统读）
桡 ráo　（统读）
绕 rào　（统读）
任 rén〔姓，地名〕
妊 rèn　（统读）
扔 rēng（统读）
容 róng（统读）
糅 róu　（统读）
茹 rú　（统读）
孺 rú　（统读）
蠕 rú　（统读）
辱 rǔ　（统读）
挼 ruó　（统读）

S

靸 sǎ（统读）
噻 sāi（统读）
散（一）sǎn 懒~　零零~
~　~漫
（二）san 零~
丧　sang 哭~着脸

扫（一）sǎo ~兴
（二）sào ~帚
埽 sào（统读）
色（一）sè（文）
（二）shǎi（语）
塞（一）sè（文）动作义。
（二）sāi（语）名物义，如：“活~”、“瓶~”；动作义，如：“把洞~住”。
森 sēn（统读）
煞（一）　shā ~尾　收~
（二）　shà ~白
啥　shá（统读）
厦（一）　shà（语）
（二）　xià（文）~门
噶~
杉（一）　shān（文）紫~
红~　水~
（二）　shā（语）~篙
~木
衫 shān（统读）
姗 shān（统读）
苫（一）shàn（动作义，如“~布”）
（二）shān（名物义，如“草~子”）
墒 shāng　（统读）
猞 shē　（统读）
舍 shè 宿~
慑 shè　（统读）
摄 shè　（统读）
射 shè　（统读）
谁 shéi，又音 shuí
娠 shēn　（统读）
什（甚）shén ~么
蜃 shèn（统读）
葚（一）　shèn（文）桑~
（二）rèn（语）桑~儿
胜 shèng（统读）

识 shí 常~　~货　~字
似 shì ~的
室 shì（统读）
螫（一）　shì（文）
（二）　zhē（语）
匙 shi 钥~
殊 shū　（统读）
蔬 shū　（统读）
疏 shū　（统读）
叔 shū　（统读）
淑 shū　（统读）
菽 shū　（统读）
熟（一）　shú（文）
（二）　shóu（语）
署 shǔ　（统读）
曙 shǔ　（统读）
漱 shù　（统读）
戍 shù　（统读）
蟀 shuài　（统读）
孀 shuāng（统读）
说 shuì 游~
数 shuò ~见不鲜
硕 shuò　（统读）
蒴 shuò　（统读）
艘 sōu　（统读）
嗾 sǒu　（统读）
速 sù　（统读）
塑 sù　（统读）
虽 suī　（统读）
绥 suí　（统读）
髓 suǐ　（统读）
遂（一）　suì 不~　毛~
自荐
（二）suí 半身不~
隧 suì（统读）
隼 sǔn（统读）
莎 suō ~草
缩（一）　suō 收~
（二）　sù

~砂密（一种植物）
唢 suō（统读）
索 suǒ（统读）

T

趿 tā（统读）
鳎 tǎ（统读）
獭 tǎ（统读）
沓（一）tà 重~
（二）ta 疲~
（三）dá 一~纸
苔（一）tái（文）
（二）tāi（语）
探 tàn（统读）
涛 tāo（统读）
悌 tì（统读）
佻 tiāo（统读）
调 tiáo ~皮
帖（一）tiē
妥~ 伏伏~~ 俯首~耳
（二）tiě
请~ 字~儿
（三）tiè
字~ 碑~
听 tīng（统读）
庭 tíng（统读）
骰 tóu（统读）
凸 tū（统读）
突 tū（统读）
颓 tuí（统读）
蜕 tuì（统读）
臀 tún（统读）
唾 tuò（统读）

W

娲 wā（统读）
挖 wā（统读）
瓦 wà ~刀 □
喎 wāi（统读）
蜿 wān（统读）
玩 wán（统读）
惋 wǎn（统读）
脘 wǎn（统读）
往 wǎng（统读）
忘 wàng（统读）
微 wēi（统读）
巍 wēi（统读）
薇 wēi（统读）
危 wēi（统读）
韦 wéi（统读）
违 wéi（统读）
唯 wéi（统读）
圩（一）wéi ~子
（二）xū ~场
纬 wěi（统读）
委 wěi ~靡
伪 wěi（统读）
萎 wěi（统读）
尾（一） wěi ~巴
（二） yǐ 马~儿
尉 wèi ~官
文 wén（统读）
闻 wén（统读）
紊 wěn（统读）
喔 wō（统读）
蜗 wō（统读）
硪 wò（统读）
诬 wū（统读）
梧 wú（统读）
牾 wǔ（统读）
乌 wù ~拉 ~拉草
杌 wù（统读）
鹜 wù（统读）

X

夕 xī（统读）
汐 xī（统读）
晰 xī（统读）
析 xī（统读）
皙 xī（统读）
昔 xī（统读）
溪 xī（统读）
悉 xī（统读）
熄 xī（统读）
蜥 xī（统读）
螅 xī（统读）
惜 xī（统读）
锡 xī（统读）
樨 xī（统读）
袭 xí（统读）
檄 xí（统读）
峡 xiá（统读）
暇 xiá（统读）
吓 xià 杀鸡~猴
鲜 xiān 屡见不~ 数见不~
锨 xiān（统读）
纤 xiān ~维
涎 xián（统读）
弦 xián（统读）
陷 xiàn（统读）
霰 xiàn（统读）
向 xiàng（统读）
相 xiàng ~机行事
淆 xiáo（统读）
哮 xiào（统读）
些 xiē（统读）
颉 xié ~颃
携 xié（统读）
偕 xié（统读）
挟 xié（统读）
械 xiè（统读）
馨 xīn（统读）
囟 xìn（统读）
行 xíng 操~ 德~ 发~
品~
省 xǐng 内~ 反~ ~亲

不～人事
芎 xiōng　（统读）
朽 xiǔ　（统读）
宿 xiù 星～　二十八～
煦 xù　（统读）
蓿 xu 苜～
癣 xuǎn　（统读）
削（一）xuē
（文）剥～　～减　瘦～
（二）xiāo
（语）切～　～铅笔　～球
穴 xué　（统读）
学 xué　（统读）
雪 xuě　（统读）
血（一）xuè
（文）用于复音词及成语，如“贫～”“心～”“呕心沥～”　“～泪史”　“狗～喷头”等。
（二）xiě
（语）口语多单用，如“流了点儿～”及几个口语常用词，如：“鸡～”、“～晕”、“～块子”等。
谑 xuè　（统读）
寻 xún　（统读）
驯 xùn　（统读）
逊 xùn　（统读）
熏 xùn 煤气～着了
徇 xùn　（统读）
殉 xùn　（统读）
蕈 xùn　（统读）

Y

押 yā　（统读）
崖 yá　（统读）
哑 yǎ ～然失笑
亚 yà　（统读）
殷 yān ～红
芫 yán ～荽
筵 yán　（统读）
沿 yán　（统读）
焰 yàn　（统读）
夭 yāo　（统读）
肴 yáo　（统读）
杳 yǎo　（统读）
舀 yǎo　（统读）
钥（一）yào
（语）～匙
（二）yuè
（文）锁～
曜 yào　（统读）
耀 yào　（统读）
椰 yē　（统读）
噎 yē　（统读）
叶 yè ～公好龙
曳 yè 弃甲～兵　摇～
～光弹
屹 yì　（统读）
轶 yì　（统读）
谊 yì　（统读）
懿 yì　（统读）
诣 yì　（统读）
艾 yì 自怨自～
荫 yìn
应（一）yīng
～届　～名儿　～许　提出的条件他都～了　是我～下来的任务
（二）yìng
～承　～付　～声　～时
～验　～邀　～用　～运
～征　里～外合
萦 yíng　（统读）
映 yìng　（统读）
佣 yōng ～工
庸 yōng　（统读）
臃 yōng　（统读）
壅 yōng　（统读）
拥 yōng　（统读）
踊 yǒng　（统读）
咏 yǒng　（统读）
泳 yǒng　（统读）
莠 yǒu　（统读）
愚 yú　（统读）
娱 yú　（统读）
愉 yú　（统读）
伛 yǔ　（统读）
屿 yǔ　（统读）
吁 yù 呼～
跃 yuè　（统读）
晕（一）yūn ～倒　头～
（二）yùn 月～　血～　～车
酝 yùn　（统读）

Z

匝 zā　（统读）
杂 zá　（统读）
载（一）zǎi
登～　记～
（二）zài
搭～　怨声～道　重～　装～　～歌～舞
簪 zān　（统读）
咱 zán　（统读）
暂 zàn　（统读）
凿 záo　（统读）
择（一）zé
选～
（二）zhái
～不开　～菜　～席
贼 zéi　（统读）
憎 zēng　（统读）
甑 zèng　（统读）
喳 zhā 唧唧～～

轧（除“～钢”、“～辊”念 zhá 外，其他都念 yà）（gá 为方言，不审）
摘 zhāi （统读）
粘 zhān ～贴
涨 zhǎng ～落 高～
着（一）zháo
～慌 ～急 ～家 ～凉
～忙 ～迷 ～水 ～雨
（二）zhuó
～落 ～手 ～眼 ～意
～重 不～边际
（三）zhāo 失～
沼 zhǎo （统读）
召 zhào （统读）
遮 zhē （统读）
蛰 zhé （统读）
辙 zhé （统读）
贞 zhēn （统读）
侦 zhēn （统读）
帧 zhēn （统读）
胗 zhēn （统读）
枕 zhěn （统读）
诊 zhěn （统读）
振 zhèn （统读）
知 zhī （统读）
织 zhī （统读）
脂 zhī （统读）
植 zhí （统读）
殖（一）zhí
繁～ 生～ ～民
（二）shi
骨～
指 zhǐ （统读）
掷 zhì （统读）
质 zhì （统读）
蛭 zhì （统读）
秩 zhì （统读）
栉 zhì （统读）
炙 zhì （统读）
中 zhōng 人～（人口上唇当中处）
种 zhòng 点～（义同“点播”。动宾结构念 diǎnzhǒng，义为点播种子）
诌 zhōu （统读）
骤 zhòu （统读）
轴 zhòu 大～子戏 压～子
碡 zhou 碌～
烛 zhú （统读）
逐 zhú （统读）
属 zhǔ ～望
筑 zhù （统读）
著 zhù 土～
转 zhuǎn 运～
撞 zhuàng（统读）
幢 （一）zhuàng
一～楼房
（二）chuáng
经～（佛教所设刻有经咒的石柱）
拙 zhuō （统读）
茁 zhuó （统读）
灼 zhuó （统读）
卓 zhuó （统读）
综 zōng ～合
纵 zòng （统读）
粽 zòng （统读）
镞 zú （统读）
组 zǔ （统读）
钻（一）zuān
～探 ～孔
（二）zuàn
～床 ～杆 ～具
佐 zuǒ （统读）
唑 zuò （统读）
柞（一）zuò
～蚕 ～绸
（二）zhà
～水（在陕西）
做 zuò （统读）
作（除“～坊”读 zuō 外，其余都读 zuò）

参 考 文 献

[1] 中华人民共和国国家通用语言文字法，2000.

[2] 高名凯，石安石．语言学概论［M］．北京：中华书局，1986.

[3] 国家语言文字工作委员会．普通话水平测试实施纲要［M］．北京：商务印书馆，2005.

[4] 孟广智．普通话水平测试指南［M］．哈尔滨：黑龙江教育出版社，2001.

[5] 唐树芝．口才与演讲［M］．北京：高等教育出版社，2005.

[6] 许利平．职业口才训练教程［M］．北京：北京交通大学出版社，2007.

[7] 四川省语言文字工作委员会办公室．普通话水平测试训练教程［M］. 3 版．成都：电子科技大学出版社，2006.

[8] 高名凯．语论［M］．北京：商务印书馆，1999.

[9] 叶蜚声，徐通锵．语言学纲要［M］．北京：北京大学出版社，1997.

[10] 李宇明．语言学概论［M］．北京：高等教育出版社，2000.

[11] 郭熙．中国社会语言学［M］．杭州：浙江大学出版社，2004.

[12] 许嘉璐，等．中国语言学现状与展望［M］．北京：北京外语教学与研究出版社，1996.

[13] 游汝杰．汉语方言学导论［M］．修订版．上海：上海教育出版社，2000.

[14] 刘伯奎．教师口语［M］．上海：华东师范大学出版社，1994.

[15] 邵守义．实用演讲学［M］．北京：中国青年出版社，1985.

[16] 李元授，等．演讲训练［M］．武汉：武汉大学出版社，2003.

[17] 刘小波，王海天．普通话训练与口才艺术［M］．北京：中国物质出版社，1998.

[18] 尹立新．演讲与口才［M］．北京：中国商业出版社，2000.

[19] 马显彬，赵越．普通话教程［M］．广州：暨南大学出版社，2003.

[20] 杨绍林．普通话训练与测试教程［M］．成都：四川大学出版社，2001.